Erziehungswissenschaft und Pädagogik in Frankfurt – eine Geschichte in Portraits

Erziehungswissenschaft und Pädagogik in Frankfurt – eine Geschichte in Portraits

90 Jahre Johann Wolfgang Goethe-Universität

herausgegeben
von

Micha Brumlik
Benjamin Ortmeyer

Johann Wolfgang Goethe-Universität
Frankfurt am Main 2006

Frankfurter Beiträge zur Erziehungswissenschaft
Reihe Kolloquien

im Auftrag des Dekanats
des Fachbereichs Erziehungswissenschaften
der Johann Wolfgang Goethe-Universität
herausgegeben von
Frank-Olaf Radtke

© Fachbereich Erziehungswissenschaften der
Johann Wolfgang Goethe-Universität
Frankfurt am Main 2006

Hergestellt: Books on Demand GmbH

Bibliografische Information der Deutschen Bibliothek

Die Deutsche Bibliothek verzeichnet diese Publikation in der Deutschen Nationalbibliografie; detaillierte bibliografische Daten sind im Internet über http://dnb.ddb.de abrufbar

ISBN 3-9809008-7-8

Inhaltsübersicht

Vorwort: Micha Brumlik, Benjamin Ortmeyer 7

Karl Christoph Lingelbach:
Die Aufgabe der Erziehung in der weltweiten Strukturkrise des Kapitalismus. Zur Entwicklung eines interdisziplinäre ansetzenden Konzepts sozialwissenschaftlicher Pädagogik durch Paul Tillich, Carl Meinecke und Hans Weil am Frankfurter Pädagogischen Universitätsseminar 1930-1933 13
Anhang:
Dokument 1: Hans Weil, aus „Die Entstehung des deutschen Bildungsprinzips" (1930) 29
Dokument 2: Paul Tillich, aus „Die sozialistische Entscheidung" (1932) 35

Benjamin Ortmeyer:
Pädagogik, Rassismus und Antisemitismus – Ernst Krieck 41
Anhang:
Dokument 1: Ernst Krieck, „Die Judenfrage" (1933) 60
Dokument 2: Beschluss über die Entziehung des Doktorgrades von Nachum Goldmann (1938) 67

Ludwig A. Pongratz:
Heinz-Joachim Heydorn – Abstand und Nähe 68
Anhang:
Dokument: Heinz-Joachim Heydorn, „Zur Aktualität der klassischen Bildung" (1971) 87

Wilma Aden-Grossmann:
Sozialpädagogik – Psychoanalyse –Jugendrecht:
Berthold Simonsohn 103
Anhang:
Dokument 1: Berthold Simonsohn, „Eröffnungsrede der
  Vorlesung im Sommersemester 1968" 121
Dokument 2: Berthold Simonsohn, „Charitas ohne Wissenschaft?
  Zum Problem der akademischen Ausbildung für
  Führungskräfte auf dem Gebiet der Sozialpädagogik und
  Sozialarbeit" 124

Micha Brumlik:
Zwischen Kiel und Göttingen - Klaus Mollenhauer in Frankfurt 138
Anhang:
Dokument: Klaus Mollenhauer, „Ego-Histoire: Sozialpädagogik
  1948 – 1970" (1998) 146

Andreas Gruschka
Pädagogische Aufklärung nach Adorno 159
Anhang:
Dokument 1: Diskussion über Adornos „Tabus über den
  Lehrerberuf" zwischen Th. Adorno – H.-J. Heydorn – H.
  Becker 171
Dokument 2: Max Horkheimer „Begriff der Bildung" (1952) 185

Vorwort

Im Jahre 2004 wurde in allen Fachbereichen der Johann Wolfgang-Goethe-Universität der neunzigste Jahrestag der Ernennung der Frankfurter Universität zur staatlich anerkannten „Stiftungsuniversität" (zum Begriff siehe Anmerkung am Ende des Vorworts) im Jahre 1914 begangen. In diesem Zusammenhang fand im Sommersemester 2004 am Fachbereich Erziehungswissenschaften eine Veranstaltung „90 Jahre Erziehungswissenschaft und Pädagogik in Frankfurt – eine Geschichte in Portraits" statt.

Vorgeschichte und Geschichte des heutigen Fachbereichs Erziehungswissenschaft sind noch zu schreiben. An dieser Stelle kann sie lediglich einleitend skizziert werden:

Es ist eine der Frankfurter Besonderheiten, dass hier erstmals in Deutschland eine Fakultät für „Wirtschafts- und Sozialwissenschaften (WiSo)" entstand. Die Pädagogik selbst blieb Teil der Philosophischen Fakultät. 1916 erhielt der Stadtschulrat Julius Ziehen (1864-1925) als erster einen Lehrstuhl für Pädagogik. Er hatte ihn bis zu seinem Tod im Jahre 1925 inne[1]. Im Jahr 1926 entstand als Teil der Philosophischen Fakultät eine „Pädagogische Akademie" bzw. ein „Pädagogisches Seminar". Hier wirkten die in diesem Buch ausführlich vorgestellten erziehungswissenschaftlich interessierten Theologen Paul Tillich ab 1929 und ab 1930 dann sowohl Carl Mennicke[2] als auch der Sozialwissenschaftler Hans Weil. Ab Mitte der zwanziger Jahre des vorigen Jahrhunderts entstand um Max Horkheimer das Institut für Sozialforschung als Teil der Philosophischen Fakultät[3]. Dadurch entwickelte sich eine

---

[1] Der durch eine Stiftung von Wilhelm Merton geschaffene Lehrstuhl für Pädagogik wurde mit dem Schulmann Julius Ziehen am 30. 9. 1916 besetzt und der Philosophischen Fakultät zugeordnet. Ziehen verstarb 1925 (siehe Paul Kluke: Die Stiftungsuniversität Frankfurt am Main 1914-1932. Frankfurt am Main 1972, S. 203).

[2] Carl Mennicke war seit 1923 Direktor des Sozialpädagogischen Seminars und bekam dann das Direktorat des Pädagogischen Seminars übertragen (siehe Paul Kluke: Die Stiftungsuniversität Frankfurt am Main 1914-1932. Frankfurt am Main 1972, S. 543). Ab 1929 wirkt er als Dozent an der Universität. 1934 wurde ihm, als er bereits in die Niederlande emigriert war, die Lehrbefugnis entzogen. In den Niederlanden leitete Mennicke in Amersfoort die Internationale Schule für Philosophie. 1941 wurde er von den deutschen Besatzern verhaftet und in das Konzentrationslager Sachsenhausen eingeliefert. Er konnte es zwei Jahre später wieder verlassen, wobei er allerdings unter polizeilicher Aufsicht in Berlin bleiben und als Metallarbeiter arbeiten musste. Nach Kriegsende kehrte er nach Amersfoort zurück, wurde aber 1952 an die Frankfurter Universität zurückgeholt, wo er noch bis 1956 amtierte (siehe Klaus-Peter Horn: Erziehungswissenschaft in Deutschland im 20. Jahrhundert. Zur Entwicklung der sozialen und fachlichen Struktur der Disziplin von der Erstinstitutionalisierung bis zur Expansion. Bad Heilbrunn 2003, S. 43).

[3] Einige Jahre später, 1924, entstand in langwierigen Verhandlungen durch eine Stiftung von Hermann Weil das „Institut für Sozialforschung" – zunächst als Teil der WiSo-Fakultät. Nach Ausscheiden von Carl Grünberg als Institutsleiter 1929 gestalteten sich die Verhandlungen über einen Nachfolger schwierig. Max Horkheimer übernahm schließlich 1930 diese

erste engere Zusammenarbeit eines kritischen Marxismus, der später so genannten „Kritischen Theorie", mit der Pädagogik und Erziehungswissenschaft. Erst 1932, anlässlich der großen Geburtstagsfeiern für Johann Wolfgang von Goethe, erhielt die Frankfurter Universität ihren bis heute gültigen Namen.

Ein Jahr danach, 1933, wurden gegen jüdische, linke und liberale Wissenschaftler eine Reihe von „Beurlaubungen" und Entlassungen[4] exekutiert und es begann auch an der Universität eine 12 Jahre währende Bekämpfung und Beseitigung humanistischer und demokratischer Intentionen. Der NS-Ideologe Krieck wurde neuer Rektor der Universität.

Nach dem Ende der nationalsozialistischen Diktatur wurde die J. W. Goethe-Universität 1946 von der amerikanischen Besatzungsmacht in Hessen wieder eröffnet. Seither teilten sich die Stadt Frankfurt und das Land Hessen die Verantwortung. Nur eine einzige Person, Heinrich Weinstock (1889-1960) wirkte zwischen 1931 bis 1946 durchgängig am Pädagogischen Seminar bzw. im Prüfungsamt für das Lehramt an Gymnasien. Nach ersten Einschränkungen durch die amerikanische Besatzungsmacht wegen Weinstocks Tätigkeit als Offizier des Nachrichtendienstes bei General Stülpnagel im besetzten Frankreich, wurde er schließlich doch 1949 ordentlicher Professor für Philosophie und Pädagogik und lehrte bis 1957. Als sein Nachfolger wurde 1959 Martin Rang zum Professor für Allgemeine Pädagogik ernannt. Rang entwickelte seine pädagogische Positionen als evangelischer Theologe, der während der NS-Zeit der Bekennenden Kirche angehörte, vor allem in Auseinandersetzung mit Jean-Jacques Rousseau[5].

Funktion, aber der Lehrstuhl wurde nun in der Philosophischen Fakultät angesiedelt. (Paul Kluke: Die Stiftungsuniversität Frankfurt am Main 1914-1932. Frankfurt am Main 1972, S.203). Offiziell behielt Grünberg die Leitung des Instituts bis 1932, aber er war seit 1929 emeritiert (Notker Hammerstein: Die Johann Wolfgang Goethe-Universität Frankfurt am Main. Band I, 1914-1950 – Von der Stiftungsuniversität zur staatlichen Hochschule. Neuwied-Frankfurt 1989, S. 60).

[4] Angesichts des Antisemitismus in Deutschland und an den rein staatlichen Universitäten Deutschlands bot die Stiftungs-Universität in Frankfurt jüdischen Gelehrten seit 1914 eine reale Möglichkeit zu lehren. Notker Hammerstein merkte dabei an, dass von den 355 Dozenten im Jahre 1933 109 von den Nationalsozialisten als „Juden" definiert, entlassen, in den Vorruhestand versetzt, vertrieben und teilweise ermordet wurden (Notker Hammerstein: Zur Geschichte der Johann Wolfgang Goethe-Universität zu Frankfurt am Main. In: Wissenschaftsgeschichte seit 1900 – 75 Jahre Universität Frankfurt. Herausgegeben von Helmut Coing, Lothar Gall, Jürgen Habermas, Notker Hammerstein, Hubert Markl, Wolfgang J. Mommsen. Frankfurt am Main 1992, S. 126).

[5] Horn schreibt: „Nach dem Studium Gymnasiallehrer wurde Rang 1931 als Dozent bzw. Professor für evangelische Religionswissenschaft an die Pädagogische Akademie Halle geholt, aber mit der Auflösung der Pädagogischen Akademie in das Amt eines Studienrates versetzt. Nach dem Krieg, den er als Soldat mitmachte, wurde er 1946 vom Hessischen Ministerium für Erziehung und Volksbildung mit dem Aufbau der Volksschullehrerbildung in Nordhessen beauftragt und leitete von 1947 bis 1951 pädagogische Ausbildungslehrgänge für das Lehramt an Volksschulen in Nordhessen. Seit 1951 war er Professor für Allgemeine Pädagogik an der Pädagogischen Hochschule Oldenburg, von wo aus er als ordentlicher

Im Jahre 1961 wurden in Land Hessen für alle Schularten die Anforderungen an das Lehramt verändert. Mit der Abschaffung der Pädagogischen Hochschulen wurden im Rahmen der Universität nicht mehr nur Gymnasial-, sondern auch Grund-, Haupt- und Realsschullehrer in eigenen Studiengängen ausgebildet. In diesem Zusammenhang wurde innerhalb der Goethe-Universität die „Hochschule für Erziehung" geschaffen. Erst im Jahre 1967 erfolgte die vollständige Übernahme der Universität in die Verantwortung des Landes Hessen. Nun wurde der neben dem alten „Pädagogischen Seminar" gegründete Erziehungswissenschaftlich/Pädagogische Bereich: „Abteilung für Erziehungswissenschaft (AfE)". Im Jahre 1971 schließlich wurden die fünf klassischen Fakultäten der Universität aufgelöst und es entstanden Fachbereiche, so auch ein Fachbereich Erziehungswissenschaften, der sich seit dem in fünf Bereiche untergliedert: Allgemeine Erziehungswissenschaft, Schulpädagogik Primarstufe, Schulpädagogik Sekundarstufe, Sonder- und Heilpädagogik sowie Sozialpädagogik und Erwachsenenbildung. Auf diese Zeitspanne wird in den Beiträgen dieses Sammelbande zu Heinz-Joachim Heydorn und Klaus Mollenhauer ausführlich eingegangen.

* * *

Da es sich bei dem vorliegenden Sammelband um „Eine Geschichte in Portraits" handelt, erhebt er keinen Anspruch auf Vollständigkeit, sondern der Fokus der Darstellung konzentriert sich auf bestimmte Personen und auf sechzig Jahre des vergangenen Jahrhunderts, nämlich den Zeitraum zwischen 1920 und ca. 1980. Die folgenden Portraits[6] von Paul Tillich, Hans Weil, Heinz-Joachim Heydorn, Berthold Simonsohn, Klaus Mollenhauer und Theodor W. Adorno dokumentieren – neben einer Analyse der NS-Pädagogik am Beispiel Ernst Kriecks – eine bestimmte „Frankfurter Tradition" in diesem Zeitraum: die Tradition einer linken, emanzipatorischen und dabei stets

---

Professor für Philosophie und Pädagogik nach Frankfurt berufen wurde. Er wurde 1969 emeritiert." [...] „1964 wurde parallel zum Lehrstuhl Rangs eine zweite ordentliche erziehungswissenschaftliche Professur geschaffen, die Hans Scheuerl, zuvor Professor in Erlangen, bis zu seiner Berufung nach Hamburg 1969 übernahm. Neben Weinstock und Rang lehrten an der Frankfurter Universität nach 1945 zwei Personen, die 1933 entlassen worden waren: von 1952 bis 1956 Carl Mennicke als Honorarprofessor für Pädagogik und Philosophie und von 1946 bis 1953 Wilhelm Sturmfels als Honorarprofessor für Philosophie, Erwachsenenbildung und Gemeinschaftskunde. Hans Weil, der 1933 aus seiner Assistentur und Privatdozentur entlassen worden war, wurde 1956 als emeritierter ordentlicher Professor für Pädagogik eingesetzt, kehrte aber nicht aus dem amerikanischen Exil nach Deutschland zurück" (Klaus-Peter Horn: Erziehungswissenschaft in Deutschland im 20. Jahrhundert. Zur Entwicklung der sozialen und fachlichen Struktur der Disziplin von der Erstinstitutionalisierung bis zur Expansion. Bad Heilbrunn 2003, S. 138-139).

[6] Die nachfolgende Dokumentation der Redebeiträge auf der Tagung „Erziehungswissenschaft und Pädagogik in Frankfurt – eine Geschichte in Portraits" anlässlich des 90 jährigen Bestehens der J. W. Goethe-Universität im Juni 2004 wurde durch kurze Originalbeiträge der vorgestellten Pädagogen und Erziehungswissenschaftler erweitert.

der Wissenschaft verpflichteten Pädagogik. Dieser Tradition wird die unmenschliche Zuchtlehre Ernst Kriecks gegenübergestellt, um zu zeigen, wogegen „die Frankfurter" letztlich standen und worum es ihnen ging[7].

Karl Christoph Lingelbach, der im ersten Beitrag über Hans Weil, Paul Tillich und Carl Mennicke die Aufmerksamkeit auf die Grundproblematik der Erziehung „in der weltweiten Strukturkrise des Kapitalismus" lenkt, erläutert die – auch religiös motivierten – sozialistischen Perspektiven jener Frankfurter Pädagogen und Erziehungswissenschaftler aus der Zeit der Weimarer Republik, die später vom nationalsozialistischen Regime vertrieben wurden. Als Gegenentwurf zum Programm der NSDAP stand 1932 Paul Tillichs „Die sozialistische Entscheidung" realpolitisch auf verlorenem Posten.

Auf Lingelbachs Beitrag folgt ein Auszug aus Hans Weils Buch „Die Entstehung des deutschen Bildungsprinzips" aus dem Jahre 1930. Dort wird zu Beginn die Frage nach „Bildung" und später nach dem „deutschem Bildungsprinzip" vor dem Hintergrund des drohenden nationalistischen Bündnisses der deutschen Konservativen unter der Führung der NSDAP diskutiert. Die von Lingelbach gewählten Auszüge – ebenso wie sein eigener Beitrag – untermauern die These, dass die Erziehungswissenschaft gestern wie heute humanistische Ziele nicht ohne die Diskussion antikapitalistischer und sozialistischer Positionen formulieren kann.

Im zweiten, von Benjamin Ortmeyer verfassten Beitrag über den ersten nationalsozialistischen Universitätsrektor Ernst Krieck, dessen rassistischer Antisemitismus bis heute verharmlost wird, geht es um den internen Zusammenhang zwischen Nationalismus und Rassismus, um Auslese und Zucht. Angesichts der empirisch belegten Zunahme des Antisemitismus und der damit einhergehenden Bagatellisierung antisemitischer Skandale in der Bundesrepublik Deutschland erschien es sinnvoll, einen 1933 erschienenen Beitrag Kriecks „Zur Judenfrage" zu faksimilieren. Dieser in wissenschaftlichen Bibliotheken frei zugängliche Artikel dient als Beleg für die bereits 1933 ausgesprochen antisemitischen Drohungen Kriecks, die er in der folgenden Zeit der nationalsozialistischen Herrschaft noch steigerte und entschieden deutlicher zum Ausdruck brachte.[8]

Ludwig A. Pongratz stellt in „Abstand und Nähe" Heinz-Joachim Heydorn in den Zusammenhang heutiger Bildungsdebatten. Die Aktualität von Heydorns Kritik erweist sich im Vergleich mit heutigen Diskussionen, die sich an „PISA" und nicht an humanistischer Bildung orientieren. Pongratz schildert zudem die bewegten Stationen im Leben Heydorns – Desertion in

---

[7] Dass an einen dieser Tradition ohne jeden Zweifel zugehörigen jüdischen Wissenschaftler wie Ernst Jouhy, Widerstandskämpfer und Reformpädagoge, hier nicht mit einem eigenen Beitrag erinnert wird, liegt ausschließlich daran, dass es uns in der kurzen Zeit nicht gelungen ist, geeignete AutorInnen für einen solchen Beitrag zu finden.

[8] Eine umfangreiche, von B. Ortmeyer erstellte Dokumentation „Materialien zu Pädagogik, Rassismus und Antisemitismus – Ernst Krieck", die während der Tagung verteilt wurde, ist im Fachbereich Erziehungswissenschaft erhältlich.

Frankreich, seinen Ausschluss aus der SPD, seine Rolle als erster SDS-Vorsitzender – im Kontext vor allem seiner bildungstheoretischen Schriften. Heydorns Schrift „Zur Aktualität der klassischen Bildung" aus dem Jahr 1971 ergänzt Ludwig A. Pongratz' Beitrag. Die Schrift gilt als Belegmaterial für die auch heute noch diskutierte Frage, ob Heydorns Argumente zur Verteidigung der humanistischen Bildung am Ende in einen Atemzug mit konservativ-elitären Konzeptionen des „altsprachlichen Gymnasiums" zu nennen sind.

Der vierte Beitrag wurde von Wilma Aden-Grossmann verfasst. Sie stellt Berthold Simonsohn vor – der in Theresienstadt führend an der Widerstandsbewegung beteiligt war – und im Bezug darauf seine theoretische und praktische Arbeit auf dem Gebiet der Sozialpädagogik nach 1945. Simonsohns hier veröffentlichter Beitrag „Caritas ohne Wissenschaft?" aus dem Jahre 1967 dokumentiert sein Engagement für die wissenschaftliche und somit professionelle Ausbildung von Sozialpädagogen und Sozialarbeitern. Die Rede zum Vorlesungsbeginn im April 1968 macht seine große Solidarität mit der Studentenbewegung deutlich – ohne jedoch gleichzeitig erhebliche Bedenken zu verhehlen. Hans-Joachim Heydorn und Berthold Simonsohn waren sich nicht nur in der Unterstützung der grundlegenden Anliegen der Studentenbewegung einig, beide verband zudem eine tiefe persönliche Freundschaft.

Micha Brumlik akzentuiert im fünften Beitrag vor allem biographische Aspekte des Werks von Klaus Mollenhauer – zwischen geisteswissenschaftlicher Pädagogik und der turbulenten Niedergangsphase der Studentenbewegung. Es handelt sich um einen „persönlich-anekdotischen Bericht", in dem er auf den Zusammenhang zwischen Mollenhauers persönlicher Biografie und seiner theoretischen Entwicklungen aufmerksam macht. Der Artikel „Ego-histoire" von Mollenhauer dokumentiert, wie er selbst 1998 diese Zusammenhänge gesehen hat.

Im sechsten und letzten Beitrag skizziert Andreas Gruschka Theodor W. Adornos Verständnis von Bildung und dessen tiefgehende Schulkritik. Darin eingeschlossen ist auch seine Kritik an vorherrschenden Tendenzen deutscher Erziehungswissenschaft, „mit Tiefsinn aus zweiter Hand übers Sein der Menschen zu schwafeln", statt sich einer „Erziehung nach Auschwitz" zuzuwenden, die über die Aufklärung über die Verbrechen der Nationalsozialisten und nationalsozialistischer Ideologie hinaus vor allem die „Erziehung zur Mündigkeit" thematisiert und problematisiert.

Die noch heute spannende Diskussion zwischen Adorno, Heydorn, Becker und Kadelbach aus dem Jahr 1965 und die Rede Max Horkheimers von 1952 über den „Begriff der Bildung" beschließen den Band.

* * *

Die Frankfurter Universität wurde 1914 nicht von Landesherren, sondern von selbstbewussten Bürgern und Mäzenen gestiftet, unter ihnen viele Juden.⁹ Es entsprach dem Willen dieser – politisch durchaus auch konservativen – bürgerlichen Stifter, den Sozialwissenschaften an ihrer Universität besonderen Raum zu geben. Die hier vorgestellte „Frankfurter Tradition" der Pädagogik zeigt, dass die Impulse einer ebenso wissenschaftlich fundierten wie menschlicher Mündigkeit verpflichteten Pädagogik nach wie vor aktuell sind – womöglich so aktuell wie lange nicht mehr.

Frankfurt am Main, im Dezember 2005   M. B., B. O.

---

[9] Die Frankfurter Universität – entstanden aus einer Handelsakademie und der Senckenbergischen Stiftung – war die „letzte und jüngste Gründung" einer Universität im Deutschen Kaiserreich, wie Notker Hammerstein feststellte (Hammerstein, Notker: Die Johann Wolfgang Goethe-Universität Frankfurt am Main, Band I: 1914-1950 - Von der Stiftungsuniversität zur staatlichen Hochschule. Neuwied-Frankfurt 1989, S. 124). Eindeutig aus ökonomischen Interessen wurde zuerst eine „Handelsakademie" geschaffen, die mit Hilfe von Stiftungen 1914 von Kaiser Wilhelm II. als „Stiftungsuniversität Frankfurt" genehmigt wurde.

Zur Geschichte der J. W. Goethe-Universität siehe auch:

Kluke, Paul: Die Stiftungsuniversität Frankfurt am Main 1914-1932. Frankfurt am Main 1972.
Hammerstein, Notker: Zur Geschichte der Johann Wolfgang Goethe-Universität zu Frankfurt am Main, In: Wissenschaftsgeschichte seit 1900 – 75 Jahre Universität Frankfurt, Herausgegeben von Helmut Coing, Lothar Gall, Jürgen Habermas, Notker Hammerstein, Hubert Markl, Wolfgang J. Mommsen. Frankfurt am Main 1992
Hammerstein, Notker: Antisemitismus und deutsche Universitäten 1871-1933. Frankfurt am Main/New York 1995
Klaus-Peter Horn: Erziehungswissenschaft in Deutschland im 20. Jahrhundert. Zur Entwicklung der sozialen und fachlichen Struktur der Disziplin von der Erstinstitutionalisierung bis zur Expansion. Bad Heilbrunn 2003
Chronik, Johann Wolfgang Goethe Universität Frankfurt am Main, April 1933/März 1939, Platzhoff, Walter (Hg.), Frankfurt am Main 1939
Heuer, Renate; Wolf, Siegbert (Hg.): Die Juden der Frankfurter Universität. Frankfurt-New York 1997
Dorner, Christoph u.a.: Die braune Machtergreifung. Universität Frankfurt 1930-1945. Herausgegeben vom AstA der Johann Wolfgang Goethe-Universität Frankfurt, Frankfurt 1989
Lisop, Ingrid (Hg.): Vom Handlungsgehilfen zur Managerin. Ein Jahrhundert der kaufmännischen Professionalisierung in Wissenschaft und Praxis am Beispiel Frankfurt am Main. Frankfurt 2001
Grossmann, Wilma: Berthold Simonsohn. In: Lehmann, Monika; Schnorbach, Hermann (Hg.): Aufklärung als Lernprozeß. Festschrift für Hildegard Feidel-Mertz, Frankfurt 1992

Karl Christoph Lingelbach

Die Aufgabe der Erziehung in der weltweiten Strukturkrise des Kapitalismus
Zur Entwicklung eines interdisziplinär ansetzenden Konzepts sozialwissenschaftlicher Pädagogik durch Paul Tillich, Carl Mennicke und Hans Weil am Frankfurter Pädagogischen Universitätsseminar 1930-1933

1. Einleitung

Zum Verständnis der Gedanken eines Theologen und zweier Pädagogen, von denen gleich die Rede sein wird, lohnt es sich, vorab einen Blick auf die Situation des Pädagogischen Seminars an der Frankfurter Universität Ende der 20er, Anfang der 30er Jahre des vergangenen Jahrhunderts zu werfen.

Den Auftrag des Lehrstuhls, auf den der renommierte Theologe Paul Tillich Anfang 1929 berufen wurde, hatte die Philosophische Fakultät mit Bedacht gewählt: „Philosophie und Soziologie, einschließlich Sozialpädagogik" solle der neue Ordinarius in Forschung und Lehre vertreten. Formal war das möglich, da Tillich 1919 von der Berliner Universität für Theologie und Philosophie habilitiert worden war. Konkret aber bedeutete der Auftrag, dass Tillich neben der Direktion des Philosophischen Seminars zugleich das Pädagogische Seminar betreuen sollte, das nach dem frühen Tod Julius Ziehens seit 1925 verweist war. Zur Durchführung der Aufgabe wurde auf Tillichs Vorschlag Carl Mennicke 1930 in die Doppelfunktion als Ordinarius am Berufspädagogischen Institut und Honorarprofessor am Pädagogischen Seminar berufen, dessen Direktion er de facto übernahm. Unterstützung fand er in dem Assistenten, später Privatdozenten Hans Weil (vgl. Hammerstein 1989, 114 ff.).

Tillich hatte Mennicke im „Berliner Kreis" der Religiösen Sozialisten kennen gelernt und war mit ihm eng befreundet. Hans Weil hatte 1927 bei Herman Nohl in Göttingen mit einer Arbeit über die „Entstehung des deutschen Bildungsprinzips" promoviert, die er hier in Frankfurt zur Habilitation ausbaute. Betreut wurde das anspruchsvolle Unternehmen durch Tillich, Gottfried Salomon und Karl Mannheim. Die vorgesehene Professur für einen weiteren Mitarbeiter für den Bereich der Schulpädagogik konnte der bald zum Dekan der Philosophischen Fakultät gewählte Tillich aber nicht durchsetzen. Daher blieb das Gastspiel Fritz Karsens, des bekannten Berliner Schulreformers und vergleichenden Erziehungswissenschaftlers, in Frankfurt kurz.

Was diese wissenschaftlichen Pädagogen zu Problemlagen von Erziehung und Bildung in der modernen Gesellschaft vortrugen, erscheint uns heute zugleich eher fremd, zumindest ungewöhnlich, und doch verblüffend aktuell. Das liegt an einem doppelten Verdrängungsprozess. Tillich, Mennicke und Weil wurden 1933 aus ihren Ämtern entlassen und in die Emigration gedrängt. Als einziger von ihnen kehrte Carl Mennicke während der 50er Jahre zurück. Insgesamt aber hat die deutsche Erziehungswissenschaft die sozialwissenschaftlichen Ansätze der exilierten Pädagogen nicht wieder aufgenommen und so blieben sie auch während der 60er und 70er Jahre noch nahezu vergessen. Erst Untersuchungen und Ausstellungen von Hildegard Feidel-Mertz haben darauf aufmerksam gemacht, dass in der pädagogischen Theorie und Praxis des Exils ein relevanter Zweig deutscher Erziehungsgeschichte des 20. Jahrhunderts vorliegt. Ihre Untersuchungen über Hans Weil und Carl Mennicke, die auf der Erschließung verstreuter Nachlässe basieren, die Edition der Autobiographie Mennickes, seiner „Sozialpsychologie" und „Sozialpädagogik", die aus dem Holländischen übersetzt werden mussten, diese Forschungsleistung ist bis heute kaum gewürdigt worden (vgl. Feidel-Mertz 1983; 1992; 1995; 2001; Feidel-Mertz/Lingelbach 1994; Mennicke 1995; 1999; 2001). Für wesentliche Teile unseres Themas ist sie grundlegend.

Ungewöhnlich aus heutiger Sicht erscheint auch, wie diese Wissenschaftler die Aufgaben der Erziehung in der modernen Gesellschaft wahrgenommen und bearbeitet haben. Wie bereits die Vorlesungsverzeichnisse belegen, waren sie bemüht, in der ihnen zur Verfügung stehenden knappen Frist von sechs Semestern ein neues, interdisziplinär ansetzendes Konzept sozialwissenschaftlicher Pädagogik zu entwickeln.

An der Frankfurter Stiftungsuniversität mit ihrem weiten Netz relativ selbstständiger Forschungs- und Ausbildungsinstitute bestanden dafür ungewöhnlich günstige Bedingungen. Man muss sich daher vorstellen, dass die im Modernisierungsprozess der Industriegesellschaft aufgeworfenen pädagogischen Fragen in formellen und informellen Zirkeln diskutiert wurden, in denen Repräsentanten unterschiedlicher Disziplinen zu Wort kamen. So erwähnt Tillich 1933 in seiner „Sozialistischen Entscheidung" den Politologen Hendrik de Man, den Juristen Hermann Heller, den Volkswirtschaftler Adolf Loewe und an zahlreichen Stellen indirekt den Religionswissenschaftler Martin Buber als ständige Gesprächspartner (vgl. Tillich 1933, Neuaufl. 1948, 11, 13f., 29, 68, 97, 101, 130). Doch zweifellos stand Tillich auch mit einer Reihe anderer Frankfurter Sozialwissenschaftler in intensivem Gedankenaustausch, vor allem mit Max Horkheimer und dem jungen Theodor Wiesengrund (der später im amerikanischen Exil begann, sich Adorno zu nennen), dessen Habilitation er, zeitlich parallel zu derjenigen Hans Weils, betreute (vgl. Jay 1987, 43f., 50, 91).

Die Vorlesungsverzeichnisse lassen keinen Zweifel, dass sich die Studienangebote am Seminar keineswegs primär an spezifischen Ausbildungsbedürfnissen der Gymnasiallehrerstudenten orientierten, sieht man einmal von den ständig diesem Thema gewidmeten Lehraufträgen Heinrich Weinstocks ab[1]. Thematisiert wurden vielmehr Strukturprobleme, die sich während der Weltwirtschaftskrise unter der Drohung einer sich anbahnenden Rechtsdiktatur im gesamten Erziehungsbereich stellten, mit denen daher die künftigen Studienräte ebenso konfrontiert wurden wie die Handelsschullehrer, die in der WISO-Fakultät, die Volksschullehrer, die außerhalb der Universität in der Pädagogischen Akademie ausgebildet wurden, die Studierenden des Berufspädagogischen Instituts und der Akademie der Arbeit, aber auch künftige Sozialarbeiter, die im Fach „Armenwesen und Sozialfürsorge" ebenfalls in der WISO-Fakultät von Christian Jasper Klumker betreut wurden. Kurz: Das Pädagogische Seminar wurde intern und extern als zentrale Institution zur Orientierung, Reflexion und Forschung für sämtliche Ausbildungsgänge pädagogischer Berufe innerhalb und im Umfeld der Stiftungsuniversität wahrgenommen und genutzt.

Um Ihnen Theorieansätze und Denkformen der genannten Hochschullehrer vorzustellen, verfolge ich ein Stück weit den Gedankengang Tillichs, den er in der „Sozialistischen Entscheidung" entfaltet und nutze die Gelegenheit an Stellen, die sich auf Arbeiten Hans Weils und Carl Mennickes beziehen, diese beiden Pädagogen zu portraitieren. Über Weiterführungen ihrer Ansätze im Exil berichte ich im abschließenden Kapitel.

2. Paul Tillichs „Sozialistische Entscheidung" (1933)

Tillichs Abhandlung: „Die sozialistische Entscheidung" wurde bald nach ihrem Erscheinen im Januar 1933 verboten. Adressaten der Schrift sind zwei Bevölkerungsgruppen: das deutsche Bürgertum und die Arbeiterschaft. Die Entscheidungen, zu denen die beiden Gruppen aufgefordert werden, sind keineswegs identisch, stehen aber in einem inneren Zusammenhang, den Tillich mit dem Begriff „Sozialistische Entscheidung" herstellt. Da der Verfasser die Begründung seiner pädagogischen Vorstellungen auf diesen Zusammenhang bezieht, muss er zunächst dargestellt werden.

Das Bürgertum wird aufgefordert, seine mehrheitlich bereits getroffene Entscheidung für die Hitler-Bewegung und gegen den Sozialismus zu revidieren. Denn mit ihrer ursprungsmythischen Symbolik: Boden, Blut, Rasse, Gemeinschaft, Volk, lautet Tillichs Hauptargument, stimuliere die NS-Propaganda lediglich Ressentiments der Menschen über verlorene Bindungen; Ansätze zur Überwindung der Strukturkrise des modernen Kapitalismus enthält diese „politische Romantik" aber nicht. Ihre Festschreibung eines ewigen Kreislaufs menschlichen Lebens zwischen Geburt, Entfaltung und Tod legitimiere lediglich traditionelle, vom historischen Prozess längst überholte Herrschaftsstrukturen und propagiere deren Wiederherstellung. Wenn nun das Bürgertum zur Erhaltung seiner Klassenherrschaft im Widerspruch aber zu seinen eigenen Denktraditionen der Aufklärung diesen irrationalen Populismus zur Macht gelangen lasse, drohe, wie Tillich hervorhebt, ein „kriegerischer Machtstaat", der zum Rückfall der europäischen Zivilisation in die Barbarei führe (vgl. Tillich 1933, 130f.).

Demgegenüber, hält Tillich dem Bürgertum vor, sei der Sozialismus durchaus in der Lage, einen Ausweg aus der Krise aufzuweisen. Denn seine unbedingte Gerechtigkeitsforderung, die den Protest der Arbeiterschaft gegen Ausbeutung und Unterdrückung artikuliere, durchbreche gerade die permanente Reproduktion der bestehenden Verhältnisse und richte den Blick nach vorn, in die Zukunft einer humaneren Industriegesellschaft. Theologisch könne man daher den Sozialismus als „prophetische Bewegung" der Moderne begreifen. Da es gegenwärtig darum gehe, diese humane Perspektive wenigstens offen zu halten, müsse vom deutschen Bürgertum im Eigeninteresse der Weiterführung seiner aufgeklärten Zivilisation erwartet werden, dass es sich bei der unmittelbar bevorstehenden historischen Entscheidung doch noch an die Seite der Arbeiterbewegung stelle.

Nun konnte die sozialistische Bewegung aber nach Tillichs Überzeugung diesen weitgesteckten Erwartungen nur gerecht werden, wenn sie ihrerseits eine Entscheidung traf. Man könne sie als Entscheidung nicht für ein neues, sondern für ein erneuertes Selbstverständnis beschreiben. Notwendig erscheint Tillich diese Entscheidung, weil die sozialistische Bewegung im Verlauf des Klassenkonflikts in einen „inneren Widerstreit" geraten war.

Gegen Koalitionen der Bourgeoisie mit vorbürgerlichen konservativen Mächten nämlich sah sich der Sozialismus bald genötigt, bürgerliche Autonomie in allen Lebensbereichen auch für die abhängig arbeitende Bevölkerung zu fordern. Daher musste er das „bürgerliche Prinzip", die rationale Analyse methodischer Wissenschaft von Natur und Gesellschaft gegen ein Bürgertum vertreten, das sich „irrationalistisch gebärdete, um die revolutionären Konsequenzen einer durchgeführten Gesellschaftsanalyse nicht wirksam werden zu lassen; um Nebel zu erzeugen über dem Abgrund der Klassenspaltung" (Tillich 1933, 74f.).

Gegenüber diesen feudalbürgerlichen „Synthesen" müsse der Sozialismus, Wissenschaft als Waffe ergreifend, auf schärfste Empirie und Methode drängen, müsse dem kritischen Verstand gegenüber den mystischen Intuitionen Recht geben, um auf diesem Wege die gesellschaftliche Realität unverhüllt erkennbar werden zu lassen.

Und doch war damit für die Arbeiterschaft wenig gewonnen. Denn die Produktionsverhältnisse ändern sich durch den Zuwachs an Autonomie, an bürgerlichen Freiheitsrechten kaum. Der Gegner, argumentiert Tillich, dem eine gerechtere Sozialordnung abgetrotzt werden sollte, werde eher gestärkt, solange sich der Widerstand hauptsächlich gegen die romantische Politik des Koalitionspartners richte. Das Ziel, die Überwindung der Klassengesellschaft, rückt in die Ferne utopischer Vorstellungen.

Aus dieser Zweideutigkeit konnte die sozialistische Bewegung nach Auffassung Tillichs aber nur herauskommen, wenn es ihr gelang, ihrem ursprünglichen Auftrag gemäß die Interessen und Forderungen zu artikulieren, die sich aus der sozialen Lage der Arbeiterschaft, aus der, wie er formuliert, „proletarischen Situation" ergaben.

Bei deren Beschreibung setzt sich Tillich entschieden gegen ökonomistisch verengte Positionen des zeitgenössischen Marxismus ab. Zwar richte sich der Protest des Proletariats im Kern gegen Ausbeutung und Unterdrückung im Arbeitsverhältnis selbst, argumentiert er, aber es sei keineswegs der bereits zur „Ware Arbeitskraft" verdinglichte Mensch, der hier protestiere. Empörung äußere vielmehr der wirkliche Mensch, der von der Verdinglichung nicht allein im Arbeitsverhältnis, sondern in allen seinen Lebensverhältnissen in seiner Würde verletzt werde. Und dieser Protest werde möglich, führt Tillich den Gedankengang weiter, weil der wirkliche Mensch auch immer im Ursprung stehe und vom Ursprung her die Kraft erhalte, sich gegen das „völlige Abschneiden seiner Seinswurzeln zu wehren". Mit anderen Worten: Es handelt sich bei den Arbeitern um Menschen, deren Bindungen an Familie, an Verwandtschaft, an ihre Heimatorte und die Natur bestimmter Landschaften zwar bedroht sind, aber noch bestehen. Indem sich der Sozialismus nun gegen die Verdinglichung derjenigen Sozialgruppe, die der bürgerlichen Herrschaft am unmittelbarsten unterworfen ist, das Proletariat, politisch zur Wehr setzt, erweist er sich zugleich als die einzige Macht, die den Humanisierungsprozess der Gesamtgesellschaft voran treibt. Die partikulare und die universale Perspektive der sozialistischen Bewegung wirken in einer Richtung, ein Vorgang den Tillich auf den Begriff: „Erwartung" bringt (Tillich 1933, 86).

3. Zur Kritik des bürgerlichen Bildungsbegriffs

Vor dem Hintergrund dieser Überlegungen beschreibt Tillich die zentralen Aufgaben der modernen Pädagogik.

In der öffentlichen Diskussion, setzt er an, unterstütze der Sozialismus, auch darin Erbe des Bürgertums, die Forderung nach allgemeiner Erziehung jedes einzelnen zu Vernünftigkeit und Reife. Das Recht auf allgemeine Menschenbildung solle gegen Bildungsmonopole und Privilegien durchgesetzt werden.

Doch gerate die sozialistische Bewegung in einen „inneren Widerstreit", wenn sie bei dieser Liberalisierung der Pädagogik stehen bleibe. Die Schwierigkeit beginne in dem Augenblick, wenn nach dem Inhalt der allgemeinen menschlichen Reife und Vernünftigkeit gefragt wird.

Die bürgerliche Bildungsauffassung orientiere sich an einem „Ideal geistigen Ausdrucks und menschlicher Formung, das trotz individueller Unterschiede allgemein menschlich und zeitlos gültig ist. Seine Verwirklichung gelingt mehr oder weniger, je nach der geistigen Kraft einzelner Menschen oder Völker. Die großen Schöpfungen, in denen sich das menschliche Sein am reinsten ausdrückt, sind Norm für alles geistige Schaffen und für alle menschliche Bildung. Eine übergreifende Vernunft drückt sich in ihnen individuell und doch allgemein, zeitlich und doch ewig gültig aus" (Tillich 1933, 74f.).

Da die Arbeiterbewegung unter den gegebenen Umständen kaum in der Lage war, eine eigene Kultur hervorzubringen, hat sie sich darauf konzentriert, dieses humanistische Bildungskonzept gegen die Kulturreaktion zu verteidigen und es zur Grundlage der Volksbildung zu machen. In Wirklichkeit aber stehe der Sozialismus im Widerspruch zu dieser tradierten humanistischen Idee. Er bestreite die übergreifende Vernunft; denn er „kennt die unlösliche Gebundenheit jeder geistigen Schöpfung an die begrenzte menschliche Lage, aus der sie geboren ist. Er kennt vor allem klassengebundenen Geist, Geist, in dem eine besondere menschliche Kampf-, Herrschafts- oder Unterdrückungslage zum Bewusstsein ihrer selbst kommt. Geist, so verstanden, ist nicht allgemein menschlich, sondern Ausdruck besonderen gesellschaftlichen Seins, und Bildung, so verstanden, ist nicht Übermittlung allgemeiner Kulturgüter, sondern Geformtwerden in einer bestimmten Gesellschafts- und Kampflage durch Schöpfungen, in denen sich diese besondere menschliche Möglichkeit ausdrückt oder in der Vergangenheit ausgedrückt hat" (Tillich 1933, 76).

Sozialhistorisch belegt Tillich diese These mit Untersuchungsbefunden aus Hans Weils Habilitationsschrift.

4. Hans Weil (1898-1972)

1898 in Saarbrücken in einer wohlhabenden jüdischen Kaufmannsfamilie geboren, empfing der an spinaler Kinderlähmung leidende Hans Weil nach eigenem Bekunden entscheidende Anregungen für seine späteren Studien im pädagogischen Gemeinschaftsleben zweier Landerziehungsheime, die er vor und während des Ersten Weltkriegs besuchte. Hier erlebte der behinderte Jugendliche die Notwendigkeit der Akzeptanz und des Rückhalts in der Gruppe als Voraussetzung für die Herausbildung von innerer Freiheit und Selbstsicherheit in Vorgängen wechselseitiger Erziehung, aber auch im individuellen Studium. Weil zweifelte, dass der erlebte Vorgang mit den gängigen Bildungsvorstellungen zutreffend beschrieben werde. Da er ähnliche Erfahrungen auch bei anderen Angehörigen seiner Altersgruppe vorfand, „kam ich dazu", schreibt er in dem von Feidel-Mertz im Nachlass aufgefundenen Lebenslauf, „dass es Not täte zur Klärung des gegebenen, sich einmal theoretisch von dem Prinzip der Bildung zu distanzieren, um die Gründe zu finden, warum dieses Prinzip seine verpflichtende Geltung zumindest für meine Generation verloren hatte. Indem ich nun versuchte, diesem Sachverhalt historisch und soziologisch nachzugehen, fand ich mich in steter Aussprache mit der Gegenwart, von der aus ich das Gewesene sah und die mir durch den Vergleich allmählich durchsichtiger wurde" (zit. nach Feidel-Mertz 1992, 391).

In seiner Dissertation, die er nach Studien der Philosophie, Geschichte, Soziologie und Ökonomik in Heidelberg, München und Frankfurt/Main bei Herman Nohl in Göttingen einreichte, präzisiert Weil den Ansatz. Die Untersuchung zur „Entstehung des deutschen Bildungsprinzips" geht der Frage nach, wie sich „Bildung" als ein neues, gesellschaftlich hoch angesehenes Verhaltensprinzip, als Ausweis von „Vornehmheit" bei bestimmten Bevölkerungsgruppen in Deutschland, und zwar ausschließlich dort, zu einer bestimmten Zeit: dem ausgehenden 18. und beginnenden 19. Jahrhundert durchzusetzen vermochte. In seiner historischen Rekonstruktion des Vorganges unterscheidet der Autor die Phasen der „Aufstellung" des Bildungsprinzips vor allem durch Herder und Humboldt und dessen „Aufnahme" durch ein sozial gemischtes Publikum von Handwerkern, Kaufleuten, akademischen Honoratioren und Angehörigen des Stadt- und Amtsadels. Durch die Kombination geisteswissenschaftlich-hermeneutischer Verfahren mit neuen Ansätzen der Wissenssoziologie gelingt es Weil, das ungewöhnliche Phänomen zu erklären, dass sich eine Art „Geisteselite" oder, wie er im Gespräch gelegentlich salopp formulierte, eine Art „Neben Oben" gegenüber den traditionell durch Geburt und Besitz privilegierten Gruppen behaupten konnte.

Aber nicht nur als Privileg, das im Widerspruch zu oft enthusiastisch vorgetragenen universalen Ansprüchen des Bildungsbegriffs stand, wird die tradierte Bildungskultur kritisiert. Fragwürdig geworden war Bildung auch als Lebensauffassung, wie sie von Anfang an konzipiert, oder, wie Weil formuliert, als „Prinzip" aufgestellt worden war. Charakteristisch für das deutsche Bildungsprinzip, belegt er materialreich, war die Kultivierung des autonomen, des inneren Menschen, dem gegenüber die heteronomen Ansprüche der Welt relativiert werden. Das gelte sowohl für die Richtung des Bildungsstrebens, sich selbst „zum Bilde" zu erheben, als auch für den Bildungsprozess, der, oft in Anlehnung an Rousseau, als harmonische Ausbildung vorgegebener Anlagen in Analogie zum Wachstum der Pflanze gedeutet wurde (vgl. Weil (1930) 1967).

War das deutsche Bildungsprinzip, das die politische Verantwortung des Heranwachsenden gewissermaßen nach innen, auf die Entwicklung der eigenen Individualität kehrte, 1932 noch zeitgemäß? Weil hat die Frage in seinem Buch letztlich nicht eindeutig beantwortet.

Tillich dagegen hat sie an zentraler Stelle seiner Abhandlung indirekt aber unzweideutig beantwortet. Sein Diskussionskontext ist die Perspektive der sozialistischen Bewegung, die er als „Erwartung" begriff. Der religiös gebundenen konservativen „Romantik" wirft er vor, den prophetischen Erwartungsbegriff „umzubiegen". Das geschehe durch den Versuch, „die Erwartung auf das Schicksal der Einzelnen zu beziehen und von dem historischen Schicksal, von der notwenigen Umwandlung der Gesellschaft fernzuhalten". Der Einzelne erwarte seine „Erfüllung" nach dieser Auffassung als „neue Kreatur" unmittelbar. Die Bewegung des Ganzen aber werde nicht ernsthaft in die Erwartung eingeschlossen. Die „Umbiegung" der unbedingten Gerechtigkeitsforderung von der Gesellschaft auf das Individuum träfe bereits auf diejenigen geistesgeschichtlichen Strömungen zu, die nach Weil das Bildungsprinzip hervorgebracht hatten: den Pietismus und den deutschen Idealismus und zwar mit ihren Versuchen, „die Freiheitsidee der bürgerlichen Revolution in die Innerlichkeit zu übertragen und ihr die gesellschaftlich umwandelnde Kraft zu nehmen"[2].

Weils Arbeit wurde 1930 publiziert und fand eine ungewöhnlich breite Resonanz, die man nicht nur an der großen Anzahl meist positiver Rezensionen, sondern auch an respektvollen Reaktionen an der Universität und bei Repräsentanten der Bildungspolitik festmachen kann. Carl Heinrich Becker, der weithin angesehene, inzwischen demissionierte Preußische Kultusminister, begann seinen Festvortrag zur Eröffnung der internationalen Hochschulkurse vom Frühjahr 1931 in Davos mit einer Würdigung des Weil'schen Buches und der Diskussionsanregungen, die es bot. Unter diesen Umständen war die Habilitation fast nur noch eine Formsache und wurde in der Fakultät einstimmig akzeptiert[3].

Weils Habilitationsschrift warf die Frage auf, wie die Tendenz zur unpolitischen Innerlichkeit in der deutschen Bildungstradition überwunden werden könne. Auch in dieser Frage setzte Tillich auf die sozialistische Bewegung. Deren „Erwartung" werde nicht individualistisch interpretiert, sondern beruhe auf der Überzeugung, dass die bürgerliche Gesellschaft im historischen Prozess zu einer neuen, humaneren umgewandelt werden könne. Allein der Sozialismus sei daher in der Lage, der heranwachsenden Generation realistische Orientierungen für ein sinnvolles, sozial verantwortliches Leben zu bieten.

Allerdings, fügt Tillich skeptisch hinzu, seien die Chancen einer zielbewussten, politisch akzentuierten Bildung innerhalb der öffentlichen Bildungseinrichtungen derzeit kaum zu realisieren. Denn: „Erziehen ist einfügendes Handeln. Damit aber eingefügt werden kann, muss etwas da sein, in das eingefügt werden kann. Auf dem Boden des bürgerlichen Prinzips sind alle ursprünglichen Mächte und Gestalten aufgelöst. Es kann infolgedessen [...] nur durch Einfügung in das Abstraktum: ‚menschliche Möglichkeiten überhaupt' eingefügt werden, d. h. es kann überhaupt nicht eingefügt werden" (vgl. Tillich 1933, 120f.). Losgelöst von der realen Situation des Zöglings könne Erziehung nicht gelingen. Die Erziehung junger Arbeiter, schlägt er vor, sollte daher unter Verzicht auf die pseudohumanistische Grundlage der modernen Pädagogik den Versuch unternehmen, in die Gruppen der sozialistischen Bewegung selbst, ihre Einrichtungen und ihre Symbolik einzuführen.

Hier nimmt Tillich einen Gedanken auf, den Carl Mennicke in seinen Analysen öffentlicher Erziehungsaufgaben entwickelt hatte.

5. Carl Mennicke (1887-1959)

1887 in Elberfeld geboren, war Mennicke nur ein Jahr jünger als Tillich. Biografische Parallelen findet man zudem im Theologiestudium und im Schock des Kriegserlebnisses, der für beide zum Anstoß für die Richtung ihres weiteren Berufsweges wurde. Seelsorgerische Kommunikation, erfuhren sie an der Front, war nur noch möglich, wenn man die Empörung ihrer Kameraden aus den unteren Sozialschichten über die Ungerechtigkeit der Sozialverhältnisse nachvollzog, unter denen sie litten und die ihr weitgehend auf die Befriedigung materieller Bedürfnisse reduziertes Verhalten prägte. Während nun aber Tillich seine Kriegserfahrungen in theologischen Studien, etwa in dem breit diskutierten Buch „Masse und Geist", wissenschaftlich verarbeitete, trat Mennicke nach Tätigkeiten als Hilfsgeistlicher in der niederrheinischen Bergarbeitergemeinde Wehofen und Mitarbeiter in der „Sozialen Arbeitsgemeinschaft Berlin-Ost" bald aus dem Kirchendienst und später sogar aus der Amtskirche aus und fand eine Anstellung als Dozent für Sozialpädagogik an der renommierten „Berliner Hochschule für Politik". Forum ihres intensiven Gedankenaustausches wurde für Mennicke und Tillich der 1919 gegründete „Berliner Kreis" der Religiösen Sozialisten, dem außer ihnen Eduard Heimann, Adolf Loewe, Alexander Rüstow, Günter Dehn und Arnold Wolters angehörten. Mennicke redigierte das Organ der Diskussionsrunde, „Blätter für den Sozialismus" (vgl. Mennicke 1995, insbes. 74ff., 103ff., 125ff., 140ff.).

Mennickes Analysen der Erziehungsaufgaben in der modernen Gesellschaft, auf die sich Tillich bezieht, setzen sozialhistorisch an: In den vorindustriellen Lebenseinheiten der Bauern und Handwerker verliefen die Erziehungsvorgänge fast bis zur jüngsten Zeit im wesentlichen noch als Einfügung der heranwachsenden Generation in die tradierten Verhaltens- und Handlungsformen des „Hauses". Der ökonomisch und kulturell begründeten Unbedingtheit der sozialen Regulierungen konnte sich keiner entziehen, es sei denn, er riskierte, als Störer der vorgegebenen Ordnung, als „Frevler" geächtet zu werden. Solange die vorindustriellen Ordnungen lebenskräftig blieben, funktionierte die „Bildung des Individuums zum sich einfügenden und bejahenden Glied des gesellschaftlichen Körpers" gleichsam von selbst und konnte daher unproblematisiert bleiben. Erst mit der Auflösung traditioneller „Einfügungsgebilde" im Zuge der Industriellen Revolution werde, so Mennicke, die Erziehung der Heranwachsenden zu einem brisanten gesellschaftlichen Problem, dessen öffentlicher Reflexion und institutioneller Bearbeitung man sich nicht länger entziehen konnte. Die sich schnell wandelnde moderne Industriegesellschaft geriet, wie Mennicke formuliert, in eine „sozialpolitische Verlegenheit". Was intakte traditionelle Sozialkörperschaften bis dahin gewissermaßen nebenher und eben deshalb umso effektiver erledigt hatten, die Einfügung des Nachwuchses, musste nun durch ein Netz öffentlicher, eigens zu diesem Zweck geschaffener Institutionen vom Kindergarten über Einrichtungen der Jugendfürsorge und Jugendpflege bis zum Volksbildungswesen und dem energisch vorangetriebenen Ausbau des öffentlichen Schulwesens besorgt werden (vgl. Mennicke 1926; 1929).

Aber das Faktum der Loslösung der aufwachsenden Generation aus der bedrückenden Enge festgefügter Sozialbindungen interpretiert Mennicke zunächst einmal, insoweit engagierter Reformpädagoge, als einen bemerkenswerten historischen Fortschritt. Kindheit und Jugend als relativ eigenständige Lebensphasen werden zwar immer noch keineswegs von der Mehrheit, aber doch erstmals von immer mehr Heranwachsenden erlebt. In der pädagogischen Atmosphäre moderner Volksbildungseinrichtungen akzeptiere man den Einzelnen in seiner Individuallage, fordere man seine geistige Selbstständigkeit und soziale Verantwortung heraus (Mennicke 1926, 334f.; 1927, 380, 383ff.).

Doch sieht Mennicke zugleich die Grenzen der im Ansatz liberalen zeitgenössischen Reformpädagogik. Bleiben die Konzepte öffentlicher Pädagogik bei der Förderung von Kreativität, Mündigkeit und Eigenverantwortung stehen, argumentiert er, lassen sie die Kinder und Jugendlichen in ihren zentralen Lebensproblemen in Wirklichkeit allein. Das psychologische Verständnis der Heranwachsenden bleibe „unzulänglich", alle didaktischen Bemühungen blieben „leer", wenn den Erziehungseinrichtungen die „verpflichtende Kraft" des Gemeinschaftslebens und eine verbindliche kulturelle Orientierung fehle (vgl. Mennicke 1926, 333f.). Zumal während der Weltwirtschaftskrise bedeute die „Freisetzung" der jungen Menschen aus traditionellen sozialen Bindungen, vor allem für die Mehrheit der arbeitenden und arbeitslosen Jugend, verschärfte Ausbeutung und soziale Verelendung. Anders als in der zeitgenössischen Diskussion um die „Wiederentdeckung der Grenze" sucht

Mennicke nun aber die Ursache für die Bildungsnot nicht primär im pädagogischen Fehlverhalten, sondern führt sie, ähnlich Tillich, auf strukturelle Wandlungsprozesse der bürgerlichen Gesellschaft zurück. Die moderne Industriegesellschaft löse traditionelle Lebensformen auf, sei aber offenbar nicht in der Lage, neue, verlässliche soziale Bindungen und Aufgabenfelder anzubieten, innerhalb derer sich die ständig stimulierte Selbstständigkeit und Eigenverantwortung der Heranwachsenden bewähren könnten, so dass die „Freiheit einen positiven Sinn bekommt" (vgl. Mennicke 1926, 338f.; 1927, 396).

Das Erkenntnisinteresse der Erziehungswissenschaft begreift Mennicke in der präzisen Beschreibung der sich hier abzeichnenden Aufgabe der modernen Gesellschaft. Diese Problemerfassung sei die Voraussetzung für sinnvolle Interventionen. Die Beschreibung geschehe durch vergleichende Analysen unterschiedlicher Strömungen, Praxismodelle und die Auswertung problemerhellender Beiträge der verschiedenen Wissenschaften. In methodischer Hinsicht kennzeichnet Mennicke die systematische Erfassung der gesamtgesellschaftlichen Erziehungsaufgabe als „Synthese". Gerade auf dem Gebiet der Sozialpädagogik, schreibt er in seinem Lebensbericht über die Zeit in Frankfurt, dränge alles nach einer „Synthese", „nach einer systematischen Synthese, die zuletzt eine Beleuchtung unserer gesamten gesellschaftlichen Situation bedeuten muss" (Mennicke 1995, 169ff.).

6. Einschätzungen und Folgerungen

Bemühungen um eine originäre pädagogische Theorie kann man in diesen Überlegungen nicht übersehen. Begriffe wie Entscheidung, Einfügung, Bildungsprinzip, vor allem aber Tillichs Zielkategorie „Erwartung" machen klar, dass es den Frankfurter Pädagogen darum ging, die enge Verbindung von Politik und Pädagogik, auf die sie in den Konflikten ihrer Zeit stießen, als verantwortliches Handeln und zwar als Erziehungsziel, wie als Verhaltensnorm für die Pädagogen selbst zu begreifen. Im politischen Kampf um die Humanisierung der Gesellschaft, nicht in einem pädagogischen Schonraum, gewann nach ihrer Überzeugung die heranwachsende Generation ihre Lebensorientierung. Bildung wird daher als das allmähliche Bewusstwerden der eigenen Soziallage und der sich aus ihr ergebenden politischen Verantwortung verstanden. Der Begriff „Einfügung" bringt das nur unzureichend zu Ausdruck. Er akzentuiert die Einbindung der Individualentwicklung in feste Gruppenbeziehungen und bekräftigt insofern, was der zeitgenössische Begriff „Erziehungsgemeinschaft" ebenfalls aussagt. Dadurch aber wird die Perspektive der Erziehungsvorgänge, ihre Bindung an die nur politisch durchsetzbare humane Alternative der Moderne, und damit die Kernaussage dieser Pädagogik, eher verdeckt. Während der Weltwirtschaftskrise bei gleichzeitige Bedrohung durch den deutschen Faschismus haben die Frankfurter Pädagogen während der frühen 30er Jahre in aller Schärfe herausgearbeitet, dass allein die demokratische Weiterentwicklung der modernen Gesellschaft sinnvolle Perspektiven verantwortlichen Handelns für die die heranwachsende Generation bieten konnte.

Tillichs Hoffnung auf einen Ausweg aus der Krise basierte noch auf der Annahme einer besonderen und zugleich universalen historischen Rolle des Proletariats. Auf dieser Hoffnung gründet die politische Programmatik des Religiösen Sozialismus, von der sich Karl Mennicke bereits Anfang der 30er Jahre, Tillich dann während des Exils allmählich lösten. Dafür gab es objektive soziologische und politische Gründe. Durch den ständigen Schrumpfungsprozess des Bevölkerungsanteils der Industriearbeiterschaft hatte sich die Sozialstruktur der hochentwickelten Industriegesellschaften allmählich verändert; hinzu kamen weit verbreitete Enttäuschungen über die Herrschaftsentwicklung in der Sowjetunion. Mit schwindender Hoffnung auf die sozialistische Bewegung als demokratischer Avantgarde wurde die Erwartungskategorie dieser pädagogischen Richtung zumindest aufgeweicht. Indizien sprechen dafür, dass die drei Emigranten ihre politischen Hoffnungen allmählich auf die historisch gewachsenen demokratisch bürgerlichen Kulturen ihrer Aufnahmeländer verlagerten, mit denen sie sich uneingeschränkt identifizierten. Alle drei nahmen die Staatsbürgerschaft ihrer neuen Heimatländer an. Auch ihre Aktivitäten, die man als Weiterführungen der Frankfurter Ansätze interpretieren kann, fokussieren nun eindeutig die Förderung bzw. Wiederherstellung einer demokratischen Kultur. Tillichs Rundfunkansprachen an das Deutsche Volk in der Voice of America 1942-1944 und seine Initiativen zur Gründung des Council for a Democratic Germany bereiten das formaldemokratische Pädagogikkonzept der Reeducation-Politik vor. In seinem Aufruf an die „Pioneers of Tomorrow" von 1945 transponiert Hans Weil entsprechend die einst der Arbeiterschaft zugewiesene Rolle des Zukunftsträgers auf die amerikanische Jugend der Nachkriegszeit (vgl. Feide-Mertz 1992, 398).

Weil war mit dem härtesten Emigrationsschicksal konfrontiert. Sein offenkundig aussichtsreicher Forschungsansatz und seine Lehrerfolge am Pädagogischen Seminar halfen dem Privatdozenten im Frühjahr 1933 nicht weiter. Er war vielmehr einer der ersten Hochschullehrer, die unter dem neuen Rektor Ernst Krieck mit der Auflage fristlos entlassen wurden, zu viel bezahlte Bezüge wieder zurückzuzahlen, und wenig später wurde ihm unter der Namenszuschreibung Hans Israel Weil der Doktortitel aberkannt. 1934 gründete er in Reco, einem kleinen Städtchen nahe Genua das Landschulheim: „Schule am Mittelmeer", das jüdische Kinder auf eine ungewisse Zukunft in unterschiedlichen Immigrationsländern vorbereitete (vgl. Feidel-Mertz (Hrsg.) 1983, 107ff.). Erst 1938, als die Judenverfolgungen unter deutschem Druck auch auf das faschistische Italien übergriffen, sah er sich gezwungen, seine Emigration bis nach New York zu verlängern. Dort hielt er sich nur mühsam durch gelegentliche Vorträge und fotografische Arbeiten über Wasser. Als er schließlich 1949 vom Dekan der Philosophischen Fakultät gebeten wurde, in sein Frankfurter Lehramt zurückzukehren, antwortete Weil: „Sie werden wohl kaum ermessen können, wie viele Gedanken und Gefühle Ihr freundliches Schreiben in mir erweckt hat. Was immer auch nach 1933 geschehen ist, ich war gerne ein Mitglied Ihrer Fakultät und habe die Zeit des Lehrens in Frankfurt in bester Erinnerung. Seit einigen Jahren bin ich Bürger der Vereinigten Staaten und bin froh, meine Kinder in diesem weiten und zukunftsgewissen Land aufwachsen zu sehen. Darum und auch aus anderen, die jüngste Vergangenheit betreffenden Gründen scheint mir eine Rückkehr als Deutscher zu Deutschen unmöglich" (zit. nach Hammerstein 1989, 126).

Auch in Mennickes Weiterentwicklungen des Frankfurter Ansatzes im holländischen Exil ist die Problemverschiebung von der Rolle der sozialistischen Bewegung im gesellschaftlichen Humanisierungsprozess zur Pflege einer demokratischen Diskussionskultur nachweisbar. Da er Tillichs Überzeugung von der universalen Mission des Sozialismus nicht mehr teilte, berücksichtigt er bei der Erörterung gesamtgesellschaftlicher pädagogischer Probleme nur noch die partikulare Rolle des Proletariats. Dem entsprechend würdigt Mennicke in der 1935 erschienenen „Sozialpsychologie" die Rolle des Marxismus ausschließlich im Hinblick auf Bildungsprozesse der in die Minderheit geratenen Bevölkerungsgruppe Arbeiterschaft (vgl. Mennicke (1935) 1999, 130ff.). Und selbst diesen Hinweis sucht man in der Liste geistiger „Grundlagen der Gemeinschaftserziehung", die Mennicke in der 1937 publizierten „Sozialpädagogik" aufführt, vergeblich (vgl. Mennicke (1937) 2001, 49ff.). Die „Synthesen" der phänomenologischen Problembearbeitungen geraten abgehoben abstrakt und sind auf anthropologische Setzungen und Deutungen angewiesen.

Aber der Umstand, dass den Frankfurter Pädagogen das historische Subjekt Arbeiterschaft abhanden kam, auf das zumindest Tillich während der Weltwirtschaftskrise noch setzte, kann nicht darüber hinweg täuschen,, dass die Strukturkrise der bürgerlichen Gesellschaft, wie er sie analysierte, nicht nur weiterhin besteht, sondern sich inzwischen drastisch verschärft hat. Ihre ökologischen, gesellschaftlichen und pädagogischen Auswirkungen sind auch für eine breitere Öffentlichkeit inzwischen unübersehbar geworden und brauchen hier nicht weiter beschrieben zu werden. Die Frage bleibt aber, wie Erziehungswissenschaft auf diese Prozesse, in die sie selbst eingeschlossen ist, reagiert. Beschränkt sie sich darauf, Veränderungen der Erziehungswirklichkeit empirisch zu beschreiben, oder versucht sie, Problemwissen, wie das hier vorgetragene weiterführend, die Oberfläche der Verhältnisse zu durchdringen, nach den Gründen der Verelendung zu fragen und Chancen für Abhilfen zu erwägen?

Anmerkungen

1 Als Direktor des Kaiser-Friedrich-Gymnasiums leitete Heinrich Weinstock zugleich das Wissenschaftliche Prüfungsamt für die Lehramtskandidaten an der Universität. Der berufliche Werdegang des Philologen ist ein Beispiel für Karriereverläufe der Mehrzahl erziehungswissenschaftlicher Hochschullehrer, die nach 1933 in Deutschland blieben. Irritierend ist das scheinbar politikresistente Muster dieser Berufslaufbahnen. Für ihre aufsteigende Linie markieren die Jahreszahlen 1933 und 1945 keineswegs Karrierebrüche, sondern eher Karriereschübe. Begünstigt durch die 1933 eingetretenen Vakanzen am Pädagogischen Seminar gelingt es Weinstock, trotz einiger Schwierigkeiten mit verschiedenen Parteiinstanzen während der 30er Jahre seinen Lehrauftrag thematisch zügig auszubauen. Nach dem Krieg setzte er seine Berufung auf den Philosophischen Lehrstuhl und die mit ihm verbundene Direktion des Pädagogischen Seminars gegen den Widerstand des amerikanischen Universitätsoffiziers Howard Becker und dessen Vorgesetzten im Berliner OMGUS, Fritz Karsen, intimen Kennern der Frankfurter Szene vor 1933, durch. Ein Vergleich der Theorien, die Weinstock im Verlauf dieser bis Ende der 50er Jahre durchgezogenen Hochschullehrerlaufbahn vorgelegt hat, mit denjenigen seiner im Frühjahr 1933 exilierten Kollegen, könnte zu interessanten Aufschlüssen über die innere Entwicklung unseres Faches führen (vgl. Lingelbach 2001, 89ff.).

2 Vgl. Tillich 1933, 87. Max Horkheimer hat in seiner Rektoratsrede zur Immatrikulationsfeier im WS 1952/53, gestützt auf Entwürfe seines Redeschreibers Adorno, diese Überlegungen Weils und Tillichs ohne direkten Bezug aufgenommen: „Die sogenannte Bildung der Persönlichkeit, die Verinnerlichung, die Rückwendung des gestaltenden Willens auf sich selbst, so viel Positives sie auch gewirkt haben mögen, trugen doch zweifellos zur Verhärtung der einzelnen Menschen, zum Hochmut, zum Privilegienbewusstsein und zur Verdüsterung der Welt bei. Indem unter dem Titel der Bildung der gestaltende Wille und das heißt die Liebe, von der Realität auf das seiner eigenen Formung lebende Individuum sich zurückwandte, kündigte die Barbarisierung der Menschheit bereits im 19. Jahrhundert sich an." Zitiert nach Paffrath 1992, 74.

3 Vgl. Feidel-Mertz 1992, 391f. Mit dem Hinweis auf Weils interdisziplinären Ansatz ist der positive Widerhall des Buches in der pädagogisch interessierten Öffentlichkeit nur unzureichend erklärt. Tatsächlich blieb die idealistische Rezeption des Bildungsbegriffs durch die zeitgenössische „Kulturpädagogik" in der jungen erziehungswissenschaftlichen Disziplin selbst keineswegs unumstritten (vgl. Schneider 1930). Auf Kritik stieß der Bildungsidealismus sowohl in der protestantisch konservativen „realistischen" Erziehungswissenschaft, die u.a. Peter Petersen repräsentierte (vgl. Lingelbach 1992), wie in der von Ernst Krieck entwickelten „reinen Erziehungswissenschaft". Ungeachtet seiner deutsch-nationalen Implikationen hatte Krieck den 1922 in der „Philosophie der Erziehung" begründeten Ansatz einer ideologisch unabhängigen, vergleichend deskriptiv operierenden Erziehungssoziologie erst nach den Reichstagswahlen vom September 1930, die der Hitlerbewegung einen Erdrutschsieg bescherte, zugunsten der normativ ausgerichteten „völkisch-realistischen" Erziehungstheorie aufgegeben (vgl. Lingelbach 1987, 164ff.). Der Berufung des weithin renommierten Autodidakten auf eine Professur an der „Pädagogischen Akademie" Franfurt/Main durch Carl Heinrich Becker stand daher 1928 noch nichts im Wege. Anders aber als Krieck betrachteten Tillich, Weil und Mennicke Erziehung nicht als „Funktion" im Regenerationsprozess historisch vorgegebener Sozialkörperschaften, sondern als ein gesamtgesellschaftliches Handlungsproblem, wie es sich in der Modernisierung der Industriegesellschaft, d. h. gerade im Auflösungsprozess tradierter „Bindungen" stellte. Im Abwehrkampf der Republik gegen die breite antidemokratische Strömung erhielt der Ansatz eine zusätzliche Brisanz.
Dafür spricht auch, dass Carl Heinrich Becker im Gespräch mit Weil erwähnt, „junge Freunde" hätten ihm ein Exemplar des „Bildungsprinzips" geliehen, das sich bereits „in

völlig zerlesenem Zustand" befand (vgl. Feidel-Mertz 1992, 391). Einer der jungen Freunde oder der junge Freund dürfte Adolf Reichwein gewesen sein. Becker hatte Reichwein Anfang 1929 als Leiter der Pressestelle und persönlichen Referenten ins Preußische Kultusministerium berufen. Reichwein war mit dem Minister persönlich befreundet und gehörte dem Frankfurter Kreis der Religiösen Sozialisten um Paul Tillich an. Mit Trude Mennicke arbeitete er im Beirat der „Neuen Blätter für den Sozialismus" und vertrat den Kreis in dem berühmten Streitgespräch zur Frage: „Mit oder gegen Marx zur deutschen Nation?" gegen Wilhelm Rössle vom Tatkreis und Otto Strasser. An der Vorbereitung der Hochschulkurse in Davos wurde Reichwein, inzwischen Professor an der Pädagogischen Akademie Halle, noch beteiligt (vgl. Rep 92 Becker, R, 3425. Geh. Staatsarchiv PR. Kulturbesitz, Brief R. 30.1.1931). Das Streitgespräch fand im Oktober 1932 auf der Leuchtenburg statt. Zusammen mit Carlo Mierendorff sorgte Reichwein später für die Umbenennung der „Blätter" in „Sozialistische Aktion" (vgl. Lingelbach 1998; Amlung/Lingelbach 2003).

Literatur

Amlung, U./Lingelbach, K. Chr.: Adolf Reichwein (1898-1944). In: Tenorth, H. E. (Hrsg.): Klassiker der Pädagogik. Bd. 2: Von John Dewey bis Paulo Freire. München 2003, 203-216

Feidel-Mertz, H.: Schulen im Exil. Reinbek bei Hamburg 1983

Feidel-Mertz, H.: Pädagogen im Exil – zum Beispiel: Hans Weil (1898-1972). In: Böhne, E./Motzkau-Valeton, W. (Hrsg.): Die Künste und die Wissenschaften im Exil. 1933-1945. Gerlingen 1992, 379-399

Feidel-Mertz, H.: Zur Remigration und Wirkungsgeschichte von Carl Mennicke. In: Mennicke 1995, 348-362

Feidel-Mertz, H.: „In erster Linie Sozialpädagoge". Zum erziehungswissenschaftlichen Selbstverständnis von Carl Mennicke. In: Mennicke 2001, 207-214

Feidel-Mertz, H./Lingelbach, K. Chr.: Gewaltsame Verdrängung und prekäre Kontinuität. Zur Entwicklung der wissenschaftlichen Pädagogik in Frankfurt am Main vor und nach 1933. In: Z.f.Päd. h. 5/ 1994, 707-726

Hammerstein, N.: Johann Wolfgang Goethe-Universität Frankfurt am Main. Von der Stiftungsuniversität zur staatlichen Hochschule. Bd. 1: 1914-1950. Neuwied/Frankfurt/M. 1989

Jay, M.: Dialektische Phantasie. Die Geschichte der Frankfurter Schule und des Instituts für Sozialforschung. 1923-1950. Frankfurt/M. 1987

Lingelbach, K. Chr.: Erziehung und Erziehungstheorien im nationalsozialistischen Deutschland (2. Auflage). Frankfurt/M. 1987

Lingelbach, K. Chr.: Verdrängung politischer Wirklichkeit aus dem pädagogischen Denken. Peter Petersens „Pädagogischer Realismus" in den erziehungstheoretischen Kontroversen unter der NS- Herrschaft. In: Rülcker, T./Kaßner, P. (Hrsg.): Peter Petersen: Antimoderne als Fortschritt? Frankfurt/M., Berlin u.a. 1992, 285-317

Lingelbach, K. Chr.: Adolf Reichweins politische Auffassungen und das Schulmodell Tiefensee. In Rülcker, T./Oelkers, J. (Hrsg.): Politische Reformpädagogik. Frankfurt/M., Berlin, Bern u.a. 1998, 541-562

Lingelbach, K. Chr.: Hierarchisierung und Funktionalisierung öffentlicher Bildung - unabweisbare Postulate der modernen „Leistungsgesellschaft"? Aspekte beruflicher Bildung in Heinrich Weinstocks Rede über den „Realen Humanismus". In: Lisop, I. (Hrsg.): Vom Handlungsgehilfen zur Managerin. Ein Jahrhundert der kaufmännishen Professionalisierung in Wissenschaft und Praxis am Beispiel Frankfurt am Main. Frankfurt/M 2001, 89-122

Mennicke, C.: Das sozialpädagogische Problem in der gegenwärtigen Gesellschaft. In: Kairos. Zur Geisteslage und Geisteswendung. Hrsg.: Tillich, P. 1926, 311-344

Mennicke, C.: Sozialpädagogik als Volksbildung. In: Wachenheim, H.: Hauptausschuß für Arbeiterwohlfahrt e.V. (Hrsg.): Lehrbuch der Wohlfahrtspflege. Berlin 1927, 380-405; 1930: 434-468

Mennicke, C.: Die sozialen Lebensformen als Erziehungsgemeinschaften. In: Nohl, H./Pallat, L. (Hrsg.):Handbuch der Pädagogik. Bd. II: Die biologischen, psychologischen und soziologischen Grundlagen der Pädagogik. Berlin/ Leipzig 1929, 281-299

Mennicke, C.: Zeitgeschehen im Spiegel persönlichen Schicksals. Ein Lebensbericht. Hrsg.: Feidel-Mertz, H. Weinheim 1995

Mennicke, C.: Sozialpsychologie. Die allgemeinen Grundlagen und deren Anwendung auf die gesellschaftlichen und politischen Erscheinungen, vor allem der gegenwärtigen Zeit. Hrsg.: Feidel-Mertz, H. Weinheim 1999

Mennicke, C.: Sozialpädagogik. Grundlagen, Formen und Mittel der Gemeinschaftserziehung. Hrsg.: Feidel-Mertz, H. Weinheim 2001, mit einer Bibliographie der Publikationen Mennickes, 215 ff.

Paffrath, F.H.: Die Wendung aufs Subjekt. Pädagogisch Perspektiven im Werk Theodor W. Adornos. Weinheim 1992

Schneider, P.: Das Problem der Erziehungswissenschaft in der Kulturphilosophie der Gegenwart. Langensalza 1930

Tillich, P.: Die sozialistische Entscheidung. Hrsg. Rathmann, A. Offenbach 1948

Anhang

Dokument 1: Auszug aus
Hans Weil: Die Entstehung des deutschen
Bildungsprinzips (1930), Bonn 1967 [10]

1. Kapitel: Problemstellung

Betrachten wir aber alle Gestalten, besonders die organischen, so finden wir, daß nirgends ein Bestehendes, nirgends ein Ruhendes, ein Abgeschlossenes vorkommt, sondern daß vielmehr alles in einer steten Bewegung schwanke. Daher unsere Sprache das Wort Bildung sowohl von dem Hervorgebrachten als von dem Hervorgebrachtwerdenden gehörig genug zu brauchen pflegt. Goethe, Bildung und Umbildung organischer Naturen.

Der hier vorgelegte Beitrag zu dem vielerörterten[11] Phänomen der „Bildung" will die Entstehung des spezifisch deutschen Bildungsprinzips behandeln. Es erscheint zunächst vielleicht seltsam, „die Entstehung" eines Prinzips zu untersuchen. Denn ein Prinzip, zumal ein in irgend einem Sinne „geistig" zu nennendes Prinzip, „gilt" oder gilt nicht, wird gefunden oder vergessen, aber es „entsteht" als Prinzip nicht eigentlich. Machen wir dennoch das „Entstehen" der Bildung zum Gegenstand einer Untersuchung, so meinen wir damit, daß das Bildungsprinzip nicht als eine „ewige Kategorie" aufgefaßt werden kann, die dem Menschen als Menschen unmittelbar mitgegeben ist, sondern daß sein „Entstehen" von gewissen historischen Gegebenheiten abhängt. Wir behaupten, daß das spezifische Bildungsprinzip nur in

---

[10] Quelle: Weil, H.: Die Entstehung des deutschen Bildungsprinzips, Bonn 2. A., 1967

[11] Anstatt der umfangreichen Literatur über die Bildung seien nur die folgenden Schriften genannt, weil aus ihnen die gegenwärtig gültigen Auffassungen über die Bildung in ihren Gemeinsamkeiten und ihren Differenzen ersehen werden können. Dabei sei sogleich bemerkt, daß das, was wir als „Bildung" bezeichnen werden, sich nur sehr wenig mit dem gewöhnlichen außerwissenschaftlichen Sprachgebrauch deckt. Wir behalten uns vielmehr diesen Begriff für jene Auffassung vor, wie sie von den repräsentativen Vertretern des Bildungsprinzips an der Wende vom 18. zum 19. Jhdt. geschaffen wurde.
Vgl. A.v. Harnack: Das Wesen der Bildung, Rede auf dem 13. evangelisch-sozialen Kongreß. 1902. Paulsen, F.: Artikel „Bildung" im Encyklopädischen Handbuch der Pädagogik. Hrsg. Rein. 1895, Bd. 1, E. Spranger: Wilhelm von Humboldt und die Humanitätsidee. Berlin 1909. cf. insbesondere die Einleitung dieses Buches; E. Troeltsch: Deutsche Bildung, Darmstadt 1919. Wiederabgedruckt in „Deutscher Geist und Westeuropa", Tübingen 1925, p. 169ff; M. Scheler: Die Formen des Wissens und die Bildung, Bonn 1925; H. Nohl: Zur deutschen Bildung, Göttinger Studien zur Pädagogik, Heft 5, Göttingen 1926; G. Kerschensteiner: Theorie der Bildung, Leipzig-Berlin 1926.

Deutschland gültig wird und zwar in einem genau zu umschreibenden Zeitraum: im letzten Drittel des 18. Jahrhunderts.

Es wäre nun relativ einfach, in den literarischen Dokumenten dieser Zeit mehr oder minder wahllos aufzuzeigen, wo und wann das Prinzip bekannt und gültig erscheint bzw. wo und wann es noch nicht bekannt ist. Dies Verfahren würde aber nur einer historisch-korrekten Registratur gleichkommen und könnte nichts über die Zusammenhänge des historischen Geschehens ausmachen. Wir erführen dadurch zwar, daß um 1750 Worte wie „Bildung des Menschen" oder „Charakterbildung" usw. noch nicht zu finden sind, während diese Worte um 1800 etwa nicht nur von allen repräsentativen Schriftstellern, sondern auch in Briefen oder Tagebüchern von Menschen gebraucht werden, die man durchaus nicht in diesem Sinne als „repräsentativ" bezeichnen kann. Aus dieser Beobachtung könnte nur gefolgert werden, daß es sich hier um einen „modischen" Sprachgebrauch handele.

Uns kann es aber keinesfalls genügen festzustellen, daß die „Bildung" zur Mode wurde, vielmehr haben wir darüber hinaus zu erforschen, warum „Bildung" eine Mode wurde. Um das „Einschlagen" selbst einer Mode begreifen zu können, muß gefragt werden, welche Aufnahmebereitschaft bei denjenigen Schichten der Bevölkerung für diese „Mode" bestanden haben kann, die da „plötzlich" von „Bildung" zu sprechen und zu schreiben beginnen, was insbesondere auch diejenigen beherrscht und erfüllt haben mag, die ernsthaft – wie sich erweisen läßt – über die „Bildung" als Prinzip nachgedacht, ja die sogar plötzlich das Prinzip der Bildung für sich und andere als verbindlich erachtet haben. Es muß aber weiter gefragt werden, wie das zu Rezipierende beschaffen war, welche Chance das geistige Prinzip der Bildung in sich trug, um zum Programm zu werden. Erst die Einsicht in diese beiden determinierenden Momente – die Chance, aufgenommen zu werden, und die bestehende Aufnahmebereitschaft – begründet die „Bedeutung" der Bildung jenseits einer bloß „modischen" Erscheinung. Sie macht uns verständlich, wie es zur Entstehung der Bildung kam. Das Zusammentreffen von Aufstellen und Aufnehmen begreifen wir nämlich als die Entstehung des Bildungsprinzips.

Schon damit allein, daß wir das „Aufstellen" und das „Aufnehmen" voneinander verschieden ansehen, haben wir die schwierige Aufgabe, das „Aufstellen" des Bildungsprinzips mit anderen Untersuchungsmethoden zu erforschen als das „Aufnehmen". Es darf vermutet werden, daß der Vorgang des „Aufstellens" individuell viel differenzierter, aus einer bewußteren geistigen Stellungnahme heraus geschieht als das „Aufnehmen" des Prinzips. Denn daß ganze Schichten dieses Prinzip aufgreifen konnten, läßt vermuten, daß die Rezeption mehr oder minder unbewußt und spontan geschah. Es wurde nicht so sehr als ein rein geistiges Prinzip, sondern vielmehr als eine Parole aufgefaßt, um die sich die Menschen in einer bestimmten gesellschaftlichen Situation scharten. Andererseits darf aber wiederum vermutet werden, daß die ersten Repräsentanten des Prinzips, also die „Aufstellenden", außer von personalschicksalhaften auch von gesellschaftlichen Determinationen in ihrer Konzeption bestimmt waren.

Bei der zuerst vorzunehmenden Analyse der bedeutendsten Repräsentanten des Bildungsprinzips hat darum die Forschung nicht so sehr auf eine volle Interpretation ihrer geschlossenen Werke, auf eine Interpretation ihrer Programme „von innen"[12] abzuzielen als vielmehr auf eine Gliederung aller ihrer Intentionen und Emotionen personaler und transpersonaler Art, die sich am besten aus den spontanen Äußerungen in Tagebüchern, Briefen und zuweilen auch in Gesprächen ergibt. Diese Forschensrichtung erweist sich für die hier zu gebende Monographie schon darum als günstig, weil – wie später zu erörtern sein wird – die Repräsentanten des Bildungsprinzips selbst jeglicher Spontaneität höhere Bedeutung zusprachen als irgendeiner „bloß rationalen", d. h. für sie „unpersönlich" folgernden Konzeption und Übermittelung.

Dabei darf aber gerade bei unserer Problemstellung die spezifisch „geistige" Determinante keinesfalls in irgendeiner Weise als Spiegel der sozialen Gegebenheiten angesehen werden. Daß soziale Determinationen die Bereitschaft für bestimmte geistige Stellungnahmen erleichtern, ihr eine Chance geben und umgekehrt, daß geistige Entscheidungen die Art der gesellschaftlichen Anteilnahme bestärken oder abschwächen können, besagt noch nichts über die ursprüngliche Begründung eines geistigen Gehaltes.

So war z. B. in jener Zeit der „ausgeformte" gefühlsbetonte Pietismus eine für die Entstehung der Bildung wirkende „geistige" Determinante von hoher Bedeutung. Er war nicht nur eine „Religiosität", sondern auch eine gesellschaftsformende Erscheinung, die in ihren Institutionen und sektiererischen Bünden einen anschaulichen Ausdruck gefunden hatte. Doch erhält der Pietismus mit der Einbeziehung in den neuen Motivationenkomplex eine andere Gestalt, weil den Motivationen selbst jenseits des in ihnen ethisch oder pädagogisch Ausgesagten noch eine weitere, vollere Gesamtheit von Strebungen und auch gesellschaftlichen Verflechtungen mitgegeben ist. Als bedeutsamstes Erbe, das der Pietismus mitbringt, ist der Gegensatz von Weltlichkeit und Innigkeit anzusehen, der ihm noch mehr als vielen anderen geistig-gesellschaftlichen Grundkonzeptionen in der europäischen Geschichte inhärent ist.

Gerade dieses Gegensatzpaar zeigt, daß mit ihm spirituelle und nicht spirituelle, individuelle und soziale Strebungen mitgemeint und sinnvoll mitgemeint sind. Die „Innigkeit" kann sich jeweils aus zwei verschiedenen Emotionen ergeben: einmal aus jener äußerst intensiven, seltenen und spontanen Erfahrung, die individuell absondert – paradigmatisch dafür sind bestimmte religiöse Erfahrungen –, zum anderen aber auch, und dies scheint uns das häufigere, als Rückprall aus der nun „feindlich", schlecht oder unvollkom-

---

[12] K. Mannheim, Ideologische und soziologische Interpretation der geistigen Gebilde, Jahrbuch für Soziologie, hrsg. von G. Salomon, Bd. II., Karlsruhe 1926, p. 424ff.

men erachteten „Weltlichkeit". Da die erstere Art sich fast völlig einer „verstehenden Deutung" aus der Ferne entziehen kann, so scheint es uns angebracht, wenn irgend möglich die besondere Artung der „Innigkeit" aus der besonderen Art der „Weltlichkeit" zu interpretieren. Die „Weltlichkeit" kann nämlich jeweils aus einer geschichtlich-gesellschaftlichen Situation und ihrer sozialpsychischen Rückwirkung auf die Schichten und Gruppen der Gesamtbevölkerung relativ zulänglich „von außen" erschlossen werden. Es kann dabei nach der gesellschaftlichen Lagerung zwischen mehreren Arten von „Rückschlägen" aus der Weltlichkeit in die Innerlichkeit oder Innigkeit unterschieden werden. Wir glauben z. B. zeigen zu können, daß ein solcher Rückschlag bei dem für uns wichtigen Lord Shaftesbury ganz anders motiviert war als der Rückschlag Herders in Bückeburg. Für Lord Shaftesbury nämlich – aus dessen Philosophie wir die „Bildung als zum Bilde machen" abzuleiten haben werden – war der „Rückschlag" die Abkehr des ehemals einflußreichen Politikers und Hofaristokraten vom Getriebe der Welt, Herders Rückschlag erfolgte, bevor er überhaupt Anteil in von ihm gewünschter Weise an der „Weltlichkeit" gehabt hatte.

Die Inhalte des neuen Bildungsprinzips sind aber nicht – wie man nach dieser Betrachtung erwarten könnte – einheitlich; weder nach ihrem Meinen noch nach ihrer Herkunft. Eben diese „innere" Verschiedenartigkeit des Bildungsprinzips schon bei seinem „Entstehen" aufzuweisen und zu verfolgen, scheint uns für unsere Problemstellung so aufschlußreich, daß wir unsere Darstellung mit einer Analyse der beiden geistig-ethischen Grundmotivationen des Bildungsprinzips beginnen wollen.

Diese Darstellung wird im besonderen Falle dadurch erleichtert, daß die verschiedenen ethisch-pädagogischen Prinzipien, um die es sich hier handelt, deutlich in einem deutschen Denker und Schriftsteller, in Herder, zusammentreffen und von hier aus, wo sie erstmals zu einem feststellbaren Bildungsprinzip werden, nun durch Herders Schriften, durch seinen Einfluß auf Goethe und den „Sturm und Drang", dann in Deutschland als Aufruf zum Sichbilden – wenn auch noch nicht sofort als „Bildungsideal" – fortgewirkt haben. Unter diesen Prinzipien scheinen uns zwei von sachlich hervorragender Wichtigkeit: „die Bildung als zum Bilde machen" und „die Bildung als Ausbildung vorgegebener Anlagen"[13].

Diese beiden Prinzipien sind keine logischen Gegensatzpaare, sie können nicht ohne weiteres mit einander verglichen, nach Konvergenzen und Divergenzen untersucht werden. Daß man sich selbst oder andere „zum Bilde machen" will, daß man also auf individuelle Harmonie abzielt, braucht nichts damit zu tun zu haben, daß man diesen ästhetischen Prozeß mit Hilfe des

---

[13] Diese Bezeichnungen finden sich so nicht bei den Vorbereitern und Repräsentanten des Bildungsprinzips. Wir haben sie gewählt und ihre Beschreibung zum Inhalt zweier Kapitel darum gemacht, weil sie uns die schwer zu umschreibenden Sachverhalte, um die es sich hier handelt, relativ besser als andere stichwortartig zusammenfassen.

Theorems von der Ausformbarkeit mitgegebener ursprünglicher „Anlagen" zu vollziehen versucht, und umgekehrt bedarf sachlich das Prinzip der Anlagenausformung nicht notwendig der Zielsetzung einer individuellen Harmonie. Darum bleibt zu erörtern, warum historisch tatsächlich und in welcher gedanklichen Verbindung die beiden konstituierenden Inhalte zusammengekommen sind, wie diese Verbindung bei Herder und den Folgenden aus seiner vegetabilisch-ästhetischen Analogie der Blüte wörtlich „abgelesen" werden kann.

Aber die Bildung, wie sie zu Beginn des 19. Jahrhunderts als ethisch und gesellschaftlich verpflichtendes Prinzip von der bürgerlichen Gesellschaft aufgenommen wurde, dieses Prinzip ist nicht aus Herder abzulesen. Denn das Bildungsprinzip, wie es Herder „sah", und dessen Determinanten wir anzudeuten versuchten, war mehr ein Vorgang, der ohne „Störung" von selber erfolgte, nicht aber so sehr, wie es später allgemein gefaßt wurde, eine Formung, die intellektuell voll bewußt zum Ziel gesetzt, zum Ideal gemacht zu werden brauchte. Diese Idealsetzung der Bildung – auch ausdrücklich zur „Blüte" – vollzog erst Wilhelm von Humboldt. Wir werden zeigen, welche andere Rolle die „Bildung" im Leben und in den ethisch-pädagogischen Programmen Wilhelm von Humboldts gespielt hat, und auch, was er als der Repräsentant und später als das Vorbild der Sich-Bildenden bedeuten konnte. Dabei wird uns die späte Humanitätsphilosophie Humboldts weniger zu beschäftigen haben als seine Jugendgeschichte, der Sinn seiner Vereinzelung und sein Sprung zum Ideal der Bildung. Daß die „Bildung" durch Wilhelm von Humboldt ausdrücklich zum programmatisch beschriebenen „Ideal" wurde, hat für die nun gesellschaftlich zu betrachtende „Entstehung", d. h. also auch für Aufnahme des Bildungsprinzips außerordentlich viel ausgemacht.

Wenn wir die individuelle Motivation der Bildung genau kennengelernt haben werden, sind wir bereit zur Erforschung aller der Faktoren, die zu der Aufnahme des Bildungsprinzips geführt haben. Das Bildungsprinzip hat in Deutschland – in mancherlei Abwandlung – eine solche Anerkennung erfahren, wie wohl kaum ein anderes Prinzip im selben Zeitraum. Allein schon diese Tatsache scheint uns für eine besonders große Bereitschaft der Aufnehmenden für die „Bildung" zu sprechen, gleichzeitig aber auch für die „Zündkraft" des Prinzips selber, das mancherlei Gegebenheiten und Forderungen „entgegenkam". In dem Zusammenwirken von „Traditionalem", „Altem", als das wir den Pietismus charakterisiert haben, und jenem „neuen" Inhalte des „Zum-Bilde-machens" und der „Ausbildung vorgegebener Anlagen" glauben wir einen Grund hierfür zu erkennen. In dem Zusammenwirken dieser Faktoren zeigt sich erneut die oben dargelegte spezifische Spannung zwischen „Weltlichkeit" und „Innerlichkeit". Im Gesellschaftlichen hat sie ihr Gegenbild gefunden in der Spannung zwischen dem Streben nach Aufstieg und der resignativen Haltung des Zurückgestoßenen. Die „Bildung als zum Bilde-Machen", verwandt der „Weltlichkeit" des Pietismus, involviert nämlich eine gesellschaftliche Strebung zum „Vornehmen", die wir in jenem Zeitraum bei weiten Schichten feststellen können. Demgegenüber bedeutet die „Bildung als Ausbildung vorgegebener Anlagen", die eine Verwandtschaft mit der „Innerlichkeit" des Pietismus hat, eine resignative Haltung. In den Dokumenten jener Zeit können wir sie als eine „mittelständische" Stellungnahme zu den Ereignissen ablesen, nachdem die Hoffnungen auf Verbesserung der gesellschaftlichen Situation geschwunden waren. Diese beiden Tendenzen, das Vorwärtsdrängen und das Zurückgestoßen sein, sich darstellend als „Weltlichkeit" und „Innerlichkeit", als „Zum-Bilde-machen" und „Ausbildung von Anlagen", zeigen die Schwingungen, in denen das Bildungsprinzip bei seiner Entstehung sich bewegt hat. Sie geben auch eine erste Erklärung dafür, warum das Bildungsprinzip von in sich verschieden determinierten und verschieden tendierenden Schichten aufgenommen worden ist.

Einen weiteren Anlaß zur Rezeption des Prinzips bot seine Eignung eine soziale Funktion zu erfüllen, die sich damals ergab: Bildung schafft nämlich jenseits ihrer individual-ethischen Bedeutung auch eine soziale Differenzierung. Die „Gebildeten" als Gruppe glauben sich aus der auf Machtverhältnissen beruhenden politisch-gesellschaftlichen Rangordnung herausgehoben und eingegliedert in eine andere mit der politischen konkurrierende geistig-soziale Rangordnung. An ihrer Spitze stehen die Gebildeten selbst als Elite. Bildung wird erstrebt, weil vollzogene Bildung die Zugehörigkeit zu einer durch „die Gebildeten" konstituierten Elite gewährt.

Dokument 2: Auszug I aus
Paul Tillich: Die sozialistische Entscheidung[14]

Der Sozialismus bemerkte nicht, daß der Art, wie das Proletariat die Wissenschaft verehrte, alle Merkmale wirklicher wissenschaftlicher Haltung fehlten, dafür aber alle Merkmale eines religiösen Glaubens anhingen. Man bemerkte nicht, daß die wissenschaftlichen Grundbegriffe im proletarischen Bewußtsein längst Symbole und Dogmen geworden waren. Man übersah, daß im politischen Wissenschaftsglauben zwei Elemente in widerspruchsvoller Weise miteinander verknüpft wären: *Sozialistischer Glaube und methodische Wissenschaft.*

Aber auch wenn der Sozialismus sich dieser Sachlage bewußt gewesen wäre, hätte seine Stellung zur Wissenschaft sich nicht wesentlich geändert. Er muß das bürgerliche Prinzip, die rationale Analyse gegen ein Bürgertum vertreten, das sich mystisch, und irrationalistisch gebärdete, um die revolutionären Konsequenzen einer durchgeführten Gesellschaftsanalyse nicht wirksam werden zu lassen; um sich selbst durch eine bürgerliche Geschichtslegende zu legitimieren; um Nebel zu erzeugen über dem Abgrund der Klassenspaltung. Gegenüber diesen feudal-bürgerlichen „Synthesen" muß der Sozialismus immer von neuem zur radikalen Analyse greifen, muß mit Hilfe des bürgerlichen Wissenschaftsideals das Bürgertum ideologisch enthüllen, muß auf schärfste Empirie und strengste Methode drängen, muß dem kritischen Verstand gegenüber der mystischen Intuition recht geben. So gerät er auch hier in einen „Widerstreit mit sich selbst". Denn die Kraft, aus der heraus sein Bild von menschlicher Seinserfüllung und gerechter Gesellschaft entworfen ist, ist nicht die Kraft der Analyse. Es ist die Kraft ungespaltenen Seins, das über den Zwiespalt hinaus, in den es mit sich selbst geraten ist, auf neue Erfüllung drängt. Daraus ergibt sich ein Widerstreit von großer Tiefe und wichtigen Folgen. Praktisch wird die Stellung zur Religion und Wissenschaft in der *Erziehung*. Auf die Bedeutung der Pädagogik für das bürgerlich-demokratische Denken ist schon hingewiesen. Der Sozialismus hat die Wichtigkeit der Pädagogik begriffen und sich politisch in den Dienst der antikonfessionellen und antiautoritären Pädagogik gestellt. Auch darin hat er das Erbe des Bürgertums angetreten und das bürgerliche Prinzip radikalisiert. Die Forderung einer allgemeinen Erziehung jedes einzelnen zur Vernünftigkeit und Reife wird von ihm aufgenommen und im Kampf mit allen Bildungsmonopolen durchgeführt[15]. Gegen den sehr undemokratischen Klas-

---

[14] Quelle: Paul Tillich: Die sozialistische Entscheidung. Offenbach 1948, S.74-76
[15] Die gegenwärtige Lage zwingt den Sozialismus eindeutig zum Kampf gegen die von der siegreichen Reaktion erstrebte Wiederaufrichtung der Bildungs-Monopole, eben damit aber zum Kampf für das bürgerliche Prinzip, über dessen abstrakt-egalitäres Erziehungsideal er längst hinaus war.

sencharakter der bürgerlichen Pädagogik (nicht ihres Prinzips, sondern ihrer Wirklichkeit) werden Forderungen erhoben, die aus der Idee einer „Erziehung des Menschengeschlechts" folgen. Die Schwierigkeit beginnt in dem Augenblick, wo nach dem Inhalt der allgemein menschlichen Reife und Vernünftigkeit gefragt wird. Der Sozialismus weiß durch seine Einsicht in die Klassensituation und die Klassenideologie, daß die Inhalte je nach der Klassenlage durchaus verschieden sind. Er weiß, daß der Glaube der Aufklärung an eine *allgemeinmenschliche Vernunft* und ihre klassische Ausprägung in der Antike zunächst ein Kampfbegriff des Bürgertums gegen die Feudalität war, dann ein Abwehrbegriff gegen das Proletariat und bloße Ideologie wurde. Nur im Widerspruch mit sich hätte der Sozialismus den Glauben an eine allgemeine Vernunft aufrecht erhalten können, nachdem er längst vor dem bürgerlichen Relativismus die Zwiespältigkeit der menschlichen Vernunft, ihre Interessen- und Gruppenbedingtheit erkannt hatte. Ebenso unmöglich aber war es für ihn, die vorbürgerlichen, bürgerlichen, konfessionellen und sonst ursprungsgebundenen Erziehungsziele zu bejahen. Gegenüber den Konfessionen mußte er für die *weltliche Schule* eintreten; aber die weltliche Schule hätte er, da eine eindeutige „Weltlichkeit" nicht existierte, da bürgerliche und sozialistische „Weltlichkeit" in Widerspruch stehen, soweit als möglich in eine sozialistische Schule verwandeln müssen. Er hätte versuchen müssen, den sozialistischen Glauben zur Grundlage der Pädagogik zu machen. Davor aber scheute er sich, teils weil ihm der sozialistische Glaube nicht zum Bewußtsein gekommen war, teils weil er fürchtete, dadurch die Konfessionalisierung der Schule zu fördern, teils weil er von dem Wissenschaftsglauben nicht los war. Auch hier ein Widerstreit, dessen konkreter Ausdruck die Idee der weltlichen Schule ist, für die er kämpfen muß und an die er doch nicht glauben kann.

In der sozialistischen Erziehungsidee ist enthalten eine Stellungnahme des Sozialismus zu *Bildung und Geist*. Auch diese Stellungnahme ist antinomisch. Die bürgerliche Menschenauffassung führt zu einem Ideal geistigen Ausdrucks und menschlicher Formung, das trotz individueller Unterschiede allgemein menschlich und zeitlos gültig ist. Seine Verwirklichung gelingt mehr oder weniger, je nach der geistigen und persönlichen Kraft einzelner Menschen oder Völker. Die großen Schöpfungen, in denen sich das menschliche Sein am reinsten ausdrückt, sind Norm für alles geistige Schaffen und Mittel für alle menschliche Bildung. Eine übergreifende Vernunft drückt sich in ihnen individuell und doch allgemein, zeitlich und doch ewig gültig aus. *Der Sozialismus steht im Widerspruch zu dieser im alten Sinne humanistischen Idee.* Er bestreitet die übergreifende Vernunft; denn er kennt die unlösliche Gebundenheit jeder geistigen Schöpfung an die begrenzte menschliche Lage, aus der sie geboren ist. Er kennt vor allem klassengebundenen Geist, Geist, in dem eine besondere menschliche Kampf-, Herrschafts- oder Unterdrückungslage zum Bewußtsein ihrer selbst kommt. Geist, so verstanden, ist nicht allgemein-menschlich, sondern Ausdruck besonderen gesellschaftlichen Seins, und Bildung, so verstanden, ist nicht Übermittlung allgemeiner Kulturgüter, sondern Geformtwerden in einer bestimmten Gesellschafts- und Kampflage durch Schöpfungen, in denen sich diese besondere menschliche Möglichkeit ausdrückt oder in der Vergangenheit ausgedrückt hat.

Der Sozialismus gerät durch diese grundsätzliche Auffassung in eine schwierige Lage. Die proletarische Situation als äußerster Grad der Verdinglichung und Entleerung von Ursprungskräften macht eine selbständige sozialistische Produktion fast unmöglich. Nur in geringen Ansätzen ist sie vorhanden, und wo sie ausdrücklich verlangt wurde, wie in der Bewegung, die sich den törichten Namen „Proletkultur" gab, ist alles andere entstanden als wirkliche Schöpfungen proletarischen Geistes. So waren die sozialistischen Bildungsbestrebungen darauf angewiesen, im Kampf mit der Kulturreaktion das bürgerlich-humanistische Ideal zu verteidigen und zur Grundlage der Volksbildung zu machen. Das Bürgertum selbst hatte infolge des Bündnisses mit den vorbürgerlichen Mächten das humanistische Bildungsideal abgeschwächt und seine geistige Produktion der neuen Lage angepaßt. Den vollen Empfang dieser Bildungsgüter hatte es als Klassenprivilegium an bestimmte ökonomische Voraussetzungen gebunden. Für das Proletariat blieben die Abfallprodukte des humanistischen Ideals, ohne Tiefe, ohne mitreißende Kraft, ohne innere Beziehung zur Situation des Proletariats. So war der Sozialismus gezwungen, die bürgerliche Bildung an das Proletariat heranzubringen, dadurch aber in Widerspruch zu treten zu seiner Einsicht in die unlösliche Verbindung von Gesellschaftslage und Geistesleben, von Sein und echter Seinsformung. *Das Schicksal der Volkshochschulbewegung und aller sozialistischen Bildungsbestrebungen hat im Positiven und Negativen seine Wurzel in diesem Widerstreit, dem Widerstreit der sozialistischen Kulturidee.*

Dokument 2: Auszug II aus
Paul Tillich: Die sozialistische Entscheidung [16]

Schluß: Die Zukunft des Sozialismus

Das sozialistische Prinzip hat die Kraft, die sozialistischen Antinomien zu lösen; es ist nicht nur dem bürgerlichen, sondern auch dem romantischen Prinzip überlegen. Es allein hat die Kraft, dem Abendland eine Zukunft zu schaffen. Das Zerbrechen des bürgerlichen Prinzips wird in jeder Krise des Kapitalismus offenkundiger. Der Glaube an den Harmoniegedanken in jeder Form ist im Erlöschen; die Wirklichkeit hat ihn widerlegt. Die konservative Form der politischen Romantik hat kein neues, der Gesellschaftslage gemäßes Prinzip. Sie kann auf militärischer Grundlage für eine begrenzte Zeit die Macht gewinnen. Für die Dauer kann sie sich nicht durchsetzen. Die revolutionäre Form der politischen Romantik aber hat nur die Möglichkeit, in die konservative überzugehen (und das um so mehr, je durchschlagender ihr Sieg ist) – oder sozialistisch zu werden, die spezifisch romantischen Elemente abzustreifen und ihre ursprungsmythischen Kräfte in die prophetische Bewegung der Gegenwart, den Sozialismus, einzuordnen. Die unbedingte Überlegenheit des sozialistischen Prinzips gibt freilich keine Gewähr des Sieges der sozialistischen Bewegung. Es bleibt, wie Marx gesehen hat, die andere Möglichkeit, das Chaos. Wenn in den Auseinandersetzungen zwischen Bürgertum und politischer Romantik das bürgerliche Prinzip noch einmal einen vollen Sieg erringen sollte, so würde mit der steigenden Furchtbarkeit der Krisen das Chaos fast unvermeidlich werden. Siegt aber die politische Romantik und mit ihr der kriegerische Nationalismus, so ist der Selbstvernichtungskampf der europäischen Völker unvermeidlich. *Die Rettung der europäischen Gesellschaft vor der Rückkehr in die Barbarei ist in die Hand des Sozialismus gegeben.* Nur er kann bewirken, daß die unbegrenzten Möglichkeiten technischer Weltbeherrschung, die die bürgerliche Periode geschaffen hat, in der Gewalt des Menschen bleiben und von ihm in den Dienst des Menschen gestellt werden. Nur er kann verhindern, daß diese Möglichkeiten zu Mitteln der Selbstvernichtung ihrer selbst und der Gesellschaft werden, durch die sie der Natur abgerungen sind.

Der erstberufene Träger des Sozialismus ist das industrielle Proletariat. *Es hat noch immer die Schlüsselstellung der gegenwärtigen gesellschaftlichen Lage, weil es am eindeutigsten auf ihrer negativen Seite steht;* und es wird sie haben, solange das bürgerlich-kapitalistische System sich hält. Denn vor der Tatsache der Klassenspaltung verliert jede andere gesell-schaftliche

---

[16] Quelle: Paul Tillich: Die sozialistische Entscheidung Offenbach 1948, S.130-131

Tatsache an Gewicht. Jede Gruppe wird hineingerissen in die Gestalt des Gegeneinander, die zum bürgerlich-liberalen System gehört. Das Proletariat ist durch seine Existenz auf den Sozialismus geworfen, es kann sich nicht auch anders stellen, solange und soweit es Proletariat ist.

Und doch muß der Satz bestritten werden, daß der Sieg des Sozialismus allein vom Proletariat erkämpft werden könne. Sicherlich nicht ohne das Proletariat. Es ist die Bedingung, ohne die kein Sozialismus möglich ist. Aber es ist – wenigstens zur Zeit – nicht die zureichende Bedingung. Denn das Proletariat erfährt durch eben die Situation, durch die es auf den Sozialismus geworfen ist, auch die Grenzen der Kraft, ihn allein zu tragen. *Er ist durch die gegenwärtige Lage angewiesen auf die ursprungsnahen Kräfte. Ohne sie kann der Sozialismus zur Zeit nicht siegen.* Von dieser Verbindung hängt darum die Zukunft des Sozialismus und damit das Schicksal Deutschlands und der europäischen Menschheit ab. Ob sie zustande kommt, ob sie durch Proletarisierung fast aller Schichten überflüssig wird, darüber entscheidet die innere Entwicklung der kapitalistischen Gesellschaft, d. h. es entscheiden in unlöslicher Einheit die wirtschaftlichen Gesetze und die Menschen, durch die hindurch sie sich vollziehen. Weil die Gesetze mitbestimmen, ist die Zukunft des Abendlandes nicht schlechthin undurchsichtig; weil sie allein durch menschliches Handeln hindurch mitbestimmen, ist jede eindeutige Berechnung ausgeschlossen. Weil das menschliche Handeln mitbestimmt, kann in der Zukunft des Abendlandes ebenso der Sozialismus wie die Barbarei stehen. Weil das menschliche Handeln nur im Rahmen der wirtschaftlichen und gesellschaftlichen Gesetze Freiheit hat, gibt es außer jener Alternative grundsätzlich keine dritte Möglichkeit.

Daß viele ursprungsmythische Gruppen zur Zeit durch die Wirtschaftskrise revolutioniert sind, daß sie gegen den Kapitalismus anrennen und die bürgerliche Mitte aufgelöst haben, ist das stärkste positive Anzeichen für den Sieg des Sozialismus. Daß sie es tun im Banne eines ungebrochenen Nationalismus und mit geistiger und materieller Unterstützung gewisser Gruppen des klassenkämpfenden Bürgertums, ist die stärkste Gefahr für den Sozialismus. Nicht nur weil er dadurch von außen her in die Verteidigung gedrängt wird und revolutionäre Kräfte an die politische Romantik abgibt, sondern auch weil er sich in der Abwehr der politischen Romantik auf seine bürgerlichen Elemente zurückdrängen läßt. Siegen aber kann er nur durch Abstoßung dieser Elemente, da sie ihn in den inneren Widerstreit führen, in dem er zerrieben zu werden droht. Siegen kann er nur durch sein Prinzip, in dem Ursprungskräfte und prophetische Erwartung geeint sind. Die Führung aber muß die Erwartung haben. In ihr erst erhebt sich menschliches Sein zur Menschlichkeit. Nur unter ihrer Führung kann menschliches Sein, menschliche Gesellschaft zur Erfüllung kommen. Die Herrschaft des Ursprungsmythos bedeutet Herrschaft der Gewalt und des Todes. *Nur die Erwartung kann den Tod überwinden, mit dem das neue Aufbrechen des Ursprungsmythos das Abendland bedroht. Erwartung aber ist das Symbol des Sozialismus.*

Benjamin Ortmeyer

Pädagogik, Rassismus und Antisemitismus – Ernst Krieck

Das Thema meines Referates betrifft eine der moralisch und politisch negativsten Gestalten deutscher Geistes- und Erziehungswissenschaften, nämlich Ernst Krieck. Ernst Krieck, Jahrgang 1882, war 1933 51 Jahre alt. Er starb 1947 im Internierungslager Moosburg. Weitgehend unangefochten gilt Krieck heute – zusammen mit Alfred Baeumler – als eine führende Gestalt der NS-Pädagogik. Er gehört zu den wenigen Erziehungswissenschaftlern der NS-Zeit, die nicht nach 1945 ihre Karriere ausbauen oder aufbauen konnten. Obwohl während der NS-Zeit nur kurz – 11 Monate, zwischen Mai 1933 und April 1934 – in Frankfurt am Main als Rektor der Goethe-Universität tätig, ist es keine Willkür, dass heute, zum 90. Geburtstag der Goethe-Universität, nicht nur die Lichtgestalten des akademischen Lebens wie Buber, Adorno, Heydorn und Simonsohn behandelt werden.

Das akademische Leben an der Goethe-Universität in der NS-Zeit, die ihre Vorgeschichte und ihre Nachgeschichte hatte, war ein Teil der Nazi-Diktatur. Es zeigte sich, dass zunächst die „Braunhemden" und dann zunehmend die SS-Akademiker durchaus in der Lage waren, mit Hilfe einer Art Bündnis mit deutsch-nationalen Reaktionären und vor allem auch mit opportunistischen Akademikern eine geistige Quelle und feste Burg der Inhumanität, des Antidemokratismus und nicht zuletzt des Antisemitismus zu bilden.

Nachfolgend wird versucht, durch eine Verschränkung von biographischen Elementen und Ansätzen einer Analyse der zentralen Werke Kriecks in drei Schritten einen Überblick und dann einen Ausblick für unsere Diskussion zu geben:

Da ist erstens der Ernst Krieck des Kaiserreichs und der Weimarer Republik bis 1931, orientiert am deutschen Idealismus, ein sogenannter „Geisteswissenschaftler" mit dem zentralen Werk „Philosophie der Erziehung"[17] – einer von vielen reaktionären deutsch-nationalen Erziehungswissenschaftlern, der durch seine These der „funktionalen Erziehung" Akzente setzte.

Dann folgt zweitens Ernst Krieck als glühender Anhänger Adolf Hitlers und der NSDAP – die Phase seiner Strafversetzung im Sommer 1931 und dann seines Parteieintritts am 1.1.1932, sein wirkungsgeschichtlich gewich-

---

[17] Ernst Krieck: Philosophie der Erziehung, Jena 1922.

tigstes Buch „Nationalpolitische Erziehung"[18], sein Eintritt in die SS und in den Sicherheitsdienst (SD) 1934, die Hochphase von Ernst Krieck bis 1935.

Es folgt drittens ab 1936 bis 1945 die Geschichte seiner weiteren Ehrungen, aber auch seiner Konflikte mit Teilen der NS-Führung, die Zeit seines durch das dreibändige Werk „Völkisch-politische Anthropologie" [19] eingeleiteten und gescheiterten Versuchs die Nummer eins der Nazi-Philosophie zu werden.

Im Ergebnis wurde Krieck von der US-Armee interniert und startet hier – wie sich aus Unterlagen des Generallandesarchivs Karlsruhe ergibt – seine Strategie der Rehabilitierung mit Argumentationsfiguren, die bis heute weiter wirken, wie ich zum Abschluß zeigen werde. Vorab der Hinweis, dass ich die Dokumente aus diesem Archiv in erster Linie dem Privatarchiv von Karl-Christoph Lingelbach verdanke. Die wichtigsten dieser Dokumente sowie die genauen Fundstellen der in meinem Vortrag verwendeten Zitate finden sich in dem vorgelegten Reader zu Ernst Krieck.

1. Zur Biographie von Ernst Krieck bis 1931 - Seine Werke „Persönlichkeit und Kultur" (1910) und „Philosophie der Erziehung" (1922)

Krieck war zunächst Volkschullehrer bis 1924, dann bis 1928 freier Autor; er wurde 1928 vom preußischen Kultusminister Becker an die Pädagogische Akademie in Frankfurt am Main berufen. Dort arbeitete er bis 1931. Blicken wir zunächst auf die 1910 erschienene erste große Arbeit „Persönlichkeit und Kultur. Kritische Grundlegung der Kulturphilosophie"[20].

Schon in diesem Werk kultiviert Krieck die etatistische Überhöhung des Staates und erhob den Staat, die Staatsidee, in den Rang des obersten Erziehers, der alle Gebiete des menschlichen Lebens sich unterzuordnen hat. Im ersten Teil des 510 Seiten umfassenden Buchs behandelt Krieck zunächst einleitend Grundfragen des Idealismus, wirft das „Werteproblem", das Problem der Maßstäbe auf, um dann Fragen der Subjektivität und der Persönlichkeit als Problem der Freiheit zu behandeln.

Hier entwickelt Krieck, noch klar sich an Hegel und dem deutschen Idealismus orientierend und abarbeitend, seine Vorstellungen von der Rolle der Bildung bei der Entwicklung von Persönlichkeit und Objektivität. Hier finden sich Sätze wie: „Das Ideal der Aufklärung und der Romantik ist Bildung. Herder und Hegel sind ihre Lehrer und Goethe ihre Verwirklichung" (S. 11).

---

[18] Ernst Krieck: Nationalpolitische Erziehung, 19. Auflage, Leipzig 1935.
[19] Ernst Krieck: Völkisch-politische Anthropologie, Teil 1-3 (Weltanschauung und Wissenschaft, Band 1-3). Leipzig 1936-1938
[20] Ernst Krieck: Persönlichkeit und Kultur. Kritische Grundlegung der Kulturphilosophie, Leipzig 1910

Im zweiten Teil über die Kultur lässt Krieck die philosophischen Grundfragen der Wissenschaftslehre, die Wechselwirkung von Möglichkeit und ethischen Entscheidungen, von Idealen und Religion in allgemeiner Form Revue passieren um dann die Kunst als Verwirklichung des Ideals in allgemein gehaltenen Begriffen zu diskutieren.

Im Vordergrund steht der philosophische Ton. In kurzen Passagen wird die Rolle des Staates durch das Ideal der religiös geprägten deutschen Nation schon gekennzeichnet, aber immerhin noch Lessing bemüht. Krieck schreibt: „Es gibt für Deutschland kein anderes nationales Heil als den Anschluß an die klassische Kultur, das Schöpfen aus den Quellen, die sie eröffnet hat" (S. 307). Das ist deutlich ein anderer Krieck, als wir ihn später kennen lernen werden.

Allerdings, bereits 1910 lesen wir bei Krieck, wie übrigens auch bei anderen geisteswissenschaftlichen Erziehungswissenschaftlern dieser Zeit, Sätze wie den folgenden: „Der Krieg spornt zur Entfaltung der Kräfte und der höchsten Möglichkeiten" (S. 296).

Sicherlich lassen sich auch schon deutlich Anklänge an völkisches Gedankengut, an Lagarde und Fichtes Reden an die deutsche Nation finden. Es finden sich auch hier schon im Geiste von Bruno Bauer Passagen über das „jüdisch angehauchte Erwerbsleben" (S. 288), aber es wäre eine Fehleinschätzung dieses Werks von Krieck, nicht den gravierenden und qualitativen Unterschied zwischen dieser ersten Phase und seinen massiv völkisch-rassistischen Schriften aus der Phase des NS-Regimes festzustellen.

Die gewaltige und nicht unglaubwürdige Rolle, die Krieck für das deutsch-nationale Klientel, das an das NS-Regime von ihm schrittweise herangeführt wurde, gespielt hat, lässt sich nur verstehen, wenn vorher deutlich wird, dass es bei Krieck selbst diesen Wandel vom nationalkonservativen idealistischen Geisteswissenschaftler hin zum akademischen NS-Propagandisten wirklich gegeben hat.

Sein zweites gewichtiges Buch „Philosophie der Erziehung"[21] aus dem Jahr 1922, für das er zum Ehrendoktor der Universität Heidelberg ernannt wurde, ging schon deutlich einen Schritt weiter. Thematisch nun auf die Erziehung zugeschnitten, beruft sich Krieck zwar noch auf Lessing (z. B. auf S. 65 und S. 114), aber nun steht er im deutsch-nationalen Diskurs dieser Zeit bereits seinen Mann:

Punkt 1: Der Führer. In deutlicher Polemik gegen das „Ausgehen vom Kind" (S. 9) und den Individualismus wird die Persönlichkeit zum „Führer" hochstilisiert. So läßt sich auch später das Paradoxon auflösen, dass einerseits das rassegeprägte „Volk im Werden" über allem, andererseits darüber noch der „Führer" steht. Wie gesagt, es geht um 1922 und nicht um 1933 und es heißt damals schon bei Krieck: „Der wahre Führer aber schafft aus dem

---

[21] Ernst Krieck: Philosophie der Erziehung. Jena 1922.

Material der Massenpsyche eine organische Gestalt, eine neue wahrhafte Gemeinschaft" (S. 97).

Punkt 2: Von der Humanität zur Nationalität[22]. Die Idee des erdumspannenden Humanismus wandelt sich zum Nationalismus. Es heißt: „positive Humanitätsidee ist erbaut auf der Lebensordnung, auf dem Volkstum" (S. 307). Dank deutschem Denken, so Krieck, gilt jetzt bereits, im Gegensatz zu 1910: „Das Griechentum ist seitdem für uns keine unbedingte Notwendigkeit mehr" (S. 305) – ein deutlicher Schritt Kriecks in Richtung des später angestrebten „radikalen Bruchs" mit Griechentum und alter Philosophie überhaupt[23]. Krieck wandelt in diesem frühen Werk Begriffe wie Erziehung oder gar Bildung um in den Begriff der *Zucht*. Grundlage dafür ist sein Eingreifen in den Diskurs über Volk und Rasse.

Punkt 3: Die Rasse. Krieck besteht – wir sind im Jahre 1922 – bereits auf einem sowohl biologisch als auch geistig bestimmten Rassebegriff: „‚Rasse' und ‚Blut' sind zuletzt, zumal wenn es sich um geschichtliche Wertung handelt, geistige Werte" (S. 116). Lehnt Krieck also biologische Aspekte ab? Eine Frage, von Gewicht in späteren Auseinandersetzungen, von der noch die Rede sein wird. Krieck räumt durchaus gegenüber den Biologisten ein: „Das edle Blut, der Inbegriff edler Rassen und hohen Menschentums überhaupt, bezeichnet wohl die biologische Unterlage für alles Geistige" (S. 116). Der Hintergrund der Überlegungen bei Krieck ist nicht so sehr der Begriff der „Rasse", sondern der „Rassenzucht", also des aktiven bewussten Eingreifens der Menschen, um Pflanzen und Tiere nicht spontan mutieren zu lassen, sondern nach einem Ziel und einem Plan als Rasse zu züchten und weiter zu verfeinern. Gerade dieser bewusste Akt der „Rassenzüchtung" bezeichnet Krieck als „geistigen Akt". Und diese „Züchtung" braucht der Mensch nach Krieck.

---

[22] Die Idee der umfassenden Humanität wandelt sich im Schlussteil des Buches bei Krieck zum deutschen Missionsglauben. Gegen die Universalität der Menschheitsideale gerichtet behauptet er, es sei „kein einziger Wert, kein einziger inhaltlicher Satz gefunden, der für die ganze Menschheit in ihren völkischen und geschichtlichen Dimensionen Geltung hätte" (S. 189). Nicht alle Menschen real umfassende Humanität, sondern wahre „Höhe des Menschentums" als „weltgeschichtlich Mission" (S. 299) der Deutschen sind nun die Vokabeln: „Die Deutschen scheinen berufen, über der Ökumene die Kuppel des geistigen Pantheon zu wölben" (S. 301).

[23] 1925, dies sei hier nur kurz erwähnt, schob Krieck das Buch „Menschenformung" (Leipzig 1925) nach, in dem er als vergleichender Erziehungswissenschaftler nach einer Darstellung von großen gesellschaftlichen Grundfunktionen der Erziehung nun über Griechenland, Rom, Indien, China und die Beduinen schließlich die Germanen bis ins Mittelalter als Produkt ihrer jeweiligen Erziehung in einem eigenen Stil darstellt. Nebenbei erfahren wir dort – geschichtlich absurd –, dass „der Judaismus [...] durch Jahrhunderte mit dem Hellenismus um die Weltherrschaft rang" (S. 184). Was aber ist die – Kant plagierende – Pointe des Werkes? Es „führt nur ein einiger Weg nach oben: die Zucht. Sofern wir wieder erfahren und erleben, was Zucht ist: ‚Der Mensch ist ein Tier, das einen Herrn nötig hat'" (S. 370, vgl. auch Kant: Idee zu einer allgemeinen Geschichte in weltbürgerlicher Absicht, sechster Satz.).

„Züchtung ist darum nie die Gewinnung ‚reiner Linien' im biologischen Sinne; sie ist kein biologisch bestimmter Vorgang, sondern ruht zuletzt immer auf geistige Zielsetzung, Wertung und Bildung" (S. 123). Und wir erfahren: „Züchtung kann immer nur auf eine Typ, nie auf persönliche Werte abzielen" (S. 121).

Punkt 4: Der Antisemitismus. Krieck schreibt – wie gesagt im Jahre 1922:

„Ohne Zweifel sind die Juden als rassehaftes Volk mit ihrem Anspruch auf auserwählten Adel unter den Menschen ein Produkt der Züchtung durch ihr Religionssystem, doch nichts weniger als ‚reine Linie' im biologischen Sinne" (S. 123).

Die Begründung und Beweisführung Kriecks für diese These zielt auf das allgemein verbreiteten antisemitischen Klischees von den Juden und trifft zudem ins Herz der Unfähigkeit der biologischen Rassentheoretiker, allein sauber und klar eine „jüdische Rasse" am Blut und der Biologie orientiert zu definieren.

Punkt 5: Wer ist für was zuständig? Zudem geht es um eine Frage der Zuständigkeit. Krieck schreibt „Für die Rassenhygiene wirken besonders die Gesetze und Rechtsinstitutionen" (S. 125). Für die restliche Zurichtung ist die Philosophie und Erziehungswissenschaft zuständig, so der Gedankengang Kriecks. Er bestreitet keinesfalls den Zusammenhang beider Faktoren. Es gibt nämlich, so Krieck, „überhaupt keine scharfe Grenze zwischen Züchtung als einem biologischen und Erziehung als einem geistigen Vorgang" (S. 125), Hier legt Krieck 1922 einen Grundstein für seine spätere Unterstützung der nazistischen Sterilisationsgesetze 1933. Zudem wird plausibel, wenn die Rassenzüchtung nicht nur als eine biologische Aufgabe angesehen wird, dass die Politik, der Staat und die Erziehung wesentliche Aufgabengebiete haben. In späteren Polemiken Kriecks gegen ihm primitiv erscheinende Reduzierung des Menschen auf das biologische, behält Krieck diese Grundargumentation des „All-Lebens" – physisch, seelisch und geistig – bei, und beschuldigt u.a. einen biologistischen SS-Konkurrenten Wilhelm Hartnacke, die Rolle der NSDAP, des NS-Staates und der NS-Erziehungszucht bei der Aufzucht des rassisch geprägten deutschen Volkes zu verneinen und dem biologischen Selbstlauf zu überlassen.

Krieck war mit dieser Schrift aus dem Jahre 1922 gewappnet für seine Rolle in der nationalsozialistischen Bewegung und zudem Ehrendoktor geworden.

2. Zur Biographie Ernst Kriecks 1931–1935 – Seine Schrift „Nationalpolitische Erziehung" (1932)

1931/32 gab es den sogenannten „Sonnenwenden-Skandal", da Ernst Krieck nach seinen Hochrufen auf das „Dritte Reich" in seiner „Rede am Feuer" vor ca. 60 Studenten am 20./21. Juni 1931 auf dem Großen Feldberg schließlich an die pädagogische Hochschule Dortmund versetzt wurde. Er hatte in seiner

Rede das „Denkmal Albert Schlageters" als „Vorboten eines neuen Deutschlands" beschworen, den „Weltenwanderer" Hans Grimm („Volk ohne Raum") bemüht und eben mit „Heil dem Dritten Reich" geschlossen. Die sozialdemokratische Abgeordnete Jourdan, nach der heute in Frankfurt eine Schule benannt ist, griff angesichts solcher volksverhetzenden Reden energisch ein[24].

Der Erziehungswissenschaftler und nationalsozialistische Philosoph Alfred Baeumler hatte die Aufgabe übernommen, Hochschullehrer, vor allem Erziehungswissenschaftler, für einen Protest gegen die Strafversetzung Kriecks zu mobilisieren, die die Folge des pronazistischen Auftretens Kriecks 1931 war[25].

Taktisch geschickt entwarf Baeumler zunächst mit Theodor Litt eine Erklärung, die dann von Eduard Spranger leicht abgeändert in eine für alle Unterzeichner akzeptierte Endfassung gebracht wurde[26]. Litt, Spranger und Kerschensteiner haben trotz ihrer Differenzen die Petition für Ernst Krieck unterschrieben, ebenso wie Peter Petersen. Spranger versicherte sich offensichtlich mit seiner Unterschrift für die Zukunft: „[...] vielleicht sehen wir Krieck noch einmal als ersten amtlichen Vertreter der deutschen Pädagogik?"[27]

Strafversetzt lehrte Krieck im Wintersemester 1931/1932 dann an der Pädagogischen Akademie Dortmund. Krieck trat am 1.1.1932 dem „Nationalsozialistischen Lehrerbund" (NSLB) und der NSDAP bei[28]. Die Strafver-

---

[24] Kriecks Apologet Gerhard Müller wird 1978 deutlich: „Die Denunziation des Vortrages durch einen sozialdemokratischen Studenten gab der sozialdemokratischen und jüdischen [sic!] Frankfurter Landtagsabgeordneten Jourdan Anlaß zu einer ‚kleinen Anfrage' im preußischen Landtag." (Gerhard Müller: Ernst Krieck und die nationalsozialistische Wissenschaftsreform, Weinheim/Basel 1978, S. 89). Müller bezeichnet apologetisch diese Rede gar als „antifaschistisch". Hermann Giesecke schreibt: „ein sozialdemokratischer Student denunzierte ihn", (Hitlers Pädagogen, Weinheim/München 1993, S. 41) und zitiert ausführlich die Arbeit Müllers.

[25] Klaus-Peter Horn verdanken wir eine akribische Recherche zu diesem Vorfall („Die Hauptsache ist, dass ein deutlicher Protest erfolgt" – Die ‚Strafversetzung' Ernst Kriecks 1931 im Kontext, in: Jahrbuch für historische Bildungsforschung, Band 8, Bad Heilbrunn 2002, S. 289-320).

[26] Beide Fassungen abgedruckt in Horn 2002. Horn zieht quantitativ gesehen Bilanz: 29 der 95 Professoren als Fachvertreter für Pädagogik waren angefragt worden, 14 Pädagogik-Professoren hatten unterschrieben. Horn betont, wie wenige das gewesen sind, es ließe sich jedoch mit gutem Grund gegen die quantitative Methode hier einwenden, dass es qualitativ dennoch von erheblicher Bedeutung für den Zustand der deutschen Erziehungswissenschaft war, dass Männer wie Litt, Spranger, Petersen, Kerschensteiner und Flintner dieser Erklärung zustimmten, die dann von Flitner in der renomierten Zeitschrift „Die Erziehung" abgedruckt wurde.

[27] Eduard Spranger an Fritz Blättner, 31. 10. 1930. Universitätsarchiv Tübingen, Nachlaß Spranger.

[28] Historisch falsch ist die Behauptung Gieseckes, mit dem Eintritt in den NSLB wäre die „Mitgliedschaft in die NSDAP automatisch verbunden" gewesen (Giesecke: Hitlers Pädagoge, Weinheim/München 1993, S. 42). 97% der Lehrer waren im NSLB, aber wesentlich

setzung wurde – nach neuen politischen Verhältnissen in Preußen – im August 1932 aufgehoben. Krieck kehrte ab Herbst 1932 wieder an seinen alten Arbeitsplatz in Frankfurt zurück[29]. 1932 veröffentlichte er das Buch „Nationalpolitische Erziehung"[30] und beteiligte sich an einer Fülle von nationalsozialistischen Versammlungen als Redner.

Nachdem Hitler Reichskanzler wurde, erfolgte die Berufung Kriecks als Professor an die J. W. Goethe-Universität zum 1. Mai 1933. Er wurde zum ersten NS-Rektor in Deutschland. Krieck gründete rasch einen „Ausschuß für politisch Verdächtige", so dass nach Denunziationen 66 namentlich bekannte Studenten vom Studium ausgeschlossen wurden[31]. Nach 1933 wurden übrigens in Frankfurt 36,5% der Professoren und Dozenten, darunter der Pädagoge Hans Weil, entlassen[32].

Krieck wurde rechtzeitig Rektor der Frankfurter Universität, um zur Bücherverbrennung am 10. Mai einzuladen. Er schrieb:

„Das Studentenfreikorps lädt die Gesamtheit der Professorenkollegien zu der Verbrennung der marxistischen und korruptionistischen Schriften ein, die am 10. Mai, auf dem Römerberg stattfinden wird. [...] Abmarsch Mittwoch 20 Uhr mit Musik."[33].

Laut Berichten soll er an der Spitze marschiert sein, als die Werke unter anderem von Marx, Freud, Heine und Kästner verbrannt wurden.

1934 verließ Krieck Frankfurt, erhielt am 1. April 1934 den Lehrstuhl für Philosophie und Pädagogik in Heidelberg und übernahm 1936/37 dort das Rektorat. Seit 1934 war er Mitglied der SS (Nr. 107 221), ab 1937 Sturmbannführer der SS. Zudem war er Mitarbeiter des Sicherheitsdienstes (SD) von Heydrich, Abschnitt Südwest. Soweit einige Daten zu seiner Biographie in dieser Zeitspanne.

Bis zum Ende des NS-Regimes wurde das entscheidende Werk dieser Zeitspanne „Nationalpolitische Erziehung"[34] in einer Auflage von 80.000 Exemplaren verbreitet, 1933 ging es bereits in die 17.-18. Auflage. Die 19. Auflage 1935, nach der nachfolgend zitiert wird, war abgesehen von einem neuen Vorwort unverändert und umfasste 55.000 bis 57.000 Exemplare.

---

weniger, nämlich 32% in der NSDAP (Ortmeyer: Schicksale jüdischer Schülerinnen und Schüler in der NS-Zeit, Witterschlick/Bonn 1998, S. 111).

[29] Erich Weniger, Direktor der Pädagogischen Akademie in Frankfurt, schrieb, wie Horn zitiert, am 5. August 1932 an Krieck, dass es als nicht nur gerecht, sondern auch als sachlich sehr erfreulich ansehe, wenn Krieck nun zurückkehre (Horn, S. 308).

[30] Ernst Krieck: Nationalpolitische Erziehung, 19. Auflage, Leipzig 1935

[31] Siehe Gerda Stuchlik: Goethe im Braunhemd, Frankfurt am Main 1984, S. 83. Ein Faksimile eines solchen Ausschlusses mit der Unterschrift Kriecks findet sich dort auf S. 84.

[32] Ebenda, S. 90

[33] Ebenda, S. 112

[34] Saul Esh betonte 1958 zu Recht in seinem Vortrag auf der 4. Landeskonferenz der „Historical Society of Israel" in Jerusalem, dass die Schrift Ernst Kriecks ein „Eckpfeiler des Nationalsozialismus" sei („Nationalpolitische Erziehung" – Ein Eckpfeiler des Nationalsozialismus, in: Internationales Jahrbuch für Geschichtsunterricht, Band VIII, Braunschweig 1962, S.125 ff).

Punkt 1: Der deutsche Erziehungsstaat. Ziel der Schrift ist laut Krieck, dass

„aus dem deutschen Volk der platonische Zucht- und Erziehungsstaat auf der Grundlage eines rassisch-völkischen Weltbildes und im Zusammenhang eines neu entstehenden Geschichtsbildes erreicht werden" (Vorwort, S. IV).

Sein Staatsbild fasst er in der These zusammen: „Der Staat als Zuchtmeister und Ordner am ganzen Volk" (S. 22).

Punkt 2: Der Antisemitismus. In dieser vor allem für die Lehrerschaft 1932 verfaßten wirkungsgeschichtlich wichtigsten Schrift, die – wie wir aus Schuldokumenten der NS-Zeit wissen – in Lehrerkollegien geschult wurde, polemisiert Krieck gegen den Intellektualismus und das „Literatentum [...] vorwiegend jüdischer Herkunft und Art" (S. 47), das als „negative, auflösende Lebensmacht" charakterisiert wird. Er kreiert nun erstmals die Phrase, dass es „germanische und jüdische Wissenschaft" gäbe (S. 5).

Punkt 3: Der Rassismus hat nun eine herausragende Bedeutung.

„An der Schwelle des neuen Zeitalters steht die Rassenfrage: mit der führenden nordischen Rasse ist Grundlage und Aufriß künftiger deutscher Volksordnung vorgegeben."(S. 24)

Krieck polemisiert unverhohlen gegen den „Rassenmischmasch" und erklärt programmatisch: „Dagegen hilft nur der Endsieg der höheren Rasse mit Ausscheidung des Gegnerischen, wenn nicht das Volk untergehen soll" (S. 25). Das war das Programm des „Deutschland erwache, Juda verrecke", auch wenn Krieck seine vornehmste Aufgabe im ersten Teil der SA-Parole, nämlich in der Aufzucht der nordisch-deutschen Rasse sah.

Krieck lässt es sich nicht nehmen, im Stil von Dr. Goebbels die Notwendigkeit der Hochzucht der nordisch-deutschen Rasse mit einem Seitenhieb auf die sogenannten „Neger" zu versehen: „In der Nachkriegszeit ist in Frankreich selbst der Neger schon regierungsfähig geworden" (S. 31).

Krieck bestätigt seinen Rassenbegriff als Einheit von Biologie und Geist (S. 29), als Einheit von „bestimmten Eigenschaften des Leibes", „bestimmten seelischen Verhaltensweisen" und „geistigen Werten" (S. 29) und polemisiert gegen einen Biologismus, der nicht den ganzen Menschen im Rahmen „einer gesamten Anthropologie" (S. 28) sieht.

Punkt 4: Kriegsankündigung. Krieck greift auch seine positive Darstellung des Krieges aus dem Jahre 1910 wieder auf, betont: „Die letzten politischen Entscheidung eines Zeitraums erfolgen im Krieg" (S. 80) und propagiert: der deutsche Gesamtstaat als „Zuchtform des rassisch-völkischen Menschentums wird" die „völkische Lebenskraft in raumgewinnende politische Macht umsetzen" (S. 80-81) an anderen Stelle spricht er von einer „die Grenzen sprengenden Macht" (S. 47) – die akademische Form der Kriegsvorbereitung und Kriegshetze.

Punkt 5: Antikommunismus. Auch der Antikommunismus als eine der Grundkomponenten der Demagogie der NS-Ideologie wird deutlich, wenn Krieck schreibt:

„Zum Beispiel ‚diskutiert' und argumentiert der Nationalsozialist nicht mit dem Marxisten über Marxismus, sondern ‚widerlegt' diesen damit, dass er ihm den Anhang wegnimmt durch neue Methoden der Erregung und Bewegung" (S. 37).

Punkt 6: Pädagogik mit primitiven Mitteln. Der Pädagoge Krieck beschreibt ganz praktisch, wie die NS-Agitation vorbildlich funktioniert:

„nicht mit intellektuellen Beweisen und Argumenten, sondern mit der Urkraft des Rhythmus, der auf der Grenze alles Rationalen und Irrationalen beheimatet ist [...] Der Sprechchor ist diese Art und die ganze Kunst der Beherrschung, der Erregung und Lenkung von Massenversammlungen" (S. 38).

Wir nähern uns den schulpolitischen Ansichten: Die Methode der „Erregung und Lenkung vom Menschenmassen" auf die Schule bezogen, bedeutete im Kampf gegen den Individualismus die Befürwortung ausgesprochen großer Klassen. Krieck wörtlich:

„Die großen Schulklassen werden das Ende der sogenannten ‚individualisierten' Methode bringen" (S. 147). Seine Argumentation ist zynisch und einleuchtend zugleich: In so großen Klassen braucht man zwingend als Lehrer andere Methoden, um „durch Zucht und Form zur inneren Gemeinschaft" zu kommen[35]. Wie? Durch die Methode der „gemeinsamen Belebung, der seelischen Erregung und Bewegung" (S. 148) und somit wird der Sprechchor – unter Berufung auf Pestalozzi – schließlich auch von Krieck an anderer Stelle als probates Mittel gegen Individualismus empfohlen.

„Pestalozzi hat die Methode erfunden, sich selbst und seine Kinderschar mit primitiven Mitteln in eine hochgespannte, hochgradig empfängliche Seelenlage zu steigern, vornehmlich mit sprechchorartigen Methoden" (S. 39).

Punkt 7: Bildung? Unmißverständlich forderte Krieck in diesem Werk die Lehrerbildung gegen den „Humanitätswahn" (S. 152) nach nationalen Bildungsstandards: „Lehrer der deutschen Bildung" und die „Heranführung zum völkischen Weltbild" (S. 177):

„Die Lösung kann nur darin liegen, dass auf die Allseitigkeit, auf die Vielfächerigkeit, überhaupt auf das Prinzip der Fächerung, und auf die angebliche ‚Harmonie' dieser enzyklopädischen ‚Allgemeinbildung' grundsätzlich verzichtet wird [...]" (S. 179)

---

[35] In dieser ernst gemeinte Befürwortung großer Klassen als Steuerungselement gegen eine Pädagogik vom „Kind aus" befürwortet Krieck auch Petersens Konzept der dorfschulartigen Auflösung von Jahrgangsklassen in Groß-Gruppen von 40-50 Schülern (Jena-Plan) und schreibt: „Der starre Aufbau nach Jahrgangsklassen ist nicht notwendig Grundgesetz und Dogma" (S. 152). Doch das merkwürdige Bündnis Krieck-Petersen ist eine andere Geschichte, die hier nicht weiter verfolgt werden kann.

Statt dessen? Krieck umreißt das „maßgebende Wertsystem dieser Rasse und ihrer Zucht" wie folgt, ein bisschen Nietzsche, ein wenig Kant und ein Anteil Fridericus Rex. Es geht Krieck um das

„Hochbewusstsein eines Herrenmenschentums in der Unbedingtheit des Dienstes, des Rechtssinns, der kategorischen Pflichterfüllung und der Opferbereitschaft mitsamt der soldatischen Zuchtformen" (S. 32).

Im Grunde ist mit diesem Werk der Höhepunkt des Erfolges Kriecks erreicht. Die Mehrheit der Lehrerschaft war bald für den „Führer" und die Nazi-Ideologie gewonnen, Krieck war der erste nationalsozialistische Rektor einer Universität geworden. Aber er wollte mehr, er wollte ganz offensichtlich die Nummer 1 werden, polemisierte gegen die ihm zu primitiv erscheinenden Thesen eines Hans Schemm „Nationalsozialismus ist angewandte Biologie", wollte auch den Platz nicht mit dem Nietzsche zum Vorläufer des Nationalsozialismus hochventilierenden Baeumler teilen, ja wollte als Erschaffer einer geschlossenen nationalsozialistischen Weltanschauung seine Rassentheorie von Leben, Seele und Geist fest etabliert sehen Aber da war noch Arthur Rosenberg und eine pragmatische Parteiführung die an theoretischen „Systemen" als Grundlage für ihre Politik ganz und gar keinen Bedarf hatten. Krieck war für die NS-Führung eine Standarte, um große Teile der oberen deutsch-nationalen Schichten an sich zu binden. Mehr nicht. Für die nazistisch orientierte Lehrerschaft war er aus pragmatischer Sicht als abgehobener Theoretiker auch nicht sehr brauchbar. Und so begann der dritte Abschnitt: Fortgesetzte Ehrungen und gleichzeitig andauernde Konflikte mit anderen NS-Größen.

3. Zur Biographie Ernst Kriecks 1936–1945 – Seine Schrift „Völkisch-politische Anthropologie" (1936)

Denn Krieck – wir wiederholen es – wollte die Nummer 1 werden und schrieb nun zunächst die dreibändige „Völkisch-politische Anthropologie"[36] zwischen 1936 und 1938 und verwickelte sich auch mit seinem Organ „Volk im Werden" immer mehr in schwer zu durchschauende Auseinandersetzungen insbesondere mit dem ehemaligen sächsischen Kultusminister Wilhelm Hartnacke[37].

---

[36] Ernst Krieck: Völkisch-politische Anthropologie, Teil 1-3 (Weltanschauung und Wissenschaft, Band 1-3), Leipzig 1936-1938.
[37] Ausführlich wird die Polemik zwischen Krieck und Hartnacke in der Dissertation von Gerhard Müller (Ernst Krieck und die nationalsozialistische Wissenschaftsreform. Motive und Tendenzen einer Wissenschaftslehre und Hochschulreform im Dritten Reich. Weinheim und Basel 1978, S. 139) dargestellt, um die inneren Querelen der NS-Führungsclique in einer Weise zu deuten, als wäre Ernst Krieck zum Zeitpunkt 1938 zum Gegner des NS-Staates mutiert. Der Grund für den Austritt aus der SS am 20. Oktober 1938, die ihm aller-

Worum ging es in diesem Buch, das Krieck als Entwurf einer einheitlichen nationalsozialistischen Weltanschauung betrachtete? Krieck erhebt Anklage: „Aus der nationalsozialistischen Revolution, nicht aus der Fachwissenschaft Biologie [...] entsteht die Empörung, der Aufstand des Lebens" (S. 13). Das war deutlich. Und für die Erzieher und die Erziehungszucht hob er hervor: „Die Jungen bringen den Nationalsozialismus nicht schon von der Muttermilch her mit" (S. 101). Hochstehende Rasse und Deutschtum, so Krieck, seien nur notwendige, aber nicht hinreichende Vorraussetzungen. Ohne nationalsozialistische Zucht und Erziehung können sich trotzdem – hier beruft sich Krieck erneut gar auf Kants These „Der Mensch ist ein Tier, das einen Herrn nötig hat" (S. 103) – das böse, egoistische und gemeinschaftsfeindliche Durchsetzen. „Davor bewahrt keine Natur und keine gute Rasse" (S.103). Daher wiederholte er immer wieder sein Rassenprinzip als Einheit von „Natur und Geist" (S. 93)[38].

Alfred Rosenberg griff rasch ein, als Band I der dreibändigen „Völkischpolitischen Anthropologie" mit einer auf die Führungsrolle abzielenden Einleitung erschienen war und schrieb am 16. März 1936 einen Brief an Krieck, in dem er darauf hinweist, dass Krieck nicht das Recht habe, sich mit der Autorität der NSDAP zu schmücken und den Anspruch zu erheben, die Darstellung der nationalsozialistischen Grundhaltung auszusprechen. „Jedenfalls kann sich die NSDAP nicht von vornherein amtlich binden und kann auch Ihnen nicht das Recht zusprechen, ohne weiteres den in der Einleitung erhobenen Anspruch aufzustellen"[39]. Drei Tage später antwortet Krieck, dass er aus diesem Brief die Folgerung ziehe „und meine Parteiämter zur Verfügung zu stellen"[40].

Er trat auch tatsächlich in Folge dieser weiter geführten Auseinandersetzungen 1938 „ehrenhaft" aus der SS aus, um sich seinen Forschungen zu widmen, wie es öffentlich hieß. Seine ganze weitere Arbeit zeigte aber, dass er nicht verstehen konnte, warum die NS-Propagandaführung gar kein Interesse an einer in sich geschlossenen Theorie hatte, eher an der praktisch zu leistenden Arbeit der kriegerischen Ertüchtigung der Jugend Anteil nahm und bewusst mehrere Ansätze des Rassismus nebeneinander laufen lassen

---

dings einen „ehrenhaften Abschied" gewährte (Müller S. 139), war, dass Reinhard Heydrich die dauernden Querelen zwischen Krieck und Hartnacke leid war und im Interesse der nazistischen Staatssicherheit und der Geschlossenheit der Bewegung die öffentlichen Diskussionen verbot.

[38] Und Krieck eröffnete zudem eine neue Front zur Radikalisierung der nationalsozialistischen Bewegung gegen die Kirchen in NS-Deutschland Er fordert: „Ein nordisch deutsch völkisches Christentum, nicht ein kirchliches und erst recht nicht ein orientalisches Christentum." (S. 69) Die Propaganda des gegen das „Orientalische" war eigentlich deutlich, die Mobilisierung des religiös motivierten Antijudaismus. Er spricht von der „gründlichen Abstoßung des Alten Testaments" (S. 63), die in den Römerbriefen schon vollzogen sei.

[39] Brief von Alfred Rosenberg an Ernst Krieck, 16. März 1936, Generallandesarchiv Karlsruhe, nach einer Kopie aus dem Privatarchiv Christoph Lingelbach.

[40] Generallandesarchiv Karlsruhe, Nr. 2244-46.

wollte, um verschiedene Abteilungen der Bevölkerung anzusprechen und einzubinden

In seinem 1940 erschienen Buch „Der Mensch in der Geschichte"[41] spitzte Ernst Krieck seinen Antisemitismus nun nicht mehr nur auf die Juden in Deutschland, sondern auf das „Weltjudentum" zu. Er sprach von „dem Weltjudentum, das sich die westlichen Demokratien hörig gemacht hatte" (S. 220) und der Kriegschuldige sei[42].

Die Ehrungen jedenfalls für Krieck hörten nicht auf. 1939 erschien dann – parallel zu einem Artikel Baeumlers – der Artikel Ernst Kriecks in der Publikation „Deutsche Wissenschaft, Arbeit und Aufgabe" zum 50. Geburtstag von Adolf Hitler. In dem vollständig vorliegenden Text[43] bekennt sich Krieck zu seinem „rassisch-völkischen Prinzip" und bekämpft das „Epigonentum gegenüber Kant, Hegel, Nietzsche usw." (S. 304). Ohne Hemmungen formuliert hier Krieck über Krieck: „Krieck hat der Bewegung seit 1932 auch die zugehörige Erziehungswissenschaft mit auf den Weg gegeben" (S. 35).

1940 wendet Krieck sich so gestärkt gegen Zensurmaßnahmen, da seine immer rasender werdende Abrechnung mit den großen Gestalten der deutschen Philosophie, deren „Verjudung" er ständig in seinen Zeitschriften herausstellt, selbst Teilen der NS-Führung zu weit ging, da die von Krieck angegriffenen angeblich „verjudeten" Deutsche eben immerhin „große Deutsche" seien, denen gegenüber Ehrfurcht angebracht sei.

Die Zensur befürchtete eine Verächtlichmachung großer Deutscher wie Kant und Herder, wenn Krieck etwa das Lob Kants für den polnischen Juden Maimon als Beispiel für die Verjudung Kants anführt. Verlangt wird von Krieck, den „großen kulturellen Leistungen der Vergangenheit mit Ehrfurcht" zu begegnen"[44].

---

[41] Ernst Krieck: Der Mensch in der Geschichte, Leipzig 1940.
[42] In seinem 1938 erschienen Werk „Leben als Prinzip der Weltanschauung und Problem der Wissenschaft" (Leipzig 1938), in dem er wieder Rasse als „Leib, Seele und Geist" definiert (S. 8) beschäftigt er sich auch mit der Psychologie, fordert den Kampf gegen die jüdische Psychologie Freuds „bis zu ihrer Vernichtung in unserem völkischen Lebenskreis." (S. 169) „Nur ein Jude konnte schließlich Seele gleich Sexualtrieb setzen: eine Selbstoffenbarung, nicht eine Gegenstandserkenntnis" (S. 170, Fußnote).
In einer Polemik gegen amerikanische Psychologen argumentiert er nicht, sondern agitiert über den Begriff des „Schöpferischen": „Dagegen ist Wesentliches über die rassische Art des Negers ausgesagt, was man mit dem Test-Verfahren niemals feststellen kann, dass der Neger weder den Kraftwagen, noch die liberale Demokratie, noch das Einmaleins, noch die Kanone, noch die Rechtswissenschaft oder sonst irgendeine Wissenschaft. noch die Humanitätsidee erfunden hat" (S. 182). Was Rasse sei, sollen sich die Herren Test-Psychologen doch in New York mal ansehen, es genüge doch der Besuch eines „Gottesdienst in der Synagoge des Oberrabbiners, einen Negergottesdienst in der Manier des Harlemer Negerchristentums" im Vergleich mit einer Erbauungsstunde der Quäker (S. 183).
[43] Monika Leske, Philosophen im „Dritten Reich", Berlin 1990, S. 304-306
[44] Brief des Reichsministeriums für Volksaufklärung und Propaganda vom 21.6.1940 gez. Stampe, Generallandesarchiv Karlsruhe, Nr. 2244-46

Krieck schreibt am 26. Juni 1940 an den Reichserziehungsminister um Schutz bittend: „Ich bin stolz, dass es mir nach jahrelanger Arbeit gelungen ist, die Tatsachen der rassischen Bestimmtheit weiter Strecken der Geistesgeschichte nachzuweisen und zu erschließen. [...] Es ist nicht zu ersehen, was das Reichspropagandaministerium veranlasst, [...] die jüdischen Einflüsse auf die deutsche Geistesgeschichte unter seinen besonderen Schutz zu stellen". In einer beigelegten Erklärung empört er sich, dass er „diese jüdischen Einflüsse unter Ehrfurchtsschutz" stellen solle. Krieck wurde mehr und mehr zum Ärgernis und er drohte nun damit, wenigstens nach dem Krieg den Führer Adolf Hitler einzuschalten: „Ich behalte mir vor, nach Kriegsende darüber dem Führer wenigstens die zahlreichen mich betreffenden Fälle – als Ausschnitt aus einer Fülle ähnlicher Fälle – vorzulegen"[45].

Zu Kriecks 60. Geburtstag 1942 gab es in Heidelberg eine bemerkenswerte Feier. Er erhielt die Goethe-Medaille, die nach dem „Nationalpreis für Kunst und Wissenschaft" die höchste von Hitler verliehene wissenschaftliche Auszeichnung war. Ebenfalls erhielt er das Goldene Parteiabzeichen der NSDAP.

1943 betonte Krieck in einem Brief an den Heidelberger Rektor Schmitthenner: „Es soll mir niemand vorwerfen, ich sei von der Linie des Nationalsozialismus abgefallen, weil ich den Abfall von dieser Linie nicht mitmache"[46].

Da hat er wahrlich recht.

4. Strategien der Rehabilitierungen nach 1945 und der Einspruch von Chaim Seeligmann 1995

1945 wurde Krieck rasch von den US-Truppen interniert. Im Internierungslager hinterließ Krieck seinem Anwalt lange handschriftliche Vorarbeiten und Anweisungen, um seine Entlassung und Rehabilitierung zu erreichen. Seine Tochter Ilse[47] betrieb nach dem Tod des Vaters 1947 auf Grund der Aufzeichnungen Ernst Kriecks die „Entnazifizierung", die wohl dann im Kern nach noch ungeklärten Aussagen auch gelang[48].

Die dann von einem Rechtsanwalt auf Grund der handschriftlichen Aufzeichnungen formulierte siebzehnseitige Verteidigungsschrift für Ernst

---

[45] Ernst Krieck an das Reichswissenschaftsministerium vom 4. 9. 1940, Generallandesarchiv Karlsruhe, Nr. 2244-46
[46] Zitiert nach: Krieck an Schmitthenner (Rektor der Universität Heidelberg) vom 13. 07. 1943, Universitätsarchiv Heidelberg, Generalia-Personalakten Prof. Ernst Krieck
[47] Die Entnazifizierung nach dem Tode Kriecks hatte auch in der Hinsicht Bedeutung, ob das Vermögen eingezogen wird, oder vererbt werden kann. Das Vermögen betrug laut Aktenlage 48.000 RM
[48] So behauptet jedenfalls Giesecke in „Hitlers Pädagogen", S. 58: „Ein Jahr später [nach seinem Tod, A.d.V.] wurde er als Mitläufer entnazifiziert".

Krieck vom 9.2.1948[49] ist eine gewichtige, in der bisherigen wissenschaftlichen Forschung noch nicht ausgewertete Quelle, die sozusagen fast alle Argumentationsfiguren, die zur Verdrehung der Wahrheit möglich sind, enthielt[50]. Kernpunkte sind:

1. Zur Parteimitgliedschaft heißt es: „Der Betroffene war hierüber nicht befragt worden und hatte seine Zustimmung nicht gegeben" (S. 3). Parteimitglied also wider seinen Willen. Er habe „ganz entschieden jede aktive Mitarbeit" abgelehnt. Versammlungen habe er nur „in seltenen Fällen" besucht. Auch in der SS wurde er „ungefragt zum Ehrenführer" befördert und die SS-Uniform trug er laut Anwalt nur zwei- bis dreimal im Jahr (S. 4). Über seine Mitarbeit im SD erfahren wir, dass er an keiner Polizeiaktion selbst teilgenommen habe, da dies ausschließlich Sache der GESTAPO gewesen sei (S. 4).
2. „Von den Verbrechen, die von der SS begangen wurden, hatte er nicht im entferntesten Kenntnis, geschweige denn, dass er daran mitgewirkt hätte" (S. 5).
3. „Immer in seinem Leben und in seiner Wissenschaft trat er für Recht und Gerechtigkeit, für Wahrheit und Menschlichkeit ein" (S. 8). Wir erfahren: „Der Betroffene war gegen jede Gewaltpolitik".
4. „Er vertrat im Hinblick auf das Judentum die Ansicht, dass man diesem einen eigenen Staat zur Verfügung stellen müsse und veröffentlichte darüber einen Aufsatz, der ihm von Seiten der Partei heftige Kritik, von Seiten der Juden freudige Zustimmung einbrachte" (S. 8-9).
5. Ausführlich werden dann die Gegensätze zu Hartnacke und anderen Instanzen des NS-Regimes dargestellt, ohne auf den Inhalt dieser Auseinandersetzung auch nur mit einem Wort einzugehen.
6. Er habe, so heißt es weiter, sich am 10. November 1938 für die „jüdische Familie Koppel" gegen Jugendliche eingesetzt. Die Familie Koppel oder einzelne Angehörige konnten jedoch nicht mehr als Zeugen aussagen. Sie finden sich nicht auf der Zeugenliste. Kurz eingefügt sei hier nur, dass Krieck in einem Schreiben vom 1. April 1938 an den Minister des Kultus und Unterrichts Bericht darüber erstattet, dass er in einer Wohnung wohne, „dessen einer Eigentümer Koppel Jude ist".

---

[49] Generallandesarchiv Karlsruhe, Nr. 2244-46
[50] Zunächst erfahren wir über die angefragten Einkommensverhältnisse, dass in der fraglichen Zeitspanne zwischen 1942 und 1944 sich sein Jahreseinkommen um 1.000 RM gesteigert hat. Unstrittig ist auch sein NSDAP-Beitritt am 1. 1. 1932 und seine SS-Mitgliedschaft ab 1934 bis 1938, seit 1937 als Sturmbannführer sowie seine Position im Sicherheitsdienst SD zwischen 1933 und 1938, als Gutachter sowie seine Position als Gaudozentenführer 1936 bis 1938. Anfangs behauptete der Anwalt wahrheitswidrig und unverfroren, „Orden und Ehrenzeichen irgendwelcher Art hatte der Betroffene nicht inne". Dies muß er später korrigieren.

Da sei er reingefallen, denn dass habe er nicht gewusst. „Ich habe stets darauf geachtet, nicht bei einem Juden zu mieten". Aus seiner Sicht würde sich die Sache jedoch bald erledigen. Als letzten Satz fügt er an: „Koppel soll übrigens im Verlauf dieses Jahres auswandern" (ebenda).

7. Wir erfahren, er sei in religiöser Hinsicht von „absoluter Duldsamkeit" gewesen. „Er pflegte sein Tageswerk mit einem Morgenchoral zu beginnen" (S. 15-16).

In den Schlussfolgerungen bringt es der Herr Anwalt auf den Punkt: Krieck habe am „Nationalsozialismus nur nominell teilgenommen", „diesen nicht unterstützt, statt dessen aber bekämpft". Er war „nachweislich politisch verfolgt und unterdrückt". Abschließend wird aus den handschriftlichen Ausführungen Kriecks zitiert:

„Beim Eintritt [nach seiner Verhaftung, B.O.] in das Camp 71 habe ich mich zum Verhör bereit erklärt, sofern Sühne gefordert werde, mich der Kugel freiwillig zu stellen" (S. 17).

Es fehlen im Grunde die Worte, um dies zu kommentieren.

An zwei Punkten musste der Anwalt dann am 19.2.1948 korrigieren: Krieck habe doch Auszeichnungen und Orden, nämlich das goldene Parteiabzeichen und das Kriegsverdienstkreuz II. Klasse. Die Goethe-Medaille wurde nicht erwähnt.

Außerdem bat der Anwalt, Herrn Weinstock von der Liste der Zeugen zu streichen, hier habe ein Mißverständis vorgelegen.

Dieser Punkt soll uns noch kurz beschäftigen: Die Frage der sogenannten Persilscheine. Hintergrund ist hier, dass Weinstock – nun gewiss kein Linker[51] – das Ansinnen, er solle ein positives Zeugnis für Herrn Krieck abgeben, mit Empörung abgelehnt hatte. Er schrieb am 27. Mai 1946 an die Tochter Kriecks, dass er der Bitte um ein solches Zeugnis nicht nachkommen könne „ohne der Wahrheit und also meinem Gewissen ins Gesicht zu schlagen". Er legte eine leider nicht im Archiv auffindbare Anlage anbei, in der Krieck ihn so beschimpft habe[52] (und nicht nur ihn), dass er einer Hetze in der NS-Presse ausgesetzt gewesen sei.

Als Kernpunkt stellt Weinstock jedoch heraus:

„Ihr Vater trägt an erster Stelle die Verantwortung dafür, dass die Gehirne der deutschen Schulmeister in unbeschreiblicher Weise verwirrt und verschlammt wurden, durch diese schauderhafte Schundliteratur, die er in krankhafter Fruchtbarkeit produzierte (denn das ist

---

[51] Auf seinen eigenen, zugegeben zweitrangigen Anteil an der nazistischen Verblödung der deutschen Lehrerschaft geht Weinstock verständlicher Weise nicht ein.

[52] Krieck hatte Weinstocks Buch „Höhere Schule im Deutschen Volksstaat" (1936) in einer Rezension in der Zeitschrift „Volk im Werden" abgekanzelt unter dem Titel „Geistiges Seiltanzen" (Volk im Werden, 1936, Heft 1, S.53-54) – Ich danke Professor Lingelbach für diesen Hinweis.

der Weg von Krieck, der Philosophie der Erziehung zum Krieck, der nationalpolitischen Erziehung)" (ebenda).

Anders dagegen Erich Weniger. Er schrieb zunächst am 7.11.1946 an die Tochter Kriecks, dass ihr Vater ein „überzeugter Anhänger des Nationalsozialismus" gewesen sei, aber er sei „ritterlich auch für Gefährdete" eingetreten. Am 23.11.1946 erstellte der neu ernannte Direktor der Pädagogischen Hochschule in Göttingen ein „Gutachten", in dem er feststellte, dass Krieck ihm von einem unmittelbaren Eingreifen „für eine jüdische Dame" berichtet und sich für ihn „ritterlich" eingesetzt habe" (ebenda).

Die von Krieck selbst in die Welt gesetzte Strategie seiner Rehabilitierung und der Verharmlosung seiner nazistischen, rassistischen und antisemitischen Propaganda wurde dreißig Jahre nach dieser eben vorgestellten Anwaltsschrift von Müller ausführlich ausgebreitet: Krieck sei eben kein Rassist, sondern Gegner des NS-Regimes gewesen. 15 Jahre später, 1993, folgte Hermann Giesecke in seinem Buch „Hitlers Pädagogen" weitgehend der Argumentation Müllers, so dass 50 Jahre nach dem Sieg über die Nazi-Diktatur Chaim Seeligmann eine ausführliche Widerlegung der These Gieseckes, Krieck sei zwar „Antisemit, aber kein Rassist" gewesen, verfasste.

In der Zeitschrift „Neue Praxis" 1/1995 veröffentlichte er gemeinsam mit Stefan Schnurr den gegen Giesecke gerichteten Artikel „Ein Antisemit – aber kein Rassist"?[53] Seeligmann schreibt:

„Die erziehungswissenschaftlichen Versuche einer Schadensbegrenzung in Sachen Ernst Krieck, in denen behauptet wird, Krieck sei ‚kein Rassist gewesen' oder habe ‚sich scharf gegen die NS-Rassenlehre ab(gesetzt)' bedürfen einer Revision" (S. 64).

Seeligmann weist anhand der Texte Kriecks nach, dass Gieseckes Behauptung, Krieck sei kein Rassist gewesen, „nicht zu rechtfertigen ist" (S. 56). Er zitiert unter anderem ausführlich aus Nummer 1/1933 der Zeitschrift Kriecks „Volk im Werden" die dort von Krieck dargelegte Position:

„Wir wollen in Deutschland keine Vorherrschaft des Judentums. [...] Von Palästina oder sonst wo aus mag dann das Volk der Juden versuchen, wie es [...] zu der ihm verheißenen Weltherrschaft kommt."

Krieck fährt fort, dass die Juden in Deutschland einen „zersetzenden Antigermanismus" verbreitet hätten: „Wo immer eine Bewegung gegen die Nation aufkam, standen die Juden in der Führung [...] Die Juden haben eine andere Art, eine andere Weltanschauung, eine andere Rasse und vor allem eine

---

[53] Neue Praxis, Heft 1/1995, S. 59-69. Seeligmann weißt darauf hin, dass G. Müllers Arbeit 1978 die theoretische Grundlage für die Behauptungen Giesekes darstellen, die Rückendeckung durch das Vorwort von Christoph Führ und Wolfgang Mitter erhalten haben, die einleitend ebenfalls behaupteten dass Krieck sich „scharf gegen die NS-Rassenlehre" abgesetzt habe. (Müller: Ernst Krieck und die nationalsozialistische Wissenschaftsreform. Vorwort von Christoph Führ und Wolfgang Mitter, Frankfurt am Main 1978, S. VI)

andere Ehre als wir". Kriecks zentrale Schlussfolgerung für Deutschland und auch die anderen Völker der Welt lautet:

„Eine Nation, die auf sich hält, ein Volk, das zu sich selbst kommen will, das seine Eigenart in seinen Lebensordnungen und seiner Kultur zur Darstellung bringen will, darf diesen Krebs, der unter dem Schutz der ‚Freiheit' wuchert, auch keinen Tag länger in seinem Körper dulden."[54]

Wie recht Seligmann hatte, dass Ernst Krieck keinesfalls nur kultureller Antisemit ohne eliminatorische Ambitionen sei, zeigt sich auch in dem 1943 erschienenen, wohl letzten großen Buch von Ernst Krieck, „Heil und Kraft. Ein Buch germanischer Weltweisheit"[55]. Zunächst theoretisch definiert Krieck:

„Bestimmende Grundlage für die Geschichte eines Volkes ist sein rassisch angelegter Volkscharakter: er ist die Konstante im Wechsel der Geschlechter, liefert die lebendige Kontinuität im Wandel der Schicksale, der Gestaltungen und der Zeitalter. Der Motor der Geschichte aber ist das jeweils geschickte, in der schöpferischen Tat kundwerdende Heil: Die Kraft zur Bewegung und Gestaltung. Darum liefert eine völkisch-politische Charakterologie die nötige Voraussetzung für die Historik" (S. 97).

Die Metapher für das Wirken der NSDAP ist in diesem Buch der Arzt, der das eigene Volk heilt und das artfremde jüdische chirurgisch abschneidet. Das „Judentum" wird hier als „Seuche" (S. 101) bezeichnet. Es heißt: „Das Problem der Vererbung überhaupt ist, soweit sich die Sache vom menschlichen Zweckwillen beeinflussen läßt, ein höchstes politisches Problem" (S. 102). Es geht laut Krieck darum, ob die Krankheit im Prinzip heilbar ist,

„oder ob das heillos und hilflos verdorbene Einzelleben um der Gesundheit des ganzen willen zu amputieren sei, wie der Strafrichter kranke Glieder am Volkskörper abschneidet, die der Chirurg Glieder des Leibes um der Erhaltung des Restes willen amputiert. ... Die politische Entfernung eines erbkranken, verderblichen oder verbrecherischen Gliedes soll den Volkskörper heilen" (S. 102).

Krieck betont, dass die Staatsführung das „Recht über Leben und Tod" haben müsse, wer „gewaltsam ausscheide". Die mörderischen Implikationen im Jahre 1943 liegen auf der Hand. Auch der Adressat ist klar, denn Krieck, der in diesem Werk in allen Ecken und in jeder Hinsicht Juden und jüdischen Geist aufspürt, weiß: „Über die Juden ist Asien am Werk der bewußten Unterhöhlung von Reich und Rasse" (S. 152).

Das waren die Worte Ernst Kriecks 1943, der angeblich kein Rassist war, der angeblich „nur" kulturellen Antisemitismus betrieb, der angeblich gegen Gewalt sei, der angeblich ein Gegner des NS-Systems gewesen sei, gar politisch verfolgt, wie er 1946 in seinen handschriftlichen Anweisungen dem Rechtsanwalt zur Ausformulierung übermittelte.

Es bleibt die Feststellung, dass es nicht Krieck alleine war, der 1933-1945 Nazi-Propaganda betrieben hat und es mehr innere Zusammenhänge

---

54   Volk im Werden, Heft 1/1933, S. 61 ff.
55   Ernst Krieck: Heil und Kraft. Ein Buch germanischer Weltweißheit, Leipzig 1943

und Verbindungen zu den sogenannten „Säulenheiligen" der bundesrepublikanischen Erziehungswissenschaft inhaltlich und persönlich gibt, als hier aufgezeigt werden konnte. Und es bleibt die verblüffende Frage, durch welche Erbschaften und Seilschaften es immer noch Menschen im erziehungswissenschaftlichen Bereich gibt, die einen solchen Nazi-Ideologen wie Krieck, der 12 Jahre lang Studentinnen und Studenten der Erziehungswissenschaften indoktriniert hatte, verharmlosen.

Literatur

Esh, Saul: „Nationalpolitische Erziehung" – Ein Eckpfeiler des Nationalsozialismus, in: Internationales Jahrbuch für Geschichtsunterricht, Band VIII, Braunschweig 1962
Gamm, Hans-Jochen: Führung und Verführung, München 1964
Giesecke, Hermann: Hitlers Pädagogen, Weinheim/München 1993
Glöckner, Wieland: Erziehung zur Volksgemeinschaft. Eine Untersuchung zum Irrationalen in der kleinbürgerlichen Erziehungstheorie Ernst Kriecks, Darmstadt 1978
Griesbach, Ernst: Die Erziehungswissenschaft Ernst Kriecks und ihre weltanschaulichen Grundlagen, Würzburg 1951
Horn, Klaus-Peter: „Die Hauptsache ist, dass ein deutlicher Protest erfolgt". Die ‚Strafversetzung' Ernst Kriecks 1931 im Kontext, in: Jahrbuch für historische Bildungsforschung, Band 8, Bad Heilbrunn 2002
Krieck, Ernst: Persönlichkeit und Kultur. Kritische Grundlegung der Kulturphilosophie, Leipzig 1910
Krieck, Ernst: Philosophie der Erziehung, Jena 1922
Krieck, Ernst: Menschenformung, Leipzig 1925
Krieck, Ernst: Erziehungsphilosophie, München 1930
Krieck, Ernst: Die Judenfrage, in: Volk im Werden, Heft 1/1933, S. 57-63
Krieck, Ernst: Die deutsche Staatsidee, 2. und 3. Auflage, Leipzig 1934
Krieck, Ernst: Nationalpolitische Erziehung, 19. Auflage, Leipzig 1935
Krieck, Ernst: Völkisch-politische Anthropologie, Teil 1-3 (Weltanschauung und Wissenschaft, Band 1-3). Leipzig 1936-1938
Krieck, Ernst: Leben als Prinzip der Weltanschauung und Problem der Wissenschaft, Leipzig 1938
Krieck, Ernst: Der Mensch in der Geschichte, Leipzig 1940
Krieck, Ernst: Erlebter Neuidealismus, Heidelberg 1942
Krieck, Ernst: Heil und Kraft. Ein Buch germanischer Weltweisheit, Leipzig 1943
Kunz, Willi: Ernst Krieck. Leben und Werk, Leipzig 1942
Leske, Monika: Philosophen im „Dritten Reich", Berlin 1990
Lingelbach, Karl Christoph: Erziehung und Erziehungstheorien im nationalsozialistischen Deutschland, Weinheim/Berlin/Basel 1970
Lukács, Georg: Die Zerstörung der Vernunft, Band II, Darmstadt/Neuwied 1974

Müller, Gerhard: Ernst Krieck und die nationalsozialistische Wissenschaftsreform. Motive und Tendenzen einer Wissenschaftslehre und Hochschulreform im Dritten Reich. Weinheim/Basel 1978

Niethammer, Arnolf: Ernst Kriecks Bildungstheorie und die Elemente „totaler Erziehung", Tübingen 1960

Ortmeyer, Benjamin: Schicksale jüdischer Schülerinnen und Schüler in der NS-Zeit – Leerstellen deutscher Erziehungswissenschaft? Bundesrepublikanische Erziehungswissenschaften (1945/49-1995) und die Erforschung der nazistischen Schule, Witterschlick/Bonn 1998

Poliakov, Léon/Wulf, Joseph: Das dritte Reich und seine Denker, Wiesbaden 1959

Seeligmann, Chaim/Schnurr, Stefan: „Ein Antisemit – aber kein Rassist"? Neue Praxis, Heft 1/1995

Stuchlik, Gerda: Goethe im Braunhemd. Universität Frankfurt 1933-1945, Frankfurt am Main 1984

Thomale, Eckard: Bibliographie Ernst Krieck, Weinheim/Berlin/Basel 1970

Wojtun, Helmut: Die politische Pädagogik von Ernst Krieck und ihre Würdigung durch die westdeutsche Pädagogik, Frankfurt am Main/Berlin u.a. 2000

Anhang

Dokument 1: Faksimile
Ernst Krieck, „Die Judenfrage" (1933)

Ernst Krieck
Rektor der Johann Wolfgang Goethe-Universität in Frankfurt a. Main
Professor der Pädagogik an der gleichen Universität und an der dortigen Päd. Akademie,
Doktor der Philosophie ehrenhalber der philosophischen Fakultät in Heidelberg.

Geboren am 6. 7. 82 in Vögisheim bei Müllheim i.B., Kind alemannischer Bauern und Handwerker, Schüler des Seminars in Karlsruhe, 1900 Landschullehrer, seit 1904 Volksschullehrer in Mannheim. Aus innerm Widerspruch gegen das individualische Schulsystem Sickingers zum pädag. Schriftsteller geworden. Hauptwerk: »Philosophie der Erziehung« (1922). Seit 1924, nach Empfang der philosophischen Doktorwürde und Ablehnung eines Rufs nach Dresden, im Ruhestand 1928 zum Professor der Pädagogik an die Akademie in Frankfurt berufen, 1931 von Dr. Grimme gemaßregelt (Strafversetzung, Dienststrafverfahren), 1932 nach Frankfurt zurückversetzt. (Verzeichnis seiner Werke bei Ph. Hoerdt, Ernst Krieck. Heidelberg 1932).

Die Judenfrage
von Ernst Krieck

Jahwe hat seinem auserwählten Volk die Verheißung der Weltherrschaft mit auf den Weg durch die Geschichte gegeben. Der Glaube an die verheißene Weltherrschaft hat das jüdische Volk lebensfähig erhalten, nachdem es seinen Staat, seine Volkssprache, seinen eigenen Boden und Lebensraum verloren hatte: dieser Glaube hat das Volk zusammengebunden in der Zerstreuung, hat ihm den eigentümlichen Lebensauftrieb verschafft und ist seinen Gliedern in Fleisch und Blut übergegangen, er ist die Achse seiner Existenz. In der modernen Form äußert sich der typisch jüdische Rassestolz und Glaube an den eigenen Vorrang vorwiegend in der Versicherung: Wir Juden sind nun einmal die Gescheiteren, die Tüchtigeren, Unternehmungslustigeren, Leistungsfähigeren. Der Jude sieht in der Leistung seines Volksgenossen jedesmal von vornherein die höhere Leistung, den höheren Rang. Das soll ihm gar nicht verwehrt sein, hat aber für uns auch nicht zu gelten: sie haben andere Werte und Maße als wir. Wir verbitten uns nur die mit den jüdischen Maßen und Wertungen verbundene Herabsetzung unseres eigenen Wesens und unserer Leistung.

Dieses Volk ohne Volkssprache, ohne Boden, ohne Raum, ohne Staat hat sich in der talmudischen Zeit seine eigentümliche Lebensform geschaffen: das Ghetto ging naturnotwendig aus den Grundsätzen des Talmud hervor. Das Gesetz ist der Zaun um das Volk, und die Rabbiner befolgten die stets wiederholte Mahnung: Machet einen Zaun um das Gesetz. Es gehört schon zu den groben Geschichtslügen, wenn immer wieder behauptet wird, das Ghetto sei den Juden von den Wirtsvölkern aufgedrängt worden (wie denn überhaupt die jüdischen Geschichtschreiber ihres Volkes nur den Zweck der jüdischen Selbstverherrlichung verfolgen, während sie die Christen vornehmlich als düsteren Hintergrund jüdischer Leiden und Verfolgungen mitsamt ihrer Seelengröße darstellen). Noch nie in der Geschichte hat ein Volk einem anderen Volk die Eigenform schaffen können. Das Ghetto aber war die Form, in der sich das Judentum als Volk in der Zerstreuung erhalten und sein völkisches Ziel verfolgen konnte. Darum hat das Ghetto auch die dem Judentum eigentümliche geistige Art und Haltung geprägt: die Anpassung an die in den fremden Wirtsvölkern vorgefundene Lage bei zähestem Festhalten der Eigenart, den eigentümlichen Pazifismus, der für dieses staatslose Volk in der Zerstreuung geradezu Lebensbedingung wurde, die durchdringende Kasuistik und auflösende Formalistik, mit der das Gesetz festgehalten und doch jederzeit veränderten Lebensbedingungen angepaßt werden konnte, die im jüdischen Charakter festgewurzelte, allem anderen gegenüber aber „freischwebende", nirgends sonst haftende und wachsende Intelligenz, die als solche außerhalb des jüdischen Lebenskreises völlig unschöpferisch bleiben und zersetzend wirken muß, die Rechenhaftigkeit, das jüdisch-händlerische Ethos, die Vermittlerrolle auch im Geistigen[1].

---
[1] Einen trefflichen Ansatz zu einer Psychologie des Judentums legt soeben Karl Beyer „Jüdischer Intellekt und deutscher Glaube" (Armanen-Verlag, Leipzig 1933) vor.

57

Im Jahre 1880 veröffentlichte Th. Mommsen seine bekannte Schutzschrift „Auch ein Wort über unser Judentum". Darin steht der bekannte Satz: „Ohne Zweifel sind die Juden, wie einst im römischen Staat, ein Element der nationalen Dekomposition..." Wir wollen mit dem liberalen Professor Mommsen nicht darüber rechten, daß er wenigstens zeitweilig solche nationale Dekomposition sogar als wohltätig und notwendig ansehen konnte. Wir stehen heute in einem Abschnitt neuer deutscher Volkwerdung, neuer Einung und Zusammenfassung, und was immer uns hier als Kraft der Zersetzung und der Auflösung (Element der Dekomposition) entgegentritt, ist unser Feind, dem wir mit aller Kraft zu begegnen haben — um unserer völkischen Einung und Zukunft willen.

Es wird notwendig einmal das Problem der Judenemanzipation neu aufgegriffen, auf seinen Sinn und seine Möglichkeit neu überprüft werden müssen. Die Rechnung der Emanzipation hatte auf beiden Seiten der Beteiligten ganz verschiedenartige Posten. Von seiten des Wirtsvolkes aus war nur das Problem der Konfession und der Staatsbürgerlichkeit in die Rechnung gestellt — hier sollte Gleichheit und Gleichberechtigung eintreten. Dagegen war von dieser Seite aus das entscheidende Problem der Volkheit, der eigenen sowohl wie der jüdischen, nicht eingerechnet, während von der jüdischen Seite aus das Problem der jüdischen Volkheit entscheidend war und blieb. Das war von vornherein der große Vorteil des jüdischen Vertragspartners bei diesem Geschäft. Nie ist es dem Judentum eingefallen, seine Volkheit aufzugeben, auch nicht unter der Emanzipation und Assimilation. Beide konnten vom Judentum her nur als völkischer Machtgewinn, als Verlängerung seines Arms und Erweiterung seines Machtspielraums angesehen werden, wozu dann noch die Gewinnung des Judengenossen als einer Schutzwehr und Schutztruppe kam. Wie so oft verbarg sich in der Judenemanzipation unter der Forderung rechtlicher Gleichheit das Verlangen nach Macht, nach Vorrang und Vorrecht, also auf Erfüllung der dem Judentum auf seinen Weg mitgegebenen Herrschaftsverheißung. Gleichberechtigung gab den Boden ab, auf dem der Vorrang zur Geltung kommen sollte. Sind wir nicht von Geburt und Beruf die Gescheiteren, die Tüchtigeren, die Leistungsfähigeren als die Gojim? Die Juden traten nicht als Einzelne, sondern als Volk in die konfessionelle und staatsbürgerliche Gleichberechtigung ein: die Emanzipation war Öffnung der Schranken für den Weg zur Vorherrschaft. Heute steht die Frage auf Volk und auf das Verhältnis von Volk zu Volk, womit das jüdische Problem neu aufgeworfen ist und neu aufgegriffen werden muß — von beiden Seiten her. Es kann nicht auf dem Boden der Humanität, sondern nur von der Wirklichkeit des Volkstums aus gelöst werden. (Vgl. dazu: Seligmann, Geschichte der jüdischen Reformbewegung.) Von der jüdischen Seite her ist es schon in Angriff genommen mit der Bewegung des Zionismus: das jüdische Volk will wieder eigenen Boden, Lebensraum, Staat und eigene Volkssprache gewinnen. Hier sollte die Lösung auch von uns aus gesucht werden: Wir stehen zu den Juden als Volk zu Volk, woraus folgt, daß die Juden in der Zerstreuung, die Juden als Gastvolk in Deutschland nichts anderes sein können als eine nationale Minderheit. Woraus dann die praktischen Folgerungen zu ziehen sind.

Unser „Antisemitismus" geht auf die einfache Formel: Wir wollen in Deutschland keine Vorherrschaft des Judentums, wir wollen Herr im eigenen Hause sein. Von Palästina oder sonstwo aus mag dann das Volk der Juden versuchen, wie es zur Auswirkung seiner Begabung und beanspruchten Überlegenheit, zu seinem Vorrang unter den Völkern, zu der ihm verheißenen Weltherrschaft kommt — das ist dann nicht mehr unmittelbar unsere Angelegenheit. Tillich, der marxistische Judengenosse und säkularisierte Theolog, tritt ein für die Gegner des Zionismus, weil dieser die weltgeschichtliche Aufgabe des Judentums (d. h. den Herrschaftsanspruch über die Völker) gefährde. (Die sozialistische Entscheidung, S. 38.) „Denn durch Israel soll die Einheit des Menschengeschlechts geschaffen werden, auf die alle Geschichte zugeht" (S. 148). Weiterhin: „Eine ‚secessio judaica' würde den Rückfall in die Barbarei und Dämonie einer nur raumgebundenen Existenz bedeuten" (S. 40). Da für Tillich alles Heil von den Juden kommt, fordert er den Bund von Judentum und Christentum gegen die „politische Romantik" (S. 38 f.), d. h. den Nationalismus, der samt dem Blut, der Rasse und dem Geschlecht zum Bereich des „Animalischen" gehöre.

Wenn hier im folgenden Lage und Methode des jüdischen Herrschaftsstrebens geschildert wird, so sei zuvor ausdrücklich bemerkt: diese Darlegungen wenden sich an die eigenen Volksgenossen, nicht an die Juden. Auch dann, wenn wir das Judentum in seiner heutigen Lage zum Deutschtum als parasitär empfinden, erheben wir doch gegen die Juden nicht den Vorwurf, daß sie sind, wie sie nun einmal schicksalsmäßig sind, daß sie tun und lassen, was sie gemäß ihrer Art tun und lassen müssen. Wenn von Schuld, Dummheit und der Schwäche die Rede ist, so gilt der Vorwurf den Deutschen, die an dem heutigen unerträglichen Zustand allenthalben die Hauptschuld tragen. Sie sollen aber die Lage nicht als unentrinnbares Schicksal auf sich nehmen, sondern das jüdische Problem als eine neu aufzugreifende und neu zu lösende Aufgabe an der deutschen Zukunft und Berufung angreifen.

Die Juden sind in der Zerstreuung ein Volk von rund zwölf Millionen Genossen. In Deutschland stellen sie mit rund 600000 Volksgenossen rund ein Prozent der Einwohner des Reiches dar. Diese Zahlen müssen scharf im Auge behalten werden bei Beurteilung des jüdischen Problems. Ohne den Machtrückhalt am Gesamtjudentum wäre die innerdeutsche Machtstellung des Judentums schwer erklärlich. Das jüdische Problem kann nie richtig gesehen werden, wenn man nicht den Zusammenhang der einzelnen jüdischen Gastvölker untereinander, das heißt im internationalen Judenvolk der Welt im Auge hält. Überall ruht die Macht des Judentums auf dieser Doppelstellung, und sie ist vornehmlich durch die Wirtschaft, zumal das Finanzkapital, fundiert.

Die Stärke des Judentums beruht auf seinem inneren Zusammenhalt, auf der gegenseitigen Stützung. Der Jude schreit nicht: „Kauft nur bei Juden", dazu hat er gar keine Veranlassung. Aber die Juden stützen ihre Volksgenossen selbstverständlich und ohne viel Geschrei: sie begünstigen einander bis zur äußersten Grenze, wo eigene Schädigung eintreten könnte. Dazu kommt jene eigenartige Fähigkeit, überall obenauf und vornedran zu sein. Eine Handvoll Juden gibt einem Konzert oder Theater gleich das Gesicht. So stehen sie fast konkurrenzlos überall zum Eindringen bereit, wo sich eine wünschbare Gelegenheit bietet, und wo immer ein Jude eingedrungen ist, wird es ihm zur Aufgabe, möglichst viele Volksgenossen nach sich zu ziehen. Zum Eindringen stehen sie aber überall da gerüstet und bereit, wo eine herrschende Lage vorhanden ist. Das sind die Büros, die Presse, die Parteiführung, die Fachzeitschriften, die Ämter, die Lehrstühle, die wissenschaftlichen Gesellschaften, die leitenden Posten der Politik und der Wirtschaft. Angesichts der Grundtatsache, daß die Juden nur ein Prozent der Einwohner des Deutschen Reiches ausmachen, ist es geradezu niederschmetternd, zu sehen, mit welch hohen Prozentsätzen die Juden überall in den Herrschaftslagen und Kommandohöhen vertreten sind. In den Methoden und Taktiken des Eindringens in Herrschaftslager ist in der Tat der Jude von uns schwer zu erreichen, geschweige denn zu übertreffen: Hierauf gründet sich mit seinen Erfolgen auch sein Überlegenheitsbewußtsein, das Gefühl der Auserwähltheit. Aber man weise uns demgegenüber einmal nach, wo denn der Jude im Dasein des deutschen Volkes, seiner Kultur und Weltanschauung wirklich schöpferisch geworden wäre! Feld seiner schöpferischen Betätigung kann nur sein eigenes Volk sein: Bei uns wirkt er notwendig auflösend und zerstörend: als Element der Dekomposition!

In dieser Zeitschrift haben wir es vorwiegend mit dem Gebiet zu tun, das der Kulturpolitik unmittelbar als Aufgabe gestellt ist. Darauf werden wir uns denn in der Behandlung der Judenfrage auch hauptsächlich beschränken, indem wir von Sach- und Fachkennern das jüdische Problem in den einzelnen Gebieten abhandeln lassen. Heute, wo die Verjudung der Hochschulen schon einen ganz hohen, einen unerträglichen Grad erreicht hat, kann man noch immer den Jammer aus jüdischem Munde von der Zurücksetzung der Juden an den Hochschulen vernehmen. Man schaue daraufhin einmal die jüdischen Gemeindeblätter an! Und wenn in der Vergangenheit einer nicht gleich zu seinem Ziel — etwa einem erstrebten Lehrstuhl — gekommen ist, so klingt nach Jahrzehnten noch Jammer und Klage über Judenzurücksetzung und Judenverfolgung. J. Prinz erlaubt sich in seiner „Jüdischen Geschichte" (S. 268) den Satz, „daß wir immer noch vor der Emanzipation der Juden leben". Was soll noch kommen? Es gibt doch heute schon Lehrstühle (z. B. den Lehrstuhl für Philosophie, Psychologie und Pädagogik an der Handelshochschule Mannheim), die zeit ihres Bestehens nie anders als jüdisch besetzt gewesen sind und geradezu als jüdisches Monopol gelten dürfen.

Es ergibt sich für uns die Notwendigkeit, die Hochschulen zu nationalpolitischen Erziehungsanstalten auszubauen: der Wissenschafts- und Lehrbetrieb der Hochschule wird ein hauptsächlicher Träger nationalpolitischer Erziehung sein[2]. Damit wird auch an der Hochschule das Zeitalter des Liberalismus endlich überwunden. Dazu können wir den jüdischen Professor unmöglich brauchen. Die Juden sollen als nationale Minderheit ihre „Kulturautonomie" aufbauen und mit eigenen Schulen auch eigene Wissenschaft und Hochschule betreiben.

[2] Siehe hierzu: A. Rein, „Die Idee der politischen Hochschule". Hamburg 1933.

60

Ein allererstes Erfordernis in dieser Frage wird sein, was die Juden bis jetzt immer zu verhindern wissen, daß der deutschen Öffentlichkeit einmal Statistiken vorgelegt werden über das Judentum an den Hochschulen, in den einzelnen Wissenschaftszweigen, in den wissenschaftlichen Gesellschaften (Kantgesellschaft!), in den wissenschaftlichen Verlagen, in den Fachzeitschriften, zum Beispiel den juristischen, die so großen Einfluß auf Rechtspolitik und Rechtsprechung bis hinauf zum Reichsgericht haben. Die Statistik muß aber notwendig Herkunft und Versippung mitumfassen, wenn sie aufhellend genug sein soll: Es werden dann den Harmlosen doch wohl endlich die Augen aufgehen. Es muß einmal gelingen, auch hinter die zum Schutz aufgestellten Kulissen zu sehen, zum Beispiel darzustellen, in wie hohem Grad etwa die Frankfurter Zeitung in ihrem „geistigen" Teil ein Organ jüdischer Belange wirklich ist, mit welchen Methoden für die jüdische Herrschaft von den sogenannten „geistigen" oder „kulturellen" Gebieten aus gearbeitet wird. Die Judenschaft ist eine Auflobungsgenossenschaft auf Gegenseitigkeit. Es muß die projüdische Mache der „öffentlichen Meinung" zur Darstellung gebracht werden. Wenn überhaupt ein deutscher Staat aufgebaut werden soll, ist endlich auch auf diesem Gebiet die Abwehr der Gefahr der Zersetzung und der Herrschaft durch das Judentum am Platz: durch die Ausschaltung des Judentums aus den deutschen Herrschaftslagen und seine Zurückweisung auf die Stellung einer nationalen Minderheit, die eins vom Hundert der in Deutschland lebenden Gesamteinwohnerschaft darstellt.

Die Juden in Deutschland haben sich etwas erlaubt — vielmehr von den Deutschen erlaubt bekommen —, was in seiner Art, soweit ich sehe, einzig dasteht. Sie haben seit den Tagen Heines und Börnes einen zersetzenden Antigermanismus entwickeln und durch ihre Organe vertreiben dürfen. In anderen Ländern wäre Entsprechendes undenkbar. Anderwärts, in England und Frankreich, sind die Juden auch in Herrschaftsstellungen eingedrungen. Dort aber haben sie sich auch nationalistisch im Sinne des Wirtsvolkes gegeben. Es ist nicht unsere Aufgabe, zu untersuchen, wie weit die Haltung echt oder nur Maske war. In Deutschland aber haben die Juden allenthalben einen Antinationalismus und Antigermanismus verbreitet; wo immer eine Bewegung gegen die Nation aufkam, standen Juden in der Führung, lieferten sie den Kräften der Auflösung und Zersetzung auch im deutschen Volk die Theorie, die Rechtfertigung, die Begründung. Haß gegen das Deutschtum, seinen Charakter und Aufbau ist ein Grundtrieb im Marxismus. Daß der Klassengegensatz im deutschen Volk zu einem Gegensatz der Weltanschauung vertieft wurde, verdanken wir zum guten Teile den Juden. Die Idee des Friedens ist vom spezifisch jüdischen Pazifismus zum Antigermanismus und Antinationalismus umgefärbt und umgefälscht worden. Eine Nation, die auf sich selbst hält, ein Volk, das zu sich selbst kommen will, das seine Eigenart in seinen Lebensordnungen und seiner Kultur zur Darstellung bringen will, darf diesen Krebs, der unter dem Schutze der „Freiheit" wuchert, auch keinen Tag länger in seinem Körper dulden. Die Juden haben eine andere Art, eine andere Weltanschauung, eine andere Rasse und vor allem eine andere Ehre als wir: sie sollen ihre eigenen Lebensordnungen und ihre eigene Kultur durchbilden — bei uns im

61

Rahmen einer nationalen Minderheit. Aber aus unseren Angelegenheiten sollen sie die Finger weglassen. Da sie nicht mehr geschlossen wohnen und keine eigene Sprache haben, ist die Durchführung dieser Aufgabe erschwert. Dafür tragen sie ihre Rasseprägung unverkennbar an sich: sie sind unter uns ein Fremdkörper und haben ihre Lebensform auf Grund ihrer eigenen Art aufzubauen in möglichst reinlicher Trennung von uns. Die in Deutschland den Antigermanismus erzeugt haben und führen, sollen sich nicht über die deutsche Antwort darauf — den Antisemitismus — beklagen: sie ernten, was sie selbst gesät haben.

Aus:
Ernst Krieck: Die Judenfrage,
in: Volk im Werden, Heft 1/1933, S. 57–63

Dokument 2: Beschluss über die Entziehung des Doktorgrades von Nachum Goldmann.

Der Rektor, Ernst Krieck, am 27. April 1938 an die Dekane der Universität Heidelberg. Am 27. April 1938 wurde Nahum Goldmann der Doktortitel unter Berufung auf die vorher erfolgte Aberkennung der Reichsangehörigkeit entzogen: „Die Gründe, die zur Aberkennung der deutschen Reichsangehörigkeit geführt haben, machen Goldmann auch der Innehabung eines deutschen akademischen Grades unwürdig." So wie Nahum Goldmann erging es 137 ehemaligen Heidelberger Studenten, denen ihre Doktorgrade - auch aus anderen Gründen - aberkannt wurden. Etwa 80% von ihnen waren Juden.

> **Beschluss.**
>
> Dem am 10. Juli 1894 in Wischnewo geborenen Nachum Goldmann wird der am 7. Februar 1920 von der Juristischen Fakultät der Universität Heidelberg verliehene Doktorgrad entzogen. Die Gründe, die zur Aberkennung der deutschen Reichsangehörigkeit (Vgl. Bekanntmachung im Deutschen Reichsanzeiger und im Preussischen Staatsanzeiger vom 11. Juni 1935, Nr. 133) geführt haben, machen Goldmann auch der Innehabung eines deutschen akademischen Grades unwürdig.
>
> Gegen diese Entscheidung steht dem Betreffenden innerhalb eines Monats nach Zustellung oder Eröffnung der Entscheidung die Beschwerde an den Herrn Reichs- und Preussischen Minister für Wissenschaft, Erziehung und Volksbildung in Berlin zu.

Ludwig A. Pongratz

Heinz-Joachim Heydorn – Abstand und Nähe

An Heinz-Joachim Heydorn scheiden sich noch immer die Geister. Das will schon etwas heißen in einer Zeit, in der theoretische Positionen so auswechselbar erscheinen wie Fahrzeuggetriebe. Zwar gibt sich der aktuelle pädagogische Mainstream, der sich im Fahrwasser des Radikalen Konstruktivismus und der Systemtheorie Luhmannscher Provenienz bewegt, gern cool. Denn wo Theorien nur mehr als fiktive Brücken zu praktischen Resultaten begriffen werden, als „Wirklichkeitsfiktionen" (wie der konstruktivistische Terminus lautet), da scheint der Streit um theoretische Positionen eher obsolet. Von Theorien wird nicht mehr verlangt, als „viabel" (also: gangbar oder gängig) zu sein. Alles andere überfordere den Wissenschaftsbetrieb und zeuge von einem „alteuropäischen Denken" (wie Luhmann abschätzig bemerkt), ein Denken also, das sich noch immer in den Bahnen von Aufklärung und Kritik bewegt.

Bei so viel pragmatischer Selbstrücknahme und Coolness pädagogischer Theorie muss die dezidierte Abwehr Heydorns, die ein Mainstream-Pädagoge wie Heinz-Elmar Tenorth an den Tag legt (der übrigens selbst an der Frankfurter Universität von 1979 bis 1991 Erziehungswissenschaft lehrte) denn doch verwundern. Offensichtlich wird Tenorth, der sich seit den 80er Jahren unermüdlich als Protagonist einer systemtheoretischen Abklärung (statt kritischer Aufklärung) profilierte, den Heydornschen Schatten nicht los, der ihm an dieser Hochschule begegnete. Noch 1997 – also fast ein Vierteljahrhundert nach Heydorns Tod – sieht er sich genötigt, der von ihm so bezeichneten „Heydorn-Nachfolge" (womit z. B. meine Darmstädter Kollegen Gernot Koneffke und Peter Euler gemeint sind), die Leviten zu lesen. Er tut dies mit unverhohlener Geringschätzung für den angeblich abgehalfterten Popanz namens „Kritische Bildungstheorie" (vgl. Euler/Pongratz 1995).

Um mehr jedenfalls kann es sich – folgt man Tenorths Invektiven – bei Kritischer Bildungstheorie nicht handeln. Mit ihrer „Rede von den unlösbaren Widersprüchen" (Tenorth 1992, S. 130), so versichert er, betreibe Kritische Bildungstheorie eine „monistische Zuspitzung der pädagogischen Aufgabe" (ebd., S. 130). Der „erhabene Gedanke von den Widersprüchen der Moderne" (ebd., S. 118), so schreibt er weiter, setze „auf Vertagung" (ebd., S. 130) und tauge allenfalls dazu, das Denken zu blockieren (vgl. ebd., S.

130). Natürlich hätte ein kritischer Leser gern gewusst, aus welchen Texten Kritischer Bildungstheorie, die Tenorth mit ironischer Nonchalance abfertigt, er dies alles herausliest. Leider begnügt er sich jedoch zumeist mit einer generalisierten Zitation (z. B.: „Koneffke 1980, 1993; Euler 1995; Euler/Pongratz 1993" – richtig wäre Euler/Pongratz 1995; vgl. Tenorth 1997, S. 977). Vielleicht geht Tenorth davon aus, dass seine Leserschaft sich nicht der Mühe unterzieht, die Texte Kritischer Bildungstheorie daraufhin zu inspizieren, wo denn in ihnen von der Vertagung unlösbare Widersprüche die Rede sein soll, wo die Überlegungen gar monistisch zugespitzt seien. Andernfalls nämlich hätte er seine liebe Not, dies anhand der Quellenlage unter Beweis zu bringen: Angesichts der dialektischen Konstitution Kritischer Bildungstheorie und ihres prozessualen Charakters, in Anbetracht ihrer expliziten Ablehnung geschichtsteleologischer Deutungen und ihrer Insistenz auf dem Primat gesellschaftlicher Praxis schmelzen Tenorths Behauptungen dahin wie Butter in der Sonne.

Unbekümmert um die Triftigkeit seiner eigenen Rede aber lässt er es sich nicht nehmen, den Pappkameraden namens „Kritische Bildungstheorie" für seine Zwecke zurechtzustutzen. Da ist dann von Unmittelbarkeit und Spontaneität, von revolutionärer Umwandlung, von einem personengebundenen Zeugnis oder von Bekehrung (Tenorth 1997, S. 978) in einer Weise die Rede, als handele es sich bei kritischen Theoretikern um eine Art Sekte, die wider besseres Wissen „im Totum des Falschen" (ebd., S. 978) das Ereignis der „Erlösung" (ebd., S. 978) herbeireden möchte. Kritischer Bildungstheorie wird auf diese Weise das unterschoben, was Tenorth am Ende selbst praktiziert: Ein Wunschdenken, das die eigenen Erfindungen mit gehaltvoller Gegenstandsanalyse verwechselt. Entsprechend zimmert er Kritische Bildungstheorie nach eigenem Gusto zurecht: Sie wiege sich in „kapitalismuskritischer Sicherheit" (ebd., S. 980), sie glaube noch immer an die „Vernunft verbürgende Einheit von Begriff und Wirklichkeit" (Rustemeyer 1997, S. 126; zustimmend zitiert bei Tenorth 1997, S. 978), führe andererseits aber „ontologische Unterscheidungen" (ebd., S. 981) – etwa zwischen Erziehung und Bildung – auf eine Weise ein, „dass kein Weg von der einen zu der anderen Welt führe" (ebd., S. 981). Alles in allem legten kritische Theoretiker eine Ignoranz an den Tag, als hätten sie „die Lektüre einschlägiger Texte" (ebd., S. 982) bereits um 1960 aufgegeben. Dabei stellt bereits ein kurzer Blick in einige Grundlagentexte Kritischer Bildungstheorie – etwa Adornos „Theorie der Halbbildung" (zuerst 1959 veröffentlicht), Koneffkes „Integration und Subversion" (von 1969) oder Heydorns „Überleben durch Bildung" (seine letzte Arbeit aus dem Jahr 1974) – klar, dass Tenorths Kritik ein ungenierter Projektionsmechanismus zugrunde liegt: Vielleicht hat er ja selbst die Lektüre der von ihm kritisierten Theoretiker um 1960 aufgegeben. Denn in keinem der von ihm zitierten Texte kritischer Bildungstheorie lässt sich die „Vernunft verbürgende Einheit von Begriff und Wirklichkeit" finden, nirgends die unüberbrückbare Differenz zwischen Erziehung und Bildung – und schon gar keine monistische Zuspitzung der pädagogischen Aufgabe.

1. Leseerfahrungen

Hätte ich mein Studium der Erziehungswissenschaft in den 80er oder 90er Jahren aufgenommen, dann wäre mir Heinz-Joachim Heydorn vermutlich nur als abgeschriebene Fußnote der Pädagogikgeschichte des 20. Jahrhunderts (oder gar nicht) in den Blick geraten. Doch zum Glück kam es anders; und wie es beim Glück häufig so ist, kam ihm der Zufall zu Hilfe: Es war im So-Se 1975. Ein Bielefelder Kommilitone machte mich auf eine Ramschaktion des größten Buchhändlers der Stadt aufmerksam – und auf ein Buch, das ich mir dabei doch unbedingt besorgen sollte: „Zu einer Neufassung des Bildungsbegriffs" von Heinz-Joachim Heydorn. Nie gehört; mal sehen was dran ist...

Ich kam zu spät. Der Rotationsprozess der Kulturindustrie hatte die letzten Exemplare bereits geschluckt. Das ruhmlose Ende des Suhrkamp-Bändchens aber wurde für mich zum Beginn einer intensiven Auseinandersetzung, deren geistige Spuren bis heute nicht zu tilgen sind. Das ist keine Einzelerfahrung. Ich habe später Kollegen kennen gelernt, die, nachdem sie sich einen Weg in Heydorns Denk- und Sprachformen gebahnt hatten, von der Spannweite seines geschichtlichen Horizonts und der Wucht seines kritischen Denkens ebenso getroffen wurden wie ich. Die Unzeitgemäßheit meiner Begegnung mit Heydorn scheint mehr als nur zufällig: Heydorn selbst steht quer zu den gängigen Produktionsformen des Wissenschaftsbetriebs. Unter verlegerischen Gesichtspunkten sind seine Publikationen allemal ein Risiko. So lag das schnelle Ende der „Neufassung" denn auf der Hand: Drei Jahre nach ihrer Erstveröffentlichung und knapp ein Jahr nach dem Tod des Autors selbst wurde Heydorns Arbeit verramscht. Sie landete „im Mülleimer der Verwertungsprozesse" (Heydorn 1979, S. 8), gegen deren nivellierenden Sog der Autor doch zeitlebens gestanden hatte.

Ich musste mir die Arbeit als Kopie besorgen. Und dann begann ein Leseabenteuer, bei dem sich das Glück gefundener Einsicht mit der mühevollen Anstrengung des Begriffs unlöslich verschlang. Die Leseerfahrungen anderer sind identisch: „Wer sich auf Heydorn einlässt, muss wissen, was auf ihn zukommt. Wie er als Autor von sich selbst höchste Konzentration fordert, weil er um das Gewicht des Gegenstandes weiß, so auch vom Leser die Bereitschaft zur produktiven Aneignung" (Christian 1989, S. 37). Belohnt wird die Mühe mit einer Fülle ungewöhnlicher, faszinierender Zugänge zum Problemhorizont von Schule und Bildung. Sie ziehen ihre Sprengkraft aus der intensiven Wiederaneignung von Geschichte, ohne die für Heydorn keine zureichende Ortsvermessung der Gegenwart möglich ist. Heydorn weiß um die

Dynamik historischer Prozesse, die unsere Gegenwart in ihren Bann schlagen. Seine intellektuelle Sensibilität erspürt das inwendige Erzittern einer Moderne, deren Funktionsprozesse im Leeren zu rotieren beginnen. Sie drohen, zukünftige Möglichkeiten menschlicher Selbstverständigung zu unterlaufen. Alle Anstrengung des historischen Begreifens hat für Heydorn daher fraglos den einen Sinn: „[...] das Imperfekt zum Futur zu bringen, das Unbeendete zur Zukunft" (Heydorn 1980 b, S. 161). Der geschichtlich eröffnete Ausblick, die große Aspiration, Menschen in ihre Freiheit zu setzen, soll dem Gedächtnis nicht entfallen. Eben deshalb muss jede Bildungstheorie, die auf der Höhe der Zeit sein will, gleichsam „geschichtlich aufgeladen" sein: Sie speichert und erinnert in ihren Begriffen die Mühsal der historischen Selbstkonstitution der Gattung. Für Heydorn ist Bildungstheorie nichts anderes als der Versuch, die objektiven Voraussetzungen der Epoche ins Bewusstsein zu heben, um die Verhältnisse nach ihrer eigenen Melodie zum Tanzen zu bringen. Das lapidare „Nichts-anderes-als" freilich unterschlägt den dabei tatsächlich zu leistenden intellektuellen Kraftakt: „Um den gegenwärtigen Ort zu bestimmen", schreibt er, „muss die ganze Geschichte eingeholt werden; es gibt keine Entlassung aus der Mühsal" (Heydorn 1979, S. 8).

So wird Heydorns Ortsbestimmung zu einem in der deutschen Nachkriegspädagogik unvergleichlichen Versuch der Neubesinnung über Inhalt und Form von Bildung und Bildungstheorie. Einfühlsam und eindringlich, präzise und luzide zugleich schlägt er den Bogen über die Zeiten, widersteht er der gesichts- und geschichtslosen Vergesslichkeit der Industriegesellschaft. Sie zahlte es ihm auf ihre Weise heim – indem sie ihn vergaß. Insgesamt ist der Eindruck symptomatisch: Heydorn scheint nicht zitierfähig zu sein. Und dies nicht allein aufgrund seiner dezidiert politischen Position; es ist Heydorns Sprache selbst, die sich implizit gegen bruchstückhafte Vereinnahmung wehrt. Dies ist die *zweite Leseerfahrung*, die sich jedem Rezipienten aufdrängt: Heydorns Sprache leistet Widerstand gegen das blinde Abspulen empirischer Fakten und Zahlenreihen. Seine Sprachästhetik, die stets zugleich Verständigung über die eigene individuelle Existenz wie über die geschichtlich-politischen Horizonte der zur Rede stehenden Sache einschließt, hat mit dem dürren Begriffsgeklapper des normalen Wissenschaftsbetriebs nichts gemein. In seiner eigenen konkreten, bildhaften, pointierten Redeweise hält Heydorn über die Restbestände der Sprache des Computerzeitalters Gericht: „Die neue Sprache", schreibt er „‚basic language' aus der Retorte, ist die universelle Sprache des positivistischen Spätkapitalismus, sie kennt nur messbare Relationen, ist innerhalb dieser Relationen evident, wird als Verkehrsordnung antagonistischer Planungsprozesse im Niemandsland angesiedelt. Sie löscht das geschichtliche Bewusstsein, macht es unmöglich, ihre Bedingung zu präzisieren. [...] So viele Worte, so viele Gitter: von Algorithmentheorie bis zur Systemtheorie ist das Arsenal komplett. Hinter dem sprachlichen Instrumentenkoffer, der kein Subjekt-Objekt-Verhältnis als historische Dimension mehr zulässt, verbergen sich die Verwertungsprozesse, rationalisierte Ausweidung wie bei Libbys and Armour auf den Chicagoer Schlachthöfen" (Heydorn 1980 b, S. 160).

Im zeitgenössischen „Schlachthof der Worte" wird Heydorns Sprachform zum inkommensurablen Restbestand, sie wird mit schlechtem Gewissen ausgeschieden. Und dieses schlechte Gewissen gibt sich eine rationalisierte Form: Heydorns Sprache sei zu hermetisch, heißt es dann gern. In solchen Floskeln aber verkehrt sich die Wahrheit über den gegenwärtigen gesellschaftlichen Zustand: Es ist die hermetisch geschlossene Gesellschaft selbst, die die Sprengkraft Heydornscher Kritik zu neutralisieren versucht. Der Versuch aber muss auf lange Sicht gesehen scheitern. Heydorn weiß das nur zu gut. Denn seine Kritik trifft das System nicht von außen, sondern von innen. Dies ist die *dritte Leseerfahrung*, die sich demjenigen, der sich dem Anspruch Heydornscher Reflexion aussetzt, mitteilt: Hier fordert ein Subjekt – bei aller Authentizität seines Sprechens – die notwendige Kritik nicht voluntaristisch ein, sondern entwickelt die Gegenposition aus den gärenden Widersprüchen im Leib der Gesellschaft selbst. Die Wucht der Kritik verdankt sich daher letztlich den bis zum Zerplatzen aufgespannten Widersprüchen unserer eigenen geschichtlichen Situation. Und Heydorns intellektuelle und moralische Leistung liegt in der Unnachgiebigkeit, mit der er den Kampf um Sache und Begriff der Bildung geführt hat. Seine dialektische Reflexion unternimmt den unablässigen Versuch, die limitierenden historischen Bedingungen von Bildung und die mit ihnen zugleich hervorgetriebenen, aber unverwirklichten Möglichkeiten aufeinander zu beziehen. Kritische Bildungstheorie hat für Heydorn diese zentrale Aufgabe: die sich fortschreibenden gesellschaftlichen Widersprüche, in denen Bildung zugleich storniert und vorangetrieben wird, begrifflich zu präzisieren. Die Arbeit an Begriffen aber muss deren innere Differenz aufweisen, „den Vorsprung vor ihnen selbst, den utopischen Gehalt, der in den Begriffen immer schon wirkt" (Koneffke 1980, S. 13). Das ist keine Neuauflage des Hegelschen Bildungsidealismus; kein Weltgeist verbürgt hier den Sinn von Geschichte. Doch verweist die reale Menschheitsgeschichte „auf einen unerledigten Vorgang: Der Mensch ist in ihr als Totum schon da, aber nur in der Form der Tragödie, sein Aufstieg hängt ganz noch im Untergang" (Heydorn 1980 a, S. 184). Wo immer aber Bildung – und sei es nur anfänglich – diese Zerrissenheit in die Helle des Bewusstseins hebt, da ist die Frage nach der Wahrheit des Menschen gestellt. Und diese Wahrheit fordert die Tat. Denn was heißt hier Wahrheit? Heydorn sagt es knapp und klar: „Sie ist der Inbegriff gesellschaftlicher Entscheidungen, denen der Mensch um seiner eigenen Verwirklichung willen nicht ausweichen darf" (ebd., S. 189). Allein im risikoreichen, von kritischer Reflexion geleiteten Handeln setzt sich der Mensch über seine verhängte Grenze.

Es ist dieser politisch-praktische Impuls, der traditioneller pädagogischer Theorie vermutlich nicht minder suspekt erscheint wie die Schärfe dialektischer Begriffsbildung. Denn Heydorn versteht sich als intellektueller Waffenschmied. Er will das begriffliche Instrumentarium der Pädagogik zurüsten, um eine Bresche in die Mauer gesellschaftlicher Immanenz zu schlagen; er schlägt sich für die zukünftigen Möglichkeiten der Menschen, um die schon hier und heute der Kampf zu führen ist. Und er weiß besser als alle professionellen Bildungsphilister, was Bildung ihrem eigenen Anspruch nach heute sein muss: „Bildung", schreibt er, „ist mehr denn je eine Waffe. Sie wird nicht genutzt, wenn man auf dem Boden des Vorgegebenen bleibt, man findet sich als Handlanger wieder" (Heydorn 1980 b, S. 151).

Keine kritische Bildung kann dieses transzendierende Moment aus sich entlassen. Die Aussichten aber, die die bildungstheoretische Reflexion entbindet, fügen sich nicht sogleich wieder ins Muster irgendeiner emanzipatorischen Strategie. Im Gegenteil: Der angestrengte Versuch, gegen die Paralysierung des Bewusstseins emanzipatorische Strategien in Umlauf zu bringen, gründet nur allzu oft auf voluntaristischen Missverständnissen. Unversehens schlägt der Versuch, historische Prozesse für die eigenen – seien sie noch so gut gemeinten – Ziele zu instrumentalisieren, in die Herrschaftsformen zurück, die er zu bekämpfen verspricht. Da hilft auch keine Sprachakrobatik mit emanzipatorischem Vokabular. Heydorn sieht schon sehr früh mit aller Klarheit, wie in den Rationalisierungsprozessen der Bildungsreform der 70er Jahre „die Vokabel der Emanzipation [...] zur negativen Utopie" (ebd. S. 149) verkommt. Und „wie in vielem besorgt auch hier eine bildungslose Linke die Geschäfte des Kapitalismus mit" (ebd. S. 101). Solche Sätze bleiben für einen Zeitgeist, wie er die damalige Reformeuphorie beseelte, gänzlich unverdaulich. Wer sie aussprach riskierte, zwischen allen Stühlen zu sitzen. Genau damit aber ist *eine weitere Leseerfahrung* verbunden: Es ist die Erfahrung der Unbeugsamkeit des kritischen Urteils, das seinen Wahrheitsgehalt oft erst Jahrzehnte später freigibt. An der Kritik der Gesamtschuldebatte der 60er und frühen 70er Jahre demonstriert Heydorn diese Unbeugsamkeit. Statt ins Loblied progressiver Pädagogen über die Gesamtschulreform einzustimmen, stellt er mit ernüchterndem Unterton klar: „Es handelt sich um einen Schultyp des fortgeschrittenen kapitalistischen Marktes; die Terminologie ist international einheitlich und amerikanischen Ursprungs" (ebd. S. 275). Zwar wird die alte, aufklärerische Egalitätsforderung in diesem neuen Schultyp der Form nach energisch weiter getrieben, aber doch nur, um das unverwirklichte Gleichheits- und Freiheitspostulat dem Inhalt nach zu liquidieren. Denn „der kapitalistische Supermarkt, auf den sich die Bildung hin entwickelt, braucht keine Diener des Geistes, sondern Leute, die die Kasse reparieren können" (ebd. S. 121 f.). So erweist sich für Heydorn die eingeforderte Gesamtschule zu guter Letzt als ein Modell, das zwar „die Einheitsschule in seinem Leibe" trägt, aber „nicht austragen" (ebd. S. 276) kann. Doch liegen diese Gedankenschneisen quer zu den etablierten Grenzmarkierungen von links und rechts, konservativ und progressiv.

Wo gibt es das schon: die bohrende Unruhe eines kritischen Denkens, das um seine eigene Fehlbarkeit und Zerbrechlichkeit weiß; die Geradlinigkeit eines Lebens, das sich in Brüchen und Neuanfängen fortschreibt. Heydorns theoretische Entwürfe sind etwas gänzlich anderes als akademische Pflichtübungen; und Heydorns Leben ist mehr als eine Professorenkarriere.

2. Biographische Notizen

Einige wichtige Daten, Ereignisse und Entscheidungen in Heydorns Leben seien hier in Kürze in Erinnerung gerufen: Heinz-Joachim Heydorn wird am 14. Juni 1916 in Hamburg-Altona geboren. Er entstammt dem liberalen Bürgertum Hamburgs. Sein Aufwachsen und Reifen, seine Selbstfindung ist aufs engste verbunden mit der Zerrissenheit der Zeit, mit den Widersprüchen der Weimarer Republik, mit der Überwältigung durch den deutschen Zusammenbruch des Jahres 1933. In diesem Jahr tritt er (noch als Schüler) der Bekennenden Kirche in Altona bei, ein Signal des Einspruchs, des Widerspruchs. Nach dem Abitur nimmt er im Wintersemester 1935/36 ein Studium der Philosophie an der Hamburger Universität auf, doch kommt ihm der nach Hitlers Machtergreifung verbliebene Rest von Universitätslehrern eher kümmerlich vor. „Seine Lehrer waren zunächst die Toten, die Großen des deutschen Idealismus, dann die des 19. Jahrhunderts: Kierkegaard, Schopenhauer, Nietzsche, Bahnsen" (Koneffke 1980, S. 8). 1938 unterbricht er das Studium, um als Deutschlehrer nach England zu gehen. Eine schwere Erkrankung des Vaters lässt ihn nach Hamburg zurückkehren. Dort überrascht ihn der Kriegsausbruch; er wird unmittelbar eingezogen und zum Nachrichtenwesen des Heeres als Übersetzer für chinesische Sendungen überstellt (denn neben Philosophie und Anglistik hatte er auch das Studium der Sinologie aufgenommen). Auf dem Weg zur Westfront desertiert Heydorn 1944 in Frankreich. Er wird von einem Kriegsgericht in Abwesenheit zum Tode verurteilt, hält sich bei französischen Bauern versteckt. Als die alliierten Truppen vorstoßen, stellt er sich den britischen Truppen.

Gleich nach der Entlassung aus der Kriegsgefangenschaft im September 1945 schließt er sich in Hamburg der SPD an. Er nimmt sein Studium der Philosophie wieder auf, setzt sich vor allem mit der politischen Philosophie Leonard Nelsons auseinander, wird 1946 zum Mitbegründer und ersten Vorsitzenden des Sozialistischen Deutschen Studentenbundes (SDS). Er wird zum Abgeordneten der Hamburger Bürgerschaft gewählt. Eine Laufbahn als Berufspolitiker liegt nahe, eine Kandidatur für den Bundestag. Aber eine Stimme fehlt zum Erfolg. Der Lebensweg nimmt eine Wende. Zwar bleibt Heydorn zeitlebens ein politischer Kopf, doch führt ihm sein Weg nun ganz in die Wissenschaft: Er übernimmt 1950 eine Dozentur an der Pädagogischen Hochschule in Kiel. 1952 wird er an das pädagogische Institut in Jugenheim berufen, eine Bildungsstätte für Grund-, Volks- und Mittelschullehrer in Hessen. Mit der Verlagerung des Jugenheimer Instituts an die Universität Frankfurt übernimmt er von 1961 bis 1963 als gewählter Präsident der „Hochschule für Erziehung" deren Leitung. Als Hochschullehrer entfaltet Heydorn eine Lehre und Forschung mit eigener, unverwechselbarer Prägnanz und Ausdruckskraft. Es entstehen die philosophischen, politischen und pädagogischen Schriften, aber auch die Lyrik, die vermutlich nur wenige kennen. Seine beiden Hauptschriften, „Über den Widerspruch von Bildung und Herrschaft" (1970) und „Zu einer Neufassung des Bildungsbegriffs" (1972) entstehen; sie sind gleichsam gegen den Strom geschrieben. Mit ihnen liegen bildungstheoretische Entwürfe vor, deren theoretische Tiefe und Sprachkraft bis heute nachwirkt.

Die eigentliche Zäsur dieser Jahre aber findet sich im politischen Feld: Heydorn wird 1961 zusammen mit anderen Sozialisten wie Wolfgang Abendroth oder Ossip K. Flechtheim aus der SPD ausgeschlossen. Dieser Parteiausschluss ist die letzten Konsequenz einer langen Entwicklung – nicht nur Heydorns, sondern auch der SPD, die sich ins restaurative Nachkriegsdeutschland zu integrieren sucht. Nach der politischen Wende des Godesberger Parteitags bleibt für kompromisslose Positionen, wie sie der SDS zu formulieren versuchte, wenig Platz. Heydorn gründet mit politischen Freunden einen Förderverband für den SDS. Damit ist für die SPD das Maß voll: die Partei fasst einen Unvereinbarkeitsbeschluss mit dem SDS (samt seinem Förderverband). Heydorns parteipolitisches Schicksal ist damit besiegelt, sein politisches Engagement aber gewinnt umso mehr Profil. Er findet sich als kritischer Begleiter der neuen Bewegungen wieder, die Ende der 60er Jahre die Republik in Unruhe stürzen. „Wie wenige", so schreibt sein Weggefährte Koneffke, „spürt er das leise Beben des Leviathan, des Kolosses auf seinen tönernen Stützen im Mai 68, wie wenige leidet er unter der Zersetzung der Rationalität, der die Studentenbewegung nach dem vergeblichen Kampf gegen die Notstandsgesetzgebung, fast unmerklich zunächst, dann immer rapider, verfällt" (Koneffke, S. 17 f.).

1973 trägt der philosophische Fachbereich der Frankfurter Universität Heydorn die Zweitmitgliedschaft an. Es entstehen Pläne für ein gemeinsames Seminar mit Peter Bulthaup im WS 1994/95. Doch kann Heydorn dieses Seminar nicht mehr zu Ende führen: Er stirbt am 15. Dezember 1974 an Herzversagen.

3. Knechtschaft und Freiheit

Heydorns Werk widersetzt sich allen Formen thesenhafter Bearbeitung; es lässt sich nicht in Kurzformeln konzentrieren, ohne Missverständnisse zu provozieren. Jenseits ihres materialen historischen Gehalts verfangen sich

Sätze wie: „Bewusstsein ist alles" (Heydorn 1980 b, S. 301) blindlings in den Fallstricken des Bildungsidealismus. Dennoch lässt Heydorn seinen späten programmatischen Aufsatz „Überleben durch Bildung" (ebd., S. 282 ff.) in diesem Satz wie in einem Aufbruchsignal gipfeln. Schon der Titel des Aufsatzes setzt ein Zeichen: Tatsächlich gewinnt das Problem der Bildung heute eine kaum abschätzbare Tragweite. Die Überlebenshoffnungen der Menschheit hängen am gesellschaftlich realisierten Niveau von Bildung. Bildung fällt die unersetzliche Aufgabe zu, den „Umriss einer Aussicht" fassbar werden zu lassen, wie der Untertitel des Aufsatzes lautet. Eben dazu braucht es die Helle des Bewusstseins. Im Satz „Bewusstsein ist alles" ist dieser Anspruch kritischer Rationalität gebündelt. Als Quintessenz einer idealistischen Bildungsphilosophie wäre er gründlich missverstanden. Denn so sehr Bewusstsein alles ist, weil ohne dieses Bewusstsein alle Bildung zunichte wäre, so sehr bleibt dieses Bewusstsein auf sein Anderes verwiesen, auf die widerständigen Prozeduren gesellschaftlicher Praxis. „Imago und Realität", schreibt Heydorn, „sind unversöhnt. Aber der Mensch soll Verhängtsein hinter sich lassen, das Licht wahrhaft erfahren, das in ihm ist, sinnlich, greifbar, als verwandelte Welt" (Heydorn 1979, 337). So ist Bildung ihrem ureigensten Selbstverständnis nach Aufklärung, darin untrennbar der Freiheit und Rationalität der Menschen verbunden. Damit sind zugleich die Prämissen umrissen, ohne die jegliche kritische Bildungstheorie ihre Substanz verlöre: „dass die Menschen vernunftfähige Wesen und als solche zur Freiheit bestimmt sind, dass in diesem Wesen der Anspruch der Menschen auf universelle Verwirklichung begründet liegt, dass die Menschen um diese Prämissen und deren Festigkeit auch wissen und dieses Selbstbewusstsein angesichts der Verhältnisse keine Ruhe lässt" (Koneffke 1980, S. 26).

Es ist zunächst der Zwang des puren Überlebens, der Einspruch gegen die blinde Auslieferung an eine übermächtige, bedrohliche Natur, mit dem der Mensch seiner selbst habhaft zu werden beginnt. Der Mensch fasst sich inmitten der Determination, der er noch lange ausgeliefert bleibt. Selbst wo er um seine eigene Unbedingtheit und Freiheit weiß, verschwindet die Determination nicht einfach. Vielmehr wächst sie „ununterbrochen an, gewinnt den Charakter unübersehbarer Wucherungen, dringt in alle Ritzen," schreibt Heydorn, „aber es ist diese Bedingung, unter der die Bildung ihre historische Mächtigkeit gewinnt, ein durch die Geschichte auch inhaltlich bestimmtes Bewusstsein, das sie freizusetzen hat" (ebd. S. 16). Bildung hat demnach einen langen, steinigen Weg zurückzulegen; kein plötzlicher Sprung führt daraus ins Reich der Freiheit. Das unter aller Zerrissenheit vorscheinende Glück will erst noch errungen werden; Bildung ist mithin Arbeit, ist konkrete Auseinandersetzung mit den bedrückenden Bedingungen der individuellen und gesellschaftlichen Existenz. Die im Bildungsprozess eingeforderte Rationalität findet sich daher notwendig verwiesen auf ihr Anderes: auf das Naturwesen Mensch und dessen materielle Welt. „Der entscheidende Weg zur Mündigkeit wird über die Auseinandersetzung des Menschen mit der Natur geöffnet" (Heydorn 1980 b, S. 104). Vernunft und Natur, Freiheit und Knechtschaft, Bildung und gesellschaftliche Herrschaft bleiben im Gang der Menschheitsgeschichte widersprüchlich verkoppelt. Der Widerspruch treibt sich selbst fort, er wird in stets neuen geschichtlichen Formen und Inhalten des Kampfes um Mündigkeit fassbar.

Gleichwohl wirft dieser Kampf um Mündigkeit einen langen Schatten. Denn der intensive Versuch, „den Naturzwang zu brechen, indem Natur gebrochen wird", so schreiben Horkheimer und Adorno in der „Dialektik der Aufklärung", „gerät nur um so tiefer in den Naturzwang" (Horkheimer/ Adorno 1969, S. 15) hinein. Erst in unseren Tagen kommt nachdrücklich zu Bewusstsein, dass die Emanzipation von der Natur einen durchaus widersprüchlichen Prozess in Gang setzt, dem nicht nur die Natur, sondern auch die Subjekte rationaler Naturbeherrschung zum Opfer zu fallen drohen. Gerade deshalb gehört die „Dialektik der Aufklärung" zu den Schlüsseltexten unserer Epoche. Er rückt eindringlich in den Blick, dass alle Versuche des Subjekts, den Naturzwang zu brechen, vor der Natur im Menschen selbst nicht halt machen. Das Subjekt erkauft seine Herrschaft über die äußere Natur durch Entsagung, durch zunehmende Unterdrückung seiner inneren Natur. Dieser Selbstübergriff aber, der Kern aller zivilisatorischen Rationalität, ist zugleich die Zelle fortwuchernder Irrationalität. Heydorns Perspektive, dass der Prozess fortgesetzter Naturbeherrschung das Gegenüber des Menschen „aus seiner magischen Verstrickung erlöse", umreißt so gesehen nur die halbe Wahrheit. Und Heydorn weiß das selbst. Die Kehrseite dieser Perspektive lautet, dass die besinnungslos gewordene Aufklärung stets in Gefahr steht, in Mythologie zurückzuschlagen (vgl. Horkheimer/Adorno 1969, S. 27).

Die bürgerliche Aussicht auf die Fülle menschlicher Lebensführung, Universalität, bleibt daher tief in sich zerrissen. Denn die universelle Herrschaft, die das Bürgertum sich anschickt anzutreten, gebiert die universelle Knechtschaft, das universelle Bedlam, wie Evers auf der Höhe des Neuhumanismus weitsichtig formuliert (vgl. Heydorn 1980 b, S. 118). Die wachsende Masse des Industrieproletariats jedenfalls hat mit neuhumanistischer Bildung nichts zu schaffen. Die harmonische Entfaltung aller Kräfte bleibt unerfülltes Postulat, konterkariert von der realen Disharmonie zwischen einer Produktionsbildung, die auf bloße Verwertbarkeit abzielt, und einer ästhetischen Bildung, die sich im Elysium des griechischen Menschen verliert. „Ästhetische Befreiung wird Selbstvergiftung, das schöpferische Bewusstsein zur todesverhafteten Größe, der Mensch kehrt nur als Gespenst zu sich zurück" (ebd. S. 118). Das neuhumanistische Bildungsideal wird unter den Bedingungen sich verschärfender gesellschaftlicher Widersprüche zugleich antiquarisch und elitär. Der Prozess des sich fortschreibenden Widerspruchs von Knechtschaft und Freiheit fordert seinen Preis: Er macht es unmöglich,

Ziele, Inhalte, Verfahrensweisen oder Institutionalformen von Bildung gleichsam sakrosankt zu kanonisieren. Wer sie konserviert, wird konservativ.

Aus diesem Grund setzt Heydorn „der Bildung keine Ziele, die der auf den Begriff gebrachte Gesellschaftsprozess nicht schon enthält und erkennbar macht; sie liegen, als geschichtliche Konkretionen der Freiheit, der Kritik selber zugrunde, mit der die Bildungstheorie die Aufdeckung der Widersprüche betreibt" (Koneffke 1981, S. 165). Wer also unter den aktuellen gesellschaftlichen Verhältnissen die Idee von Bildung neu umreißen will, steht vor einer doppelten Aufgabe: Nicht nur hat er die Geschichte des Widerspruchs von Bildung und Herrschaft für unsere Gegenwart einzuholen, sondern er muss zugleich eine hinreichende soziale Zeitdiagnose leisten. Denn was Bildung heute heißen kann, bestimmt sich nicht zuletzt aus der Kenntnis der gesellschaftlichen Produktions- und Verwertungsprozesse, aus der Höhe des erreichten Niveaus gesellschaftlicher Rationalität, aus den objektiv entwickelten und vorenthaltenen Möglichkeiten menschlicher Lebensführung, aus den Widerstandspotentialen im sozialen System. Von hier aus muss die Aufgabe der Bildung heute umrissen werden.

Zunächst bleibt festzuhalten: „Die Entwicklung der Produktivkräfte ist weit vorangeschritten, aber das Bewusstsein hat diese Entwicklung nicht erreicht. Bildung könnte ins Freie gelangen nach Beseitigung einer elementaren Not, aber sie bleibt ohne Perspektive [...] Es kommt darauf an, den Hinweis auf eine Bildung zu geben, die ihre materielle Basis als Freiheitsausgang erkennt" (Heydorn 1979, S. 322). Doch sieht sie sich dabei neuen, ungeahnten Bedrohungen ausgesetzt. Sie gären im Leib der Gesellschaft. Der wachsenden materiellen Reife entspricht eine bisher unbekannte Paralysierung des Bewusstseins. Und die moderne Schule, der Superkomplex von business education, spielt bei der allgemeinen Enteignung des Bewusstseins ihren eigenen, unverzichtbaren Part: „Die Denkfabrik des pauperisierten Menschen ist aufgebaut, die Planungsboys arbeiten unermüdlich, schleppen die Inhalte unseres Unterbewusstseins in ihre Umsatzproduktion. Alle Unmittelbarkeit wird manipuliert. Die res extensa frisst die res cogitans, aber nicht spinozistisch, als Koinzidenz von Gott, Vernunft und Materie, sondern als Müllhaufen" (ebd. S. 326). Darin findet der Widerspruch von Knechtschaft und Freiheit seine zeitgemäße Form; er wird auf künstlicher Stufe in die Menschen hineinverlagert, um ihre Deformation auf Dauer zu stellen. Die schulische Institution selbst aber bleibt unangetastet. Die alten Versuche, eine Tür in die Mauern der Institution zu schlagen, sind längst funktionalistisch integriert. „Sinnlos, Lebensnähe zu fordern", schreibt Heydorn; „der Kapitalismus verbürgt Lebensnähe, hebt Wohlstand, schließlich auch Lehrergehälter [...] Sinnlos, Eignung für Produktion zu verlangen; das wird besorgt. Die monopolisierte Industrie kann Produktionseignung besser vermitteln als jede Schule; von daher gesehen könnte man die Schule abschaffen, ein paar Techniken ausgenommen [...] Polytechnik wird integriert, zur leeren, eman-

zipatorischen Hülse, der die Realität davongelaufen ist. Der Vorstoß muss an einer anderen Stelle einsetzen, muss von der erkannten Wirklichkeit ausgehen. Es geht um den Gegenschlag des Bewusstseins" (ebd. 327).
Dieser Gegenschlag aber muss seine Kraft aus der Institution selbst holen. Tatsächlich unterwirft die moderne Gesellschaft eine ständig wachsende Zahl von Menschen einem institutionalisierten Bildungsprozess. Mit ihm sucht die Gesellschaft ihren Bedürfnissen planend zu dienen. Gleichzeitig damit rückt sie den Bildungsprozess zusehends unter den Begriff der Verwertung. Der umfassende Verwertungscharakter von Bildung, womit in Wahrheit nur noch Ausbildung für Verwertungsprozesse gemeint ist, verstümmelt zwar ihren Begriff. Doch kann er nicht verhindern, dass gerade jetzt die Gefahr objektiv zunimmt, dass die Subjekte aus der Summe ihrer Funktionen hervortreten, um sich selbst zu bestimmen. Denn die technologische Gesellschaft akkumuliert unaufhörlich Rationalität, die sich als Mittel menschlicher Befreiung anbietet. Dazu aber müsste Rationalität in unverstümmelter Form entbunden werden. „Die formale Rationalität kann zur inhaltlichen, die partielle zur universellen werden. Man kann eine geschlossene Tür einschlagen" (ebd. S. 313). Und die Risse im Mauerwerk sind für Heydorn schon sichtbar. Es ist die Vision einer humanisierten, nicht instrumentalisierten polytechnischen Bildung (oder eines polytechnischen Humanismus), die die Kritik der herrschaftlichen Verfassung von Bildung nährt.

4. Form und Inhalt

Heydorns Vision einer Bildung, die die großen Bildungsentwürfe des Realismus und Humanismus verwandelt mitnimmt, mag den Bildungsforschern unserer Tage – den „Planungsboys", wie er sie nennt – abhanden gekommen sein. Gleichwohl handelt es sich um kein Wolkenkuckucksheim. Denn „Bildung", so schreibt er, „hat die Humanisierung der Welt über ihre konkreten Gebilde zu vollziehen, über vorgefundene Größen; sie hat mit den realen Kräften zu rechnen, innerhalb derer sich die Vernunft gewinnen soll" (ebd. S. 167). Und diese Kräfte sind in den Produktions- und Reproduktionsprozessen der Gesellschaft am Werk; sie wälzen beständig deren Basis um, damit die Formen von Bildung allmählich für den überschießenden Inhalt reif werden. Die historischen Bedingungen – zumal der Anfangszeit der bürgerlichen Welt – decken beileibe nicht den Inhalt ab, der sich im Begriff der Bildung ausspricht. So muss die frühbürgerliche Theorie zunächst auf eigenes Risiko die Abgründe der Geschichte überspringen, muss der Realität zeitweilig weit vorauseilen, um der Universalität des Bildungsanspruchs gerecht zu werden. An Comenius lässt sich dieses utopische Moment anschaulich zeigen: „Die chiliastische Zusage hilft, über den Abgrund der Geschichte zu kommen [...]" (ebd. S. 199). Sie ist notwendiger Bestandteil der comenianischen Hoffnung, dass am Abend der Welt ein Licht aufgehe, wie es in der „Pampaedia" heißt. Doch ist dieses Licht schon jetzt allen zugesagt; es ist wirklich. Eben deshalb macht Comenius mit seinen Forderungen ernst: Er entwirft ein Einheitsschulsystem, dessen Verwirklichung nicht für den Sankt Nimmerleinstag bestimmt ist, sondern für seine eigene Zeit. Doch gibt seine Zeit die Bedingungen zur Realisation nicht her: Die zur Verfügung stehende Form kann den Inhalt nicht fassen. Also muss sie ihm in mühevollen historischen Schritten nachwachsen.

Erst mit dem Beginn der großen Industrie reifen die geschichtlichen Bedingungen für ein Einheitsschulwesen, wie es Comenius vorgeschwebt haben mag. Humboldts Entwurf eines einheitlich gegliederten Schulsystems hat, so gesehen, den materialen historischen Prozess auf seiner Seite. Der immense ökonomische Schub, der den Ausbau des Bildungssystems im 19. Jahrhundert vorantreibt, bestätigt dies auf Schritt und Tritt. Doch gerade dort, wo die formalen und ökonomischen Bedingungen der inhaltlichen Bestimmung von Allgemeinbildung entgegenwachsen, zerschlägt das Bürgertum die einheitlich konzipierte Form, reißt einen tiefen Graben zwischen Elementarschulwesen und gymnasialer Bildung auf. Die Dichotomie des Bildungssystems soll helfen, den Klassencharakter der Bildung abzusichern. Allerdings wird diese Teilung in dem Moment historisch überfällig, wo das Bürgertum in Agonie versinkt. „Mit der Liquidation der alten bürgerlichen Klasse, ihrem Untergang in die monopolkapitalistische Entwicklung, entfällt auch der Restbestand von Bildung; ihre Legitimationsfunktion wird zudem überflüssig" (Heydorn 1980 b, S. 289). Was bleibt, ist urwaldhaft fortwuchernder Kapitalismus, ein allgemeines Nivellement in der Entfremdung: „Ungleichheit für alle" (Heydorn 1980 a, S. 272).

Bildung wird uneingeschränkt unter den Aspekt der Verwertung gerückt; eine rationellere industrielle Mobilisierung kündigt sich an. Es wird klar, dass die technologische Gesellschaft partielle, funktionsbezogene Rationalität massenhaft vermitteln muss, dass sie niemanden von dieser Vermittlung ausschließen darf. Das ist die Geburtsstunde der Gesamtschule. Die universale, allgemeine Form der Bildungsinstitution, um die Comenius und Humboldt den Kampf führten, bereitet sich vor. Doch liegt der Egalität des neuen Bildungsverständnisses die Allgemeinheit in der Entfremdung zugrunde. Reichte ehedem die beschränkte Form nicht zu, um dem universellen Bildungsanspruch Raum zu schaffen, so storniert die Bildungsreform der späten 60er und frühen 70er Jahre die Möglichkeit universeller Bildung über die Ausdünnung der Inhalte. Die Allgemeinheit des zeitgenössischen Bildungsverständnisses, schreibt Heydorn, enthält eine doppelte Notwendigkeit: „den Menschen für die Revolutionierung der Produktionskräfte zuzurüsten und die Revolutionierung seines Bewusstseins zu verhindern" (Heydorn 1980 b, S. 291). Beide Momente analysiert Heydorn akribisch an den bestimmenden Dokumenten der Bildungsreform der Nachkriegszeit (vgl. Heydorn 1979,

272 ff.). Es zeigt sich: Form und Inhalt des Bildungsprozesses klaffen weiterhin auseinander, diesmal jedoch aufgrund einer verkrüppelten Inhaltlichkeit, der der kritische Stachel des Vernunftanspruchs gezogen wurde. Zwar vertraut Heydorn darauf, dass der universellen Form moderner Bildungsinstitutionen die Universalität kritischer Bildung zuwachsen könne. Von selbst jedoch geschieht dies nicht. „Ein Bildungskonzept ist nur so weit progressiv, als die Kräfte, die es vertreten, zugleich einen direkten Kampf um die Veränderung der Gesellschaft führen. Nur damit werden die Möglichkeiten der Bildung aktualisiert [...]" (Heydorn 1980 b, S. 109). Bildung ist keine List der Vernunft, die die Menschheit auf Schleichwegen zum Ziel führt. Und nichts schützt davor, in historischen Sackgassen zu enden. Dass der Widerspruch von Bildung und Herrschaft in den Bildungsinstitutionen tatsächlich eine eigene Sprengkraft entfalten kann, bestätigten die Schüler- und Studentenunruhen der späten 60er Jahre eindrucksvoll. Die schleichende Verödung von Bildungseinrichtungen in den letzten beiden Jahrzehnten hingegen weckt Zweifel, ob die Zuspitzung des Widerspruchs von Bildung und Herrschaft die Institutionen allgemeiner Bildung auch weiterhin an- und umtreibt. Zumindest wäre zu fragen, ob sich die Ausdrucksformen dieses Widerspruchs nicht institutionell verschieben, um in anderen Feldern in neuer Weise in Erscheinung zu treten. Heydorn selbst erwägt diese Möglichkeit durchaus: „Wesentliche Aufgaben der Ausbildung und Forschung", so gibt er zu bedenken, „können vom Monopolkapitalismus unmittelbar und durchaus rationeller übernommen werden. Damit wird eine neue Tendenz erkennbar, mit der die Institution entleert [...] wird" (ebd. S. 150). Diese Tendenz scheint sich zu verstärken. Die Schule wird zum Babysitter der Nation, zur überdimensionalen Bewahranstalt, „zu einer Art Wildpark mit ‚do it yourself' und verfrühter Libido" (ebd. S. 151), wie es bei Heydorn heißt. Der Widerspruch von Bildung und Herrschaft wird auf diese Weise unterlaufen, still gestellt, verschoben, um möglicherweise an anderer Stelle – etwa im System der Berufs- oder Weiterbildung – erneut aufzutauchen.

Dennoch hält Heydorn daran fest: Soll Bildung heute auf den Weg gebracht werden, so wird es darauf ankommen, das formal sich entwickelnde Einheitsschulwesen mit seinem adäquaten Inhalt zu füllen. Adäquat aber heißt hier: die partielle, zerrissene, zu Zwecken bloßer Verwertbarkeit reduzierte Vernunft über sich hinauszuführen. Denn wo Rationalität ist, ist Differenz, ist die Möglichkeit einer großen Bezweiflung (nicht zuletzt der instrumentalisierten Vernunft selbst). Kritischer Bildung bleibt es aufgegeben, aus der realisierten technologischen Rationalität die humane herauszuarbeiten. Doch fasst Heydorns Diktum, „die humane Rationalität [sei] auf die Höhe der technischen" (Heydorn 1980 a, S. 310) zu bringen, diesen Zusammenhang noch nicht präzise genug. Denn es geht nicht um die Angleichung unterschiedlicher Rationalitätsniveaus, sondern um die Entfaltung der inneren Differenz von Rationalität, die im Prozess gesellschaftlicher Technologisierung schon enthalten ist (vgl. Euler 1999). Diese Entfaltung aber überschreitet den herrschenden gesellschaftlichen Status quo. Das System der modernen Industriegesellschaft weiß um diese Verwundbarkeit. Eben deshalb versucht es, technologische Rationalität mit allen Mitteln systemgerecht abzusichern, um sie gleichsam vor ihrem eigenen Reflexivwerden zu schützen.

Als Hauptmittel dieser Selbstverstümmelung der Vernunft nimmt Heydorn den neopositivistischen Wissenschaftsbegriff mitsamt seien behavioristischen Spielarten ins Visier. Der Positivismusstreit der 60er Jahre markiert dabei den Horizont der Kritik. Dieser aber hat sich inzwischen verändert. Selbst die Rationalitätsstandards des Kritischen Rationalismus sind mittlerweile vom gesellschaftlichen Inflationsprozess der Vernunft korrumpiert. Hinter dem erkenntnistheoretischen Relativismus (vgl. Pongratz 2004 a) von Systemtheorie und Konstruktivismus macht sich ein Sozialbiologismus breit, der das handelsübliche „survival of the fittest" als „bessere Anpassung der jeweiligen Wirklichkeitsfiktion" (Watzlawick 1992, S. 99) neu aufpoliert. Der Wahrheitsanspruch demissioniert. Erkenntnis löst sich auf in „rationalistische Illusionen"; „hinter ihnen gibt es nur das Nichts", schreibt Heydorn (Heydorn 1979, S. 291). Gegenüber einer Wirklichkeit, deren Zusammenhang der Begreifbarkeit entzogen ist, soll auch das Subjekt sich nicht mehr als Einheit erfahren und fassen können: „Es wird sich zum Bündel von Bedürfnissen, Funktionen und Qualifikationen" (Koneffke 1981, S. 187).

Diese Funktionalisierung demonstriert Heydorn an der Bildungsreform der späten 60er Jahre. Die Taylorisierung des Bildungsprozesses, dem diese Reform zuarbeitete, dürfte mit dem Übergang zur postfordistischen Ökonomie ihr innovatives Potential eingebüßt haben. Die neuesten, gouvernemental verfassten Herrschaftspraktiken allerdings, die allesamt die „freiwillige Selbstkontrolle" des Subjekts propagieren (vgl. Pongratz 2004 b), restituieren und intensivieren den Widerspruch von Bildung und Herrschaft, an dem das bürgerliche Subjekt seit jeher laborierte. Sie transformieren seine Ausdrucksgestalten, ohne ihn wirklich aufheben zu können. Daher ist Skepsis am Platz gegenüber der Freiheitsrhetorik, mit der sich die aktuelle neoliberale Restrukturierung des Bildungswesens in Szene setzt.

5. Falsche Versprechungen

Die PISA-Untersuchung – hochstilisiert zum Menetekel einer veralteten (weil ineffizienten) Bildungsverfassung – zieht ihre Attraktion und ihren Schrecken aus einem Gewaltzusammenhang, in dessen Netz PISA selbst lediglich als Schaltstelle fungiert. PISA kann mit Fug und Recht als „Machtverstärker" interpretiert werden, der Kontroll- und Disziplinarprozeduren in einen endlos erscheinenden Zeithorizont verlängert. PISA etabliert nicht einfach eine normierende und normalisierende Praktik, die Standards setzt, die erreicht oder verfehlt werden können. Vielmehr handelt es sich um eine dynamische Form der Qualitätsmessung, die im Rahmen von Benchmarking oder der Ausschreibung von Qualitätspreisen (Best-Practice-Einrichtungen) die Jagd nach immer neuen Rekorden auslöst. Weil die eigene Position in Qualitäts-Ranking immer nur relational zu jener der Mitbewerber bestimmt wird, hört der Zwang zur Leistungssteigerung niemals auf. Jeder rückt gleichzeitig und gleichermaßen in die Rolle des Preisrichters und Wettbewerbers, des Gewinners und Verlierers, des Selbst-Unternehmers und Leibeigenen. Wo die Diktatur des Komparativs herrscht, da wird – in einer Variation Hegels – der Weltmarkt zum Weltgericht (vgl. Bröckling 2000, S. 162).

Die bundespräsidiale Direktive: „Entlassen wir die Schulen und Hochschulen in die Freiheit!" (vgl. Herzog 1997), mit der Roman Herzog einst Furore machte, wirft einen langen Schatten. Genau so gut könnte die aktuelle Devise lauten: „Unterwerfen wir die Schulen und Hochschulen dem umfassenden Diktat der Märkte!" Denn den Individuen wird ungeniert zugemutet, alle Funktionen eines Unternehmers der eigenen Arbeitskraft zu übernehmen. Dazu gehören z. B. die Kontrolle über die eigene Arbeit, ihre Organisation und Vermarktung, aber auch die Verantwortung für die ökonomische Verwertung der eigenen Kompetenzen (einschließlich deren Weiterbildung). Als Leitbild des „Arbeitskraftunternehmers" wird ein flexibles, risikobereites, sich selbst organisierendes Individuum vorgestellt, das nicht einfach als Verkäufer der Ware Arbeitskraft auftritt, sondern „als Regisseur, Dramaturg, Bühnenbildner und Schauspieler seiner selbst [...]" (Kirchhöfer 2002, S. 73). Dieses anpassungswillige, auf seine Unabhängigkeit bedachte Subjekt wird zum notwendigen und strategischen Element neuester Produktionskonzepte, in denen (zumindest ein Teil der) Arbeit zu personalisierten, nicht formalisierbaren und unbestimmbaren Leistungen zurückkehrt. Dies gilt vor allem für integrierte, informationstechnologisch organisierte Arbeitsformen, die ohne persönliches Engagement und kooperative Verständigung – kurz: ohne subjektive Sinngebung – höchst störanfällig bleiben.

Zwar durchbricht diese durch und durch neoliberale Subjektivitätsform den vormals engen Qualifikationscharakter von Bildung, doch folgt der eingeforderten reflexiven Subjektivität „nicht automatisch ein unabhängiges, [...] emanzipiertes Leben auf dem Fuß" (Schroeder 2002, S. 23). Es ist vielmehr der Zwang zur Subjektivierung, zu einer Lebensführung als „Entrepreneur am Markt", der hinter der Flut von Selbstmanagement-Ratgebern, Stressbewältigungskursen und Entspannungstechniken hervorlugt. In gewissem Sinn wird die Entfremdung, die ehedem das Lohnarbeitsverhältnis kennzeichnete, mit dem Zugriff auf die Person in ihrer Ganzheit ebenfalls entgrenzt: Der Arbeitnehmer verkaufte seine Arbeitskraft, der Arbeitskraftunternehmer aber verkauft „sich als Unternehmer seiner Arbeitskraft selbst, als Person" (Kirchhöfer 2002, S. 73). Am Horizont dieser Subjektivierungsprozesse zeichnet sich eine neue Form der Knechtschaft ab, die Erinnerungen an die Leibeigenschaft feudaler Gesellschaftsformen wachruft. Zumindest verliert die Errungenschaft der bürgerlichen Ära, die die Person juristisch davor schützte, „ihr Eigentum an sich selbst als Sicherheit gegen Kredit vollstrecken zu lassen" (Lohmann 2002, S. 104), ihre Selbstverständlichkeit. Denn nun werden Personen gezwungen, sich in Gänze zu bewirtschaften. „Unternehmer seiner selbst" aber bleibt der Einzelne selbst dann noch, wenn er seine Anstellung verliert. „Das Ich kann sich nicht entlassen; die Geschäftsführung des eigenen Lebens erlischt erst mit diesem Selbst. Aus dem gleichen Grund greift die Selbstverwaltung des individuellen Humankapitals auch weit über das Berufsleben hinaus und kennt weder Feierabend noch Privatsphäre" (Bröckling 2000, S. 155). Subjektivierung bedeutet in dieser Perspektive: sich rund um die Uhr auszupowern, sich mit Haut und Haaren zu Markte zu tragen, kurz: sein eigener Sklave zu werden.

Gleichwohl provozieren solche Produktionskonzepte in ihrer technologischen Verfassung eine Reflexivität, die neue Blütenträume von der „Bildungsinstitution Betrieb" und der in ihr sich verwirklichenden „Ganzheit der Person" (vgl. Erpenbeck/Weinberg 1999, S. 150) reifen lässt. Weil die neueste Bildungsreform mitsamt ihrer Frischwärts-Rhetorik ahnungslos bleibt gegenüber den Widersprüchen von Bildung und Herrschaft, nimmt sie die Versprechungen des Neoliberalismus für bare Münze. Zu guter Letzt erscheint die (neue Produktionstechnologien begleitende) „kompetenztheoretische Wende" als Reinkarnation klassischer Bildung, die Allseitigkeit, Autonomie, Subjektivität wieder in ihr Recht setze. Wahr ist daran lediglich, dass der z.Z. immens forcierte ökonomische Verwertungsprozess seinen Widerpart mit sich schleppt und offensichtlich nicht loswerden kann: die Aktualisierung autonomer Subjektivität. Die „Gefahr" wächst objektiv, dass das Subjekt „aus der Summe seiner Funktionen hervortritt und sie auf sich selber bezieht [...]" (Heydorn 1980 b, S. 290). Entsprechend wird das Subjekt der Bildung zum lautlosen Dauerthema: wenngleich in der Form permanenter Integration und Kontrolle. Die neuen Integrationsmodi sollen eine widersprüchliche Leistung absichern helfen, die den Subjekten zugemutet wird. Sie sollen – um ihres effizienten und funktionalen Einsatzes willen – über sich hinaus wachsen, ohne wirklich groß zu werden. Denn „nur als Selbständige dienen sie der Verwertung von Kapital", schreibt Koneffke, „nur so bestimmen sie sich unablässig zur Abhängigkeit von den Märkten. Selbständig jedoch sind die Personen nur dadurch, dass sie real über die [Verhältnisse] um das Stück hinaus sind, um dass sie sich je und je selbst wieder zurückholen müssen" (Koneffke 1993, S. 202).

Diese tagtäglich aufgenötigte Selbstenteignung ist gleichsam die Unruh aktueller Bildungsprozesse. Sie provoziert neue Widerspruchslagen, die einerseits Herrschaft subtil und effizient verstärken, andererseits aber auch neue Ansatzpunkte von Einsprüchen, Widerständen und kritischen Gestaltungsmöglichkeiten hervorbringen. Darauf muss Kritische Bildungstheorie heute eine sensible Antwort finden. Der eigenen Intention nach geht es dabei nicht nur um mehr und lebenslängliche, sondern vor allem um eine „andere Bildung". Ihre Umrisse sind inmitten der gesellschaftlichen Widersprüche stets aufs Neue auszuloten. Heydorn inspiriert die aktuelle Bildungskritik, die ihr kritisches Erbe nur dadurch bewahrt, dass sie es weiterführt und weiterdenkt. Kritische Bildungstheorie gewinnt Gestalt als Überschreitung. „Sie ist Selbstversuch. Dies ist ihr antizipatorischer Charakter, mit dem sie den Menschen über seine verhängte Grenze setzt. Sie ist Zukunft im Gegenwärtigen [...] Sie beginnt jetzt" (Heydorn 1980 b, S. 179).

Literatur

Adorno, Th. W.: Theorie der Halbbildung, in: ders.: Gesellschaftstheorie und Kulturkritik, Frankfurt/M. 1975, S. 66-94
Bröckling, U.: Totale Mobilmachung. Menschenführung im Qualitäts- und Selbstmanagement, in: Bröckling, U./Krasmann, S./Lemke, T. (Hrsg.): Gouvernementalität der Gegenwart, Frankfurt/M. 2000, S. 131-165
Christian, W.: Heinz-Joachim Heydorn: Pädagogik der Befreiung, in: päd. extra u. demokratische Erziehung 2/1989
Erpenbeck, J./Weinberg, J.: Von der „Teilnehmerorientierung" zur „Kundenorientierung" – Zur Bedeutung von systematischen Begriffen für pädagogische Feldanalysen, in: Arnold, R./Gieseke, W. (Hrsg.): Die Weiterbildungsgesellschaft, Bd. 1, Neuwied 1999, S. 145-161
Euler, P./Pongratz, L. A. (Hrsg.): Kritische Bildungstheorie – Zur Aktualität Heinz-Joachim Heydorns, Weinheim 1995
Euler, P.: Das Subjekt zwischen Hypostasierung und Liquidation, in: Euler, P./Pongratz. L. A. (Hrsg.): Kritische Bildungstheorie – Zur Aktualität Heinz-Joachim Heydorns, Weinheim 1995, S. 203-221
Euler, P.: Technologie und Urteilskraft – Zur Neufassung des Bildungsbegriffs, Weinheim 1999
Herzog, R.: Entlassen wir Schulen und Hochschulen in die Freiheit, in: Frankfurter Rundschau, 6.11.1997
Heydorn, H.-J.: Unser Satz endet mit einem Komma, Gedichte 1955-1967, Darmstadt 1969
Heydorn, H-J.: Über den Widerspruch von Bildung und Herrschaft (Bildungstheoretische Schriften Band 2), Frankfurt/M 1979
Heydorn, H-J.: Zur bürgerlichen Bildung. Anspruch und Wirklichkeit (Bildungstheoretische Schriften Band I), Frankfurt/M 1980 a
Heydorn, H.-J.: Ungleichheit für alle. Zur Neufassung des Bildungsbegriffs (Bildungstheoretische Schriften Band. 3), Frankfurt/M 1980 b
Horkheimer, M./Adomo Th. W.: Dialektik der Aufklärung, Frankfurt/M 1969
Kirchhöfer, D.: Neue Lernkulturen im Spannungsfeld von staatlicher, öffentlicher und privater Verantwortung, in: Lohmann, I./Rilling, R. (Hrsg.): Die verkaufte Bildung. Opladen 2002, S. 69-85

Koneffke, G.: Integration und Subversion. Zur Funktion des Bildungswesens in der spätkapitalistischen Gesellschaft, in: Das Argument 54/1969, S. 389 ff.

Koneffke, G.: Einleitung zu: H.-J. Heydorn: Bildungstheoretische Schriften, Band 1, Frankfurt/M 1980 (neu in: I. Heydorn/H. Kappner/G. Koneffke/E. Weick (Hrsg.): Heinz-Joachim Heydorn, Werke, Band I: Bildungstheoretische und pädagogische Schriften 1949-1967, Liechtenstein 1994 , S 1 ff.

Koneffke, G.: Überleben und Bildung. Zur Neufassung des Bildungsbegriffs bei H.-J. Heydorn, in: Schule und Erziehung VIII. Die Wertfrage in der Erziehung, Argument Sonderband 58, Berlin 1981, S. 163 ff.

Koneffke, G.: Bildung und Herrschaft. Überlegungen zur Bildungsreform vor der Jahrhundertwende, in: Lingelbach, K.-Ch./ Zimmer, H. (Hrsg.): Jahrbuch für Pädagogik 1993, Frankfurt/M. 1993

Lohmann, I.: After Neoliberalism, in: Lohmann, I./Rilling, R. (Hrsg.): Die verkaufte Bildung, Opladen 2002, S. 89-108

Pongratz, L. A.: Konstruktivistische Pädagogik als Zauberkunststück, in: Pongratz, L.A./Nieke, W./Masschelein, J. (Hrsg.): Kritik der Pädagogik – Pädagogik als Kritik, Opladen 2004 a, S. 108-133

Pongratz, L. A.: Freiwillige Selbstkontrolle – Schule und Disziplinargesellschaft , in: M. Ricken/M. Rieger-Ladich (Hrsg.): Michel Foucault: Pädagogische Lektüren, Wiesbaden 2004 b

Schroeder, J.: Emanzipation durch informatisierte Erwerbsarbeit?, unveröff. Magisterarbeit, TU Darmstadt 2002

Tenorth, H.-E.: Paradoxa, Widersprüche und die Aufklärungspädagogik – Versuch, die pädagogische Denkform vor ihren Kritikern zu bewahren, in: Zeitschrift für Pädagogik, 28. Beiheft, Weinheim/Basel 1992, S. 117-134

Tenorth, H.-E.: Bildung – Thematisierungsformen und Bedeutung in der Erziehungswissenschaft, in: Zeitschrift für Pädagogik, 6/1997, S. 969-984

Watzlawick, P.: Wirklichkeitsanpassung oder angepasste „Wirklichkeit"? Konstruktivismus und Psychotherapie, in: Gumin, H./Meier, H. (Hrsg.): Einführung in den Konstruktivismus, München/Zürich 1992

Anhang

Dokument: Heinz-Joachim Heydorn
Zur Aktualität der klassischen Bildung (1971) [56]

Die Darlegung der Aktualität eines Bildungsprinzips bedarf zunächst einer knappen Erläuterung dessen, was mit diesem Begriff ausgesagt werden soll. Aktuell wird eine Erscheinung, wenn sie sich der Wirklichkeit unmittelbar verbindet, gleichsam in ihre reale Geschichte eintritt. Der Begriff der Aktualität enthält somit mehr als nur einen zufälligen Reflex wechselnder Umstände, deren Flüchtigkeit unaufhaltsam abläuft. Legt man nur eine momentane, rein vordergründige Bedeutung zugrunde, dann müßte sich jedes Bildungskonzept einer solchen Aktualität verschließen. Auch eine Bildung, die sich ausschließlich pragmatisch versteht, geht darauf aus, die Erscheinungen zu verarbeiten, eine koordinierende Möglichkeit zu entwickeln; sie kann auf eine bewußte Handlungsfähigkeit nicht verzichten, auch wenn sie diese begrenzt.

Der reine Lebensvorgang bleibt somit außerhalb der Bildung, er wird über Bildung modifiziert; die institutionalisierte Form, in der Bildung in den entwickelten Gesellschaften wirksam wird, zeigt eben dieses an. Wäre Bildung Leben im Sinne des unmittelbaren Lebensvorgangs, so könnte sie dem Leben überlassen bleiben. Die spezifische Leistung, die die Bildung erbringt und mit der sie dem Leben zu dienen hat, erfordert vielmehr Distanz, über die ihre Wirksamkeit erst möglich werden kann. Hieran darf kein Zweifel bestehen, wie diese Distanz auch immer interpretiert werden mag; die gesellschaftliche Leistungsproduktivität auf dem Gebiet der Naturwissenschaften macht die Notwendigkeit dieser Distanz unmittelbar deutlich. Generell erfordert gerade der moderne Produktionsvorgang eine Abstraktionsfähigkeit, die das Leben selber nicht anbietet, sondern die erst systematisch entwickelt werden muß. Hegel spricht daher in seinen Gymnasialreden von einer „Entfremdung", die jedem Bildungsvorgang vorausgesetzt werden müsse, um das Bewußtsein zu entfalten und somit die Voraussetzung aller menschlichen Handlungsfähigkeit zu gewinnen. Koinzidenz von Bildung und Leben, Zurücknahme des Geistes in die unmittelbare Wirklichkeit bleibt daher eine messianische Erwartung und kann nur als eine solche in den Bereich der Betrachtung einbezogen werden. Im Sinne eines unreflektierten Aktualitätsprinzips kann keine Bildung aktuell sein, ihre ökonomische Relevanz allein würde einer solchen Aktualität widersprechen, doch ist eben damit die Fragestel-

---

[56] Quelle: Heinz-Joachim Heydorn: Werke Band 4, Bildungstheoretische und pädagogische Schriften 1971-1974. Vaduz/Liechtenstein 1995, bzw. Studienausgabe Band 4, Büchse der Pandora, Wetzlar 2004

lung nicht beantwortet. Im Sinne der gegenwärtig vorherrschenden Theorie soll sich die Anwendbarkeit der Bildung auf das Leben, vor allem auf jene Vorgänge beschränken, die unmittelbar in gesellschaftliche Verwertungsprozesse übersetzbar sind. Aktualität versteht sich als meßbare, quantitativ faßbare Produktivität.

Die philosophische Grundlage dieser Auffassung ist positivistisch; hinter den Phänomenen, die quantitativ registrierbar sind, gibt es nichts, keine Prämissen, die erst aufgedeckt werden müssen; es ist dies eine bestimmte Form der naturwissenschaftlichen Methode, die auf die gesamte Wirklichkeit angewandt wird. Die qualitative Differenz von Mensch und Natur, der Widerspruch, in dem sich der Geist zur Wirklichkeit befindet, auch zu der Wirklichkeit einer von ihm selber erzeugten, naturwissenschaftlich strukturierten Technologie, bleiben unbeachtet oder werden als bereits aufgehoben vorausgesetzt. Das Prinzip der technologischen Produktion wird umfassend auf den Bildungsvorgang übertragen. Da die Produktionsbedingungen stetig wechseln, die Rationalisierungsprozesse andauernde Umstellungen erforderlich machen, muß der gesamte Bildungsprozeß darauf abgestellt werden, diesen Erfordernissen gerecht zu werden. Der Bildungsinhalt unterliegt damit einer ständigen Veränderung, sein geschichtlicher Ursprung wird abgeschnitten. Bildung wird in Statistik auflösbar, ihre jeweilige Brauchbarkeit entscheidet über ihren Wert. Es ist diese Form der Aktualität, die zur Auseinandersetzung herausfordert; sie ist letztlich pseudomessianisch, indem sie den Widerspruch aus einer zutiefst widersprüchlichen Wirklichkeit heraussetzt. Es ist daher nur konsequent, daß eine so verstandene Bildung die Reibungslosigkeit gesellschaftlicher Funktionsvorgänge sicherstellen will; eben damit gerät sie in einen unvermeidlichen Antagonismus zu der gesamten Geschichte des menschlichen Geistes, die sich als Geschichte von unvermeidlichen, funktions-gefährdenden Kollisionen darstellt. Die Bildungstheorie des Positivismus ist die Antitheorie zu aller bisherigen Theorie, in welchem Kontext sie auch immer erscheinen mochte; sie ist der Ausdruck einer naturwissenschaftlichen Widerspruchslosigkeit, die dem Widerspruch der modernen Gesellschaft aufgesetzt wird, um die hilflose Kreatur zu verdecken, die ihm ausgeliefert bleibt. Auf der Tagung des Hamburger Unesco Instituts, die im Juni 1968 unter dem Thema „Zur Bildungsreform in der Bundesrepublik" unter repräsentativer Beteiligung durchgeführt wurde, fand dieses Bildungsprinzip, das weithin jenseits traditioneller politischer Grenzen akzeptiert wird, eine äußerst präzise Fassung. Ausgehend von einer Bemerkung Karl Steinbuchs, daß die deutsche Intelligenz falsch programmiert sei, werden die Ansätze einer Gesamtprogrammierung entwickelt. Es geht um die Identifikation von Bildung und gesellschaftlicher Produktion. „Worum es uns geht", formuliert Leonhard Froese, „und der Bundesrepublik gehen muß, ist die optimale Funktionsfähigkeit und maximale Effektivität unseres gesamten Bildungswesens."⁵⁷ Lehrpläne sollen daher „von einem bloßen Lernzielkatalog zur globalen Steuerungsinstanz aller jener Maßnahmen und Mittel entwickelt werden, durch die Lernziele realisiert werden". Die Normierung des Bildungsprozesses wird am Rationalisierungsmodell der Großbetriebe orientiert, der Gedanke des unmittelbaren „Transfers" der Inhalte steht im Vordergrund, Produktions- und Konsumverhalten werden dem gesellschaftlichen Verhalten gleichgeordnet, die Steuerungsmechanismen werden umfassend gesetzt. Wörtlich liest man in dem in Buchform vorliegenden Tagungsbericht: „Lernziele sollen Verhaltensqualitäten bezeichnen, von denen die Gesellschaft wünscht, daß der Lernende sie erwirbt. Die ideale Lernzielangabe bestünde in der präzisen Nennung einer Aufgabe oder Aufgabenkategorie und der Bezeichnung jener Verhaltensweisen des Lernenden, die als manifeste Anzeichen der Lösung gelten sollen."⁵⁸ Es versteht sich, daß die politische Bildung den „normorientierten Lernbereichen"⁵⁹ betont subsumiert wird. Die Bildungsfabrik wird unter ein vielfältiges Kontrollsystem gestellt, das jeden einzelnen Schritt überprüft. Dies ist nicht nur ein Rückfall in eine mechanistische Theorie, wie sie mit dem Ende des 18. Jahrhunderts als überwunden gelten konnte; vielmehr wird die Tendenz eines de facto Totalitarismus erkennbar, der sich von den historisch registrierbaren totalitären Erscheinungen nur dadurch unangenehm unterscheidet, daß er nicht einmal ein Bewußtsein von sich selbst hat. Man sieht, wie sich die Aufklärung im 20. Jahrhundert als Ironie verabschiedet. Der Ursprung der Theorie ist jedoch erkennbar; Bildung soll den Menschen befähigen, der Natur mächtig zu werden, sie durch Arbeit zu überwältigen, um damit schließlich die ihm eigene Freiheit zu gewinnen, Bacons „Nova Atlantis" ist in der Nähe, aber mit dem Kopf im Sumpf, die Theorie wird zur Freiheitsverhinderung. Die bedeutsame Bildungstheorie, die eine unmittelbar gesellschaftsrelevante Produktion in den Mittelpunkt rückte, war das Ergebnis des unbeendeten Kampfes des Menschen mit der Natur, war Ausdruck seiner Knechtschaft und einer Entsagung, aus der er sich zu befreien hoffte. Die Übertragung der Theorie auf die Überflussgesellschaft des 20. Jahrhunderts und ihren technologischen Apparat kehrt sie um. Was einst Teil eines großen, säkularen Selbstverständigungsversuches war, bleibt als leere Hülse zurück, erscheint als Effektivitätszwang, als reine Funktionsnotwendigkeit, als perspektivenlose Verdunkelung. Die auf die Erzeugung des reibungslosen Produktionskollektivs hin gerichtete Theorie, die Theorie des normierten Bewußtseins erweist sich als menschenfeindliche Gewalt; das Leben, das hier als selbstevident hingestellt wird, ist Leben, das sich über sich selbst hinwegtäuscht, das der Analyse ent-

---

⁵⁷ Froese, Leonhard: Bildungspolitik und zweite industrielle Revolution. In: Führ, Christoph (Hrg.): Zur Bildungsreform in der Bundesrepublik Deutschland. Weinheim/Berlin/Basel 1969,5.114.
⁵⁸ Ebd., S. 77
⁵⁹ Ebd., S. 70

zogen werden soll. Es gibt nur ein einziges Bildungsproblem, dem in dieser Zeit absolute Vorrangigkeit zukommt: Es versteht sich als zwingender Versuch, die humane Rationalität auf die Höhe der technischen zu bringen, um der Selbstzerstörung des Menschen vorzubeugen, seiner physischen und psychischen Verstümmelung. Das Bewußtsein des Menschen muß den Stand seiner Wirklichkeit erreichen, damit diese Wirklichkeit menschliche Wohnstatt werden kann. Auschwitz und Hiroshima, Saigon und Prag, die anhebende Massenflucht einer jungen Generation in den Rausch, zeigen das Ende jedes reflexionslosen Entwicklungsglaubens an. Wenn der Mensch aber auf die Höhe seiner Welt gebracht werden soll, dann muß ihm das Instrumentarium zur Verfügung gestellt werden, um diese seine Welt aufzuschlüsseln.

Die Befähigung zum Erkenntnisprozeß ist die Voraussetzung aller anderen Befähigungen; über diese Voraussetzung wird Bildung zu einem eigenen Agens, zur eigenen Qualität innerhalb des Kräftesystems der Gesellschaft, gibt sie eine Möglichkeit an die Hand, die bewußtlose Fremdbestimmung des Menschen aufzuheben. Es kommt darauf an, diesen besonderen Charakter der Bildung innerhalb der Gesellschaftlichkeit festzuhalten. Produktionseffizienz und Technologie beherrschen das moderne Bewußtsein, der Sozialisationsprozeß der Gesellschaft schreitet auf Grund ihrer immanenten Gesetzmäßigkeit wachsend fort; die Frage nach der Bildung jedoch muß auf ihren unauswechselbaren Beitrag gerichtet sein, auf die Erledigung einer Sache, die ihr zufällt und keine selbstverständliche gesellschaftliche Vertretung besitzt. Der wahre Realismus der Bildung richtet sich auf eine menschenwürdige Zukunft, die quantitativ unübersetzbar bleibt, sie wird mit jedem jungen Menschenkind, das erst in das Leben hinaustreten will, nach dieser Zukunft befragt. Bildung zur Produktionseffizienz kann heute die monopolisierte Industrie weithin besser übernehmen und wirksamer durchführen als die Schule, die Anlernprozesse sind bei wachsender Mobilität immer kurzfristiger zu vermitteln, ein pragmatisch reduziertes Englisch kann man, bei mittelmäßiger Begabung, im Vorübergehen mitnehmen; wenn diese Voraussetzungen zugrunde gelegt werden, kann es sich bei der Schule der Zukunft nur noch um Assistenzfunktionen handeln. Sie wird zu einer Form des technischen Dienstes. Nun ist die Schule ohne Zweifel eine gesellschaftliche Institution, sie wird von der Gesellschaft subventioniert, um ihren Zwecken zu dienen, doch ist sie kein Exekutionsorgan im Sinne einer vollständigen gesellschaftlichen Determination. In ihrem tieferen Verständnis hat sie sich stets dialektisch begriffen, als ein Organ, das übertragene Aufgaben zu erfüllen hat und als Organ, das über die Entwicklung der rationalen Befähigung des Menschen diese Aufgaben zugleich ihrer Selbstverständlichkeit entkleidet, eine kommende Generation damit in den Stand setzt, ihre eigene geistige Artikulation zu finden. Die moderne Gesellschaft, die ihre Forderung an die Schule erhebt, ist der Inbegriff der Abstraktheit, sie legt sich wie ein Spinnengewebe über den Menschen, der ihr unterliegt, sie als Fatum erfährt; es ist die Aufgabe der gegenwärtigen Bildung, jene Denkfähigkeit zu entwickeln, durch die der Mensch seine Gesellschaft aufschließen, ihrer analytisch mächtig werden kann. „Damit all dies viele Gegebene ihm als ebensoviel Zweifelhaftes erscheinen könnte, müßte er jenen fremden Blick entwickeln, mit dem der große Galilei einen ins Pendeln gekommenen Kronleuchter betrachtete."[60] Der Satz stammt nicht von Humboldt, sondern von Bertolt Brecht. Bildung, und dies ist hier eben gemeint, bedarf eines Entrücktseins von der Unmittelbarkeit des Lebens, damit der Mensch ein Selbstbewußtsein gewinnt und für diese Unmittelbarkeit im Sinne einer eigenen, kritischen Artikulation handlungsfähig wird. Es ist dies keine neue Erkenntnis, sie ist Besitz aller großen Bildungstheorie. Das Instrumentarium des menschlichen Selbstbewußtseins muß über einen komplizierten Prozeß erworben werden. Die Möglichkeit einer Entfernung von der Unmittelbarkeit wird zur Voraussetzung des bewußten Handelns. Vorübergehend tritt der Mensch in eine unbekanntere Landschaft, um aus ihr gestärkt in die eigene wieder einzutreten. Es wird zu fragen sein, ob die griechische Landschaft hier einen Ort hat, ob sie handlungsmächtig für unsere Gegenwart bleibt. Es darf auf zwei Beispiele verwiesen werden, weil sie nicht eben belanglos sind.

„Jedes Jahr las er Äschylos im griechischen Urtext"[61], berichtet der Schwiegersohn von Karl Marx, Paul Lafargues; „Marx war ein ausgezeichneter Philologe. Es bereitete ihm ein kindliches Vergnügen, wenn er mir irgend eine schwierige Stelle aus Aristoteles oder Äschylos vorlegen konnte, in der ich mich nicht gleich zurechtfand"[62], heißt es bei Wilhelm Liebknecht, der selbst Altphilologe war, in den Aufzeichnungen seiner Gespräche. Die ständige Beschäftigung mit der Antike bleibt für Marx auch deshalb von außerordentlicher Bedeutung, als er die Grundlage seines eigenen Systems über den antiken Materialismus, vornehmlich jedoch über Demokrit, entwickelt. Die Faszinationskraft, die die griechische Welt auf ihn ausübt, ist so groß, daß es im gleichen Jahr, in dem mit der Niederschrift der entscheidenden „Kritik der Hegelschen Rechtsphilosophie" begonnen wird, bei ihm heißt, mit den Griechen sei „das Selbstgefühl"[63] aus der Welt verschwunden. Das Beispiel ist wichtig, weil es unbekannt ist und zudem ungewöhnlich erscheint; in Wahrheit ist es alles andere als ungewöhnlich. Es zeigt nur den geistigen Rang im Gegensatz zu dem geistigen Rang vieler derer, die sich auf

---

[60] Brecht, Bertolt: Schriften zum Theater, Frankfurt 1957, S. 151
[61] Lafargue, Paul: Erinnerungen an Karl Marx. In: ders.: Das Recht auf Faulheit. Frankfurt 1966, S. 58
[62] Liebknecht, Wilhelm: Erinnerungen an Karl Marx, Berlin 1953, S. 153 u. 117
[63] Marx, Karl: Briefe aus den Deutsch-Französischen Jahrbüchern. In: Marx, Karl, und Friedrich Engels: Werke in 39 Bänden; Brecht, Bertolt: Schriften zum Theater, Frankfurt 1957, S. 151; Lafargue, Paul: Erinnerungen an Karl Marx. In: ders.: Das Recht auf Faulheit. Frankfurt 1966, S. 58; Liebknecht, Wilhelm: Erinnerungen an Karl Marx, Berlin 1953, S. 153 u. 117. Hrg. v. Institut f. Marxismus-Leninismus beim ZK d. SED, Berlin 1956, Bd. 1, S. 338

Marx berufen; die Nähe zum Griechentum vornehmlich ist bis heute kein Kriterium für eine spezifische politische Einstellung, sondern lediglich ein Kriterium der Bedeutung. Dies ist eine empirische Feststellung und keine Elitetheorie, vielmehr geht es darum, den Reichtum der geistigen Überlieferung für alle zu öffnen. Das Marxsche Beispiel hat jedoch eben nicht nur eine personale Bedeutung; die Entwicklung des Marxschen Systems über seine Ausgangspunkte in der griechischen Philosophie, die gerade in diesen Tagen in der bedeutenden Arbeit von Jean-Marc Gabaude: Le jeune Marx et le matérialisme antique erhellt worden sind, zeigt auch an dieser Stelle an, wie entscheidend die Kategorien des modernen, selbst des revolutionären Denkens, durch die Antike bestimmt sind. Die Beurteilung der Aktualität über den reinen Zeitmaßstab verfällt der Lächerlichkeit, sofern unter Bildung noch mehr verstanden wird als die Erzeugung bewußtloser Anpassungsperfektionisten, die für jede Herrschaft produzieren. Die Dimension des Bewußtseins übergreift den geschichtlichen Augenblick. Es darf hier ein zweites Beispiel hinzugefügt werden, weil es unmittelbar gegenwärtig ist. Die Nomenklatur der Psychoanalyse ist überhaupt nicht denkbar ohne den griechischen Mythos und die griechische Tragödie, deren souveräner Kenner Sigmund Freud war; Ödipus und Elektra gewinnen durch ihre psychoanalytische Wissenschaftssäkularisierung ebenso eine völlig neue und doch aus dem Ursprung gegriffene Bedeutung wie Demokrit über Marx. Erst die weiterwirkende Geschichte enthüllt hier eine sich stetig erneuernde Gewalt des antiken Denkens.

Eben dies beweist, daß das Bewußtsein mehr ist als der Reflex seiner Umstände. Das große Bewußtsein definiert sich stets und auf eine höchst revolutionäre Weise aufs neue; die Antizipation des Menschen durch die Antike gewinnt erst mit der menschlichen Geschichte ihren ganzen Inhalt. Merkwürdig somit, daß sich die griechische „Sklavenhaltergesellschaft" mit ihrem Denken stets wieder reproduziert, über Marx, über die Psychoanalyse, um nur einen höchst aktuellen Bezirk zu umreißen. Das Argument, daß sich der Bürger als Sklavenhalter im Neuhumanismus mit der Sklavenhaltergesellschaft identifiziert habe und daß wir nunmehr in eine Gesellschaft wahrer menschlicher Gleichheit einträten, ist nur dann geistvoll, wenn man ihm eine bewußte Ironie unterstellt; in der Tat ist es die Ironie der Gleichheit, die das technologische Jahrhundert entwickelt. In Wahrheit war Humboldts Bildungskonzept, wie ein jeder in den Schulplänen nachlesen kann, das bisher radikalste Konzept einer gleichen Bildung für alle, Bildung im Sinne ihrer höchsten Qualität verstanden; es mußte aus diesem Grunde unverwirklicht bleiben. In Wahrheit war zwar die griechische Gesellschaft eine Gesellschaft der institutionalisierten Sklaverei; heute ist die Sklaverei mittelbarer geworden, dafür umfassender. Entscheidend ist jedoch nicht, daß die Griechen Sklaven hielten; entscheidend ist allein, daß die Sklaverei des Menschen durch den griechischen Geist ihre absolute Negation erfuhr. Die Entwicklung der materiellen Basis der Gesellschaft machte Sklaverei in der alten Welt unabdingbar; die Entwicklung des materiellen Überflusses in der modernen Welt könnte dem Menschen seine Freiheit zurückgeben. Die Abhängigkeit des Menschen hat jedoch einen systemimmanenten Charakter angenommen, dem keiner ausweichen kann; die Unfreiheit droht total zu werden. Der Gott, so heißt es bei Alkidamas, „hat alle als Freie entlassen; die Natur hat niemanden zum Sklaven gemacht"[64]. Selbstbestimmung als Naturrecht des Menschen wird bereits mit dem Sophismus auf alle Bereiche der Gesellschaft übertragen, die Emanzipation der Frau wird eingeschlossen, dies vor allem von Platon in der konsequentesten Weise. Wenn man die Fragestellung des reifen Sophismus auf die Gegenwart überträgt, dann erhält man ein analytisches Instrumentarium, das alle gesellschaftlichen Zugänge aufschließt. Man lernt zu denken, und der Boden unter den Füßen bewegt sich. Eben dies ist die Größe des griechischen Gedankens, der erst mit der Kenntnis der griechischen Sprache seine ganze Dimension gewinnt, daß mit ihm die gesamte Geschichte des Geistes vorweggenommen wird, zur Macht in der Hand des Menschen wird. Idealismus, Empirismus und Materialismus, in der Tat der Positivismus selbst, sind in systematischer Form vorgedacht, alle Kategorien sind schon entwickelt worden. Sie bilden die Voraussetzung für jede Selbstverständigung in der Gegenwart.

Ernsthaft kann dies von niemandem bestritten werden. So bleibt denn wohl die Auffassung, daß eine solche Bildung eben auf der Schule nichts zu suchen habe, deren Aufgabe es sei, für das praktische Leben vorzubereiten. Damit wird jedoch eine neue Sklavenhaltergesellschaft proklamiert, eine bisher unbekannte Differenz zwischen einer verschwindenden elitären Minderheit und einer Massenbildung, die den austauschbaren Debilen für den Arbeitsmarkt auszustoßen hat. Es ist dies eine Proklamation der Denkverweigerung. Es ist bezeichnend, daß die Verhaltenswissenschaften, diese neue Form des Darwinismus, in den vorliegenden Konzepten der Schulreform zur Grundwissenschaft erhoben werden; dies zielt auf die Vernichtung aller Bewußtseinskultur. Das Gleichheitsprinzip realisiert sich als Bildungsverweigerung für alle. Die Frage, die somit in den Mittelpunkt rückt, zielt auf die Qualität der Bildung, die den Inhalt der zukünftigen Schule bilden soll; nicht so sehr auf ihre institutionelle Form. Sie stellt sich als Frage, ob mit der Liquidierung der organisatorischen Form des bisherigen Bildungswesens auch sein gesamter bisheriger Inhalt liquidiert werden soll. Die vorliegenden Konzepte weisen auf ein postliterarisches Zeitalter, auf die vollkommenste Verzahnung von Bildung und Technologie, auf die vollendete Fremdbestimmung. Ein anderes Konzept wäre denkbar: Die anhebende Überflußproduktion der Gesellschaft erlaubt den Sprung in die Bildungsgesellschaft, in eine anhebende Freiheit des Menschen, erlaubt es, den bisherigen geistigen Besitz einer Minderheit endlich für alle Kinder des Volkes zu öffnen. Gegenüber dem Reformbündnis von monopolisierter Industrie und linkem Vulgärmaterialismus

---

[64] Alkidamas, in: Aristoteles: Rhetorik 1273 b

wäre dies eine wahrhaft umstürzende Konsequenz; von einer solchen Massenbildung ist jedoch keine Rede. Diese Konsequenz enthält die wirkliche Antithese zu einer Bildungsreform, wie sie uns heute nach dem Muster kranker Gesellschaften angeboten wird, sie zielt auf die Inbesitznahme des Geistes der Menschheit durch den Menschen. Dies zu fordern, ist wahre Hinterlassenschaft der humanistischen Bildung; unter ihrem Zeichen wurde der Übergang vom Mittelalter zur Neuzeit vollzogen, sie führte nach 1789 die deutsche Emanzipation und vollendete das Erbe der Aufklärung. Aus ihr ging die deutsche Philosophie hervor, Hegel und Marx, durch sie wird sie zum Weltbegriff der gesellschaftlichen Veränderung. Diese Bildung braucht sich nicht zu verbergen, zu allerletzt vor dem reaktionären und geistfeindlichen Positivismus, der das gegenwärtige Bewußtsein beherrscht; das Ziel dieser Bildung hat Humboldt auf die großartigste Weise formuliert:

„Aus den Revolutionen gehen aber wieder neue Formen hervor, die Fülle der Kraft tritt in immer wechselnden und sich immer veredelnden Gestalten auf, und die Endabsicht wie das Wesen alles Geschehenden besteht nur darin, daß sie sich ausspricht und sich aus chaotischem Fluten zur Klarheit bringt."[65]

Der Mensch soll seine eigene Welt bewältigen, aus seiner Determiniertheit zur Identifikation gelangen, handlungsbevollmächtigt werden.

Die Auseinandersetzung, in die die altsprachliche Bildung heute gezwungen wird, entscheidet über ihre Fortdauer. Diese Bildung wird untergehen, wenn sie sich ausschließlich auf die Vergangenheit beruft, wenn sie diese ihre Vergangenheit nicht als Zukunft begreift, die enthüllt werden muß. Sie wird eine Zukunft haben, wenn sie ihr ursprüngliches Selbstverständnis zurückgewinnt, ihr Verständnis als Bildung zur Emanzipation des Menschen. Unter diesem Verständnis überwindet sie ihre Rückzugskämpfe, wird sie zur zukunftgerichteten Antithese eines modernen Obskurantismus, der den Menschen zur Quantität degradiert, zur Produktionsstatistik, wird sie zur Alternative einer Bildungsplanung, die in die irrationale Genese der Gesellschaft hoffnungslos verstrickt ist, mit der sie die Produktivkräfte ebenso anpeitschen muß wie eine fortschreitende Paralysierung, die schleichende Selbstzerstörung im neurotisierten Unterbewußtsein. Es geht nicht um apologetische Selbstrechtfertigung, um pragmatische Hinweise dritter Klasse, um die Unentbehrlichkeit eines kleinen Latinums für Ärzte oder Juristen. Die gesellschaftliche Lebensfähigkeit der Absolventen altsprachlicher Anstalten kann ohnehin schwierigkeitslos nachgewiesen werden, es gilt dies auch für den Bereich der Naturwissenschaften. Es geht ausschließlich um eine Bildung, die den Menschen auf eine beispielhafte Weise fähig machen kann, seines eigenen Widerspruchs denkend inne zu werden, sich selbst zu begreifen. Es geht um eine höchste Form der analytischen Bildung, die das Instrument an

---

[65] Humboldt, Wilhelm v.: Betrachtungen über die Weltgeschichte. In: Werke, hrsg. v. Andreas Flitner und Klaus Giel, 5 Bde., Darmstadt 1960 ff., Bd. 1, S. 572

die Hand gibt, die irrationalen Prämissen des technologischen Automatismus zugunsten des Menschen aufzudecken, seine Steuerungsmechanismen unter die Erkenntnis zu zwingen. Humanistische Bildung ist Freisetzung des Menschen in seine Wirklichkeit. Diese Freisetzung wird nicht an der Straßenecke verschenkt; sie will mühselig erarbeitet sein. Eben dies ist Glück im Unterschied zur Lust, die man sofort haben kann, aber die ohne alle Zukunft bleibt. Die Tatsache, daß sich früher nur eine Minderheit bilden konnte, ist kein Grund, Bildung abzuschaffen; sie wird, im Zeichen einer beispiellosen Revolutionierung der Produktivkräfte, zur Forderung, qualitative Bildung an alle zu vermitteln, Bildung, die zum Widerstand fähig macht.

Die alten Sprachen, vor allem jedoch das Griechische, vermitteln eine solche Bildung auf hervorragende Weise; es darf noch einmal darauf eingegangen werden. Bildung, wie sie die alten Sprachen vermitteln, verlangt einen Prozeß der Entsagung, dies ist unbezweifelbar. Die geistige Befreiung des Menschen verbindet sich hier auf besondere Weise einer disziplinierenden Aneignung, wir werden frei über eine Auferlegung. Über die Gestalt eines Fremden kommen wir zu uns selbst, um mit Hegel zu reden, durch den Umweg des Geistes. Hier wird nichts verschenkt, aber niemand schenkt uns auch eine menschenwürdigere Zukunft. Die pädagogischen Pseudorevolutionäre, die die Arbeit abschaffen wollen, sollten Lenin lesen. Der Stoff, an dem sich der Prozeß der geistigen Befreiung vollzieht, verlangt schon früh eine höchste Entwicklung der Abstraktionsfähigkeit, er übt diese Fähigkeit über die Vielzahl grammatischer Variationen, um Bewußtheit zu erzeugen, Welt durch die Sprache zum Objekt zu machen. Die Fähigkeit zur Abstraktion löst von der Determinierung, die die reine Anschauung über uns verhängt; Abstraktionsfähigkeit ist gleichbedeutend mit der Fähigkeit zur Freiheit. Aus diesem Grunde schloß die Herrschaft vergangener Zeiten das abstrakte Denken aus der Unterrichtung der breiten Volksmassen aus; sie erkannte zu Recht darin eine politische Gefahr. Noch die Stiehlschen Regulative des Jahres 1854 verbieten grammatische Übungen an Volksschulen, weil sie als potentiell subversiv erkannt werden. Altsprachliche Bildung zielt jedoch entscheidend auf diese Fähigkeit der Abstraktion, durch die Sprache werden alle Kategorien an die Hand gegeben, die den Schlüssel der gesellschaftlichen Welt bilden. Der Begriff erscheint in seiner ersten, abstrakten Präzision; es ist der gleiche Begriff, der aller modernen Theorie zugrunde liegt. Der erarbeitete Begriff gewinnt damit den Charakter einer unbegrenzten Internationalität; nicht nur die Wissenschaftssprache, sondern die gesamte, politisch relevante übernationale Kommunikation unserer Zeit gründet sich auf die Nomenklatur der antiken Begriffe, die revolutionäre Theorie des 20. Jahrhunderts vor allem ist ohne diese Begriffe überhaupt nicht denkbar. Das antike Vokabularium ist Inbegriff alles Herrschaftswissens; will man Herrschaftswissen aufheben, muß man alle an ihm teilnehmen lassen. Ausschluß des Menschen aus der Theoriefähigkeit bedeutet Ausschluß aus der Handlungsfähigkeit. Es ist dieser tiefe Gegensatz zu allem Provinziellen, der die humanistische Bildung kennzeichnet, ein wahrhaft kosmopolitischer Charakter, der sich durch die Internationalität der Begriffe anzeigt; eben dies hat diese Bildung in der jüngeren deutschen Geschichte immer wieder verdächtig gemacht. Man lese nur die Protokolle der Preußischen Schulkonferenzen der Jahre 1890 und 1900; Wilhelm II. selbst argumentiert, daß es eben diese Bildung nicht fertigbringe, anpassungsfähige Untertanen zu produzieren, wie sie der Staat nun brauche. Man wird den Verdacht nicht los, daß gleiche Argumente auch heute ihren Hintergrundswert behalten haben, wenn man sie auch nicht mehr ausspricht. Es ist schwieriger, den Menschen an der langen Leine zu halten, wenn er eine differenzierte Bewußtseinsbildung durchläuft. Auf dem Markte jedoch hört man das Gegenteil; es gehe darum, eine reaktionäre, elitäre Bildung zu liquidieren, um den Volksgeist aus der Asche steigen zu lassen. Hierin eben sind sich, und dies gibt zu denken, pragmatische Großindustrielle und deklamierende Linkspädagogen absolut einig. Sie eint gemeinsame Negation des Geistes. In Wahrheit richtet sich der Angriff auf die altsprachliche Bildung gegen das Instrumentarium der Kritik, das sie vermittelt, gegen die Befähigung zur Theorie, in Wahrheit gegen eine Emanzipation des Menschen, die ihn unfähig macht, sich blinden Funktionsprozessen zu unterwerfen. Der bewußt gewordene Mensch ist in der Tat zu fürchten; der irrationale Protest verändert die Welt um kein Jota, verschwindet in den Mülleimern der Verwertungsprozesse, des gesellschaftlichen Konsums, wird zum belanglosen Aspekt einer gesellschaftlichen Liberalisierung, die der Überfluß und die mit ihm einhergehende Langeweile erzeugen.

So versteht sich die altsprachliche Bildung als Öffnungsprozeß des Bewußtseins. Sie versteht sich als Aufgabe, dem Menschen das Instrumentarium an die Hand zu geben, mit dem er seine Welt geistig ordnen und damit schließlich zugunsten des Menschen überwältigen kann. Bildung allein vermag die Welt nicht menschlich zu machen, aber sie kann das Handwerkszeug für eine menschlichere Zukunft mitgeben, in diesem Handwerkszeug selber verbirgt sich die menschlichere Zukunft. Eben dies aber muß so früh als nur möglich geschehen; ein verspäteter Ansatz ist heute bedenklicher denn je. Mit der Geburt bereits wird der Mensch unter der Bedingung der Technologie dem ununterbrochenen Beschuß durch die Medien ausgesetzt, die Einwirkungen der Gesellschaft, die der Pädagoge nicht kontrollieren kann, mißachten die uns bisher vertrauten Entwicklungsprozesse des Individuums, eine ganze Industrie ist damit befaßt, Verfrühungsvorgänge einzuleiten, die sich über die veränderte sexuelle Reifeperiode bereits objektivieren. Sinnlos und menschenfeindlich, unter diesen Umständen davon zu reden, daß man die intellektuellen Prozesse hinauszuschieben habe, wie es eine in diesem Punkt gänzlich obsolet gewordene Reformpädagogik wollte, vielmehr geht es darum, sie unter der gegebenen gesellschaftlichen Bedingung so früh als nur möglich anzusetzen. Bildung wird zur Selbstverteidigung des Menschen. Es genügt aber nicht, Lesen und Schreiben, zunächst indifferente, rein funktionalisierbare Techniken, vorzuverlegen, wenn nicht zugleich mit einer aktiven, der Tendenz nach kritischen Entwicklung des menschlichen Geistes begonnen wird, die reine Technik somit einem qualitativen Gesichtspunkt unterworfen wird. Einer frühen Entwicklung der Abstraktionsfähigkeit kommt gerade in diesem Zusammenhang eine hervorragende Bedeutung zu; sie stellt zugleich eine bedeutsame Praxis der altsprachlichen Bildung dar. Es geht darum, die Möglichkeit eines inhaltlich bestimmten Selbstbewußtseins gegenüber einer ungeheuren gesellschaftlichen Fremdbestimmung so früh als nur eben vertretbar abzusichern. Dies ist Aufgabe der Bildung; es ist nicht ihre Aufgabe, zu besorgen, was ohnehin besorgt wird, Bildung hat eine eigene, unauswechselbare Qualität. Es ist Aufgabe der Lehrerschaft, diese Qualität zu erkennen und damit eine eigene gesellschaftliche Rechtfertigung zu gewinnen; sie darf sich nicht nur als Exekutivorgan verstehen. Es gibt keine Bildungstheorie von Rang, die Bildung auf die Reproduktion handgreiflicher gesellschaftlicher Bedürfnisse reduziert, wie unterschiedlich die Ausgangspunkte auch immer sein mögen. Eben dies gilt nicht zuletzt auch für die von Marx konzipierte polytechnische Bildung; in der berühmten Formulierung des Jahres 1866 wird die geistige Bildung einer jeden industriellen Anleitung ausdrücklich vorausgesetzt, vielmehr gewinnt die industrielle Arbeit erst unter der Voraussetzung einer geistigen Perspektive ihren eigentümlich menschlichen Inhalt. Gesellschaftliche Arbeit enthält durch sich selbst noch keinen qualitativen Bezug, sie kann für jeden nur möglichen Zweck geleistet werden. „Arbeit macht frei" war die Devise der aufklärerischen Bildungsemanzipation; es war die Devise über der Eingangspforte von Auschwitz. Es ist die Arbeit, die der Mensch auf sich selbst beziehen kann, über deren Hilfe Vermenschlichung möglich wird; Bildung hat diese Beziehung des Menschen auf sich selbst herzustellen. Es ist die altsprachliche Bildung, die die intellektuellen Mittel für einen solchen Rückbezug auf den Menschen beispielhaft zur Verfügung stellt. Es darf dies durch einen kargen Hinweis erhellt werden: Mit Heraklit und Parmenides, mit den Begriffen des Seins und des Werdens, des Menschen als stets vorhandenem Totum und seiner Geschichtlichkeit, in der das Vergängliche siegt, ist die gesamte anthropologische Fragestellung bereits umfaßt. Sie ist noch verhüllt, gewiß, der Begriff ist nackt und erratisch, aber er muß nur geöffnet werden. Die entscheidenden Begriffe wollen so früh vermittelt sein, gleichsam auf Zukunft hin, sie entfalten sich mit der Entwicklungsgeschichte des Individuums. Hierin besteht das Geheimnis aller wahren und dauerhaften Bildung. Die abstrakte Klaviatur gewinnt den Inhalt der Welt, muß sich ihm stets aufs neue vermitteln. In der Musikpädagogik – mag dieses Beispiel auch ungewöhnlich erscheinen – hat Béla Bartók, einer der großen Komponisten unseres Jahrhunderts, in seinem „Mikrokosmos" das gleiche Verfahren angewandt. Der Formenreichtum der Musik steht am Anfang, wird in der Vielfältigkeit einer abstrakten Architektonik eingeübt; das geistige Gewebe wird transparent, über dessen Beherrschung der Vorgang der Verinnerlichung eingeleitet wird, der Mensch schließlich in seinen eigenen Ausdruck tritt. Mutatis mutandis gilt eben dieses auch für die altsprachliche Bildung. Sie ist nicht selbstevident, aber sie bietet das Handwerkszeug, durch das eine fremde Welt schließlich heimisch werden kann. Diese fremde Welt aber ist nicht die Welt der Antike; es ist die Fremdheit unserer eigenen, ihre ungeheure Abstraktion als Zeichen ihres naturwissenschaftlichen Ursprungs, die in den Menschen heimgeholt werden soll, damit er Welt zu Besitz machen kann. Die Welt, die sich als selbstevident darstellt und den Menschen in Anspruch nimmt, verdeckt ihren unendlichen Widerspruch, ihre offene Wunde; Technologie und Humanität fallen in ihr hoffnungslos auseinander, mit ihr schreitet die mentale Verkrüppelung des Menschen unaufhaltsam fort, wird das Rauschgift zum Ausweg. Es ist diese selbstevidente Welt, in der das Kind zum Opfer wird; sie verdunkelt ihre wahren Prämissen. Bildung jedoch, die ihren stets wieder zu erhellenden Ausgang in der griechischen Welt sucht, ist Bildung zum bewußten Aushalten, zu einem bewußten Erleiden, aber eben doch auch mehr. Sie hat den entscheidenden Schritt des griechischen Geistes für ihre Zeit neu zu tun. Es ist dies der Schritt vom Mythos zum Logos, vom Verhängtsein zur vernünftigen Selbstbestimmung des Menschen, von der Verfolgung durch die Erinnyen zur Besitzergreifung der wirklichen Welt. Der Mythos ist unüberwunden, die irrationale Entzweiung; die Vernunft will ganze, konkrete, gesellschaftliche Wirklichkeit werden. Die Rationalität unseres Jahrhunderts ist nur partiell, kommt über die naturwissenschaftliche Widerspruchslosigkeit der Gesellschaft nicht hinaus, der Mensch bleibt in ihr zerrissen, dem mythischen Verhängnis ausgeliefert. Altsprachliche Bildung wird zur Antithese gegen einen Positivismus, der den Menschen in seinen Ketten beläßt, im Dunkel der Unerkennbarkeit. Als anbrechende Welt des Logos wird sie zum Hinweis auf die unangebrochene Welt des Menschen, Hinweis auf eine unbeendete Geschichte. Mit dem griechischen Geist zu leben, heißt mit der Antizipation des Menschen zu leben. Es geht um eine Bildung, die sich nicht widerspruchslos in die blinde Gesetzlichkeit des gesellschaftlichen Prozesses auflösen läßt, sondern ihn widerspruchshaft durchbricht, ihn der Bewußtlosigkeit entreißt. Diese Bildung ist antifunktionell um des Menschen willen; sie fragt nach dem Rätsel, das die Sphinx dem Ödipus aufgab, nach dem verborgenen Menschen unter seiner Geschichte, nach dem Bruch mit einer verhängten Natur. Sie fragt nach der Beendigung der Naturgeschichte des Menschen.

Nun findet sich heute kaum jemand, der sich einer ernsthaften Auseinandersetzung stellt, das Management beherrscht den Markt und die gestohlene Vokabel des Fortschritts. Wer die Bildung des Humanismus verteidigt, wird als reaktionär gebrandmarkt oder als Außenseiter abgetan; weithin ist die Einstellung nur tiefen-psychologisch zu entschlüsseln, als eine Form des Minderwertigkeitskomplexes, der die moderne Gesellschaft gefährlich kennzeichnet. Dem positivistischen Effizienzgedanken, der Reduzierung aller Bildung auf Quantität, entspricht ein vulgärer Materialismus, der die Verwertungsprozesse, das Ausweiden des Menschen für nicht weiter befragte gesellschaftliche Bedürfnisse zum Imperativ erhebt. Hier jedoch ist in Wahrheit das reaktionäre Bildungsphänomen dieser Zeit zu suchen; es ist überall dort zu suchen, wo die Frage nach der menschenwürdigen Prämisse tabuiert, der Begriff des gesellschaftlichen Bedürfnisses der Reflexion entzogen, die Gesellschaft zum Absoluten erhoben wird, an dessen Existenz nicht gezweifelt werden darf. Bildung, als Frage nach dem Verbleib des Menschen, wird auf das Exil verwiesen. So kommt es entscheidend darauf an, unter welchen Gesichtspunkten der Kampf um einen Bildungsinhalt aufgenommen werden muß, der uns unverzichtbar erscheint. Man kann ihn nicht aufnehmen, um einige bildungsbürgerliche Reservate zu erhalten; die geschichtliche Liquidierung dieses Bürgertums ist nahezu abgeschlossen. Dafür kann und darf es keine humanistische Bildung mehr geben. Auch kann es nicht genügen, im Spielraum der Variationsbreiten eine Existenz auf Frist zu gewinnen, eine Art geistiger Luxusbewilligung innerhalb des pragmatischen Konzeptes der Denkfabrik. Niemandem ist mit diesem Luxus gedient; er würde lediglich der Verdunkelung dienen, die wahre Tendenz unerkennbar machen. Die Rettung der altsprachlichen Bildung kann nur aus einer Überlieferung gelingen, mit der sich der Humanismus stets an die Spitze des geistigen Befreiungskampfes der Menschheit gestellt hat, sich als seine Avantgarde begriff. Mit der anhebenden Produktion des Überflusses ist die materielle Voraussetzung für eine Freiheit geschaffen, wie sie der bisherigen Geschichte unbekannt blieb, mit der Revolution der Produktivkräfte kann Bildung für alle gefordert werden. Konnte bislang nur eine Minderheit in Wahrheit gebildet werden, die von der unmittelbaren Not freigestellt war, so kann Bildung nun erst umfassend werden. Die materielle Versklavung des Menschen beginnt ihre Berechtigung zu verlieren, damit auch die Form jener Bildung, die ihrer Determination unterworfen blieb. Für Bildung, mit der sich der Mensch zum Gegenstand wird, für die Bildung der Minderheit von gestern, bricht die historische Stunde erst an; sie kann zur Bildung en masse, die Gesellschaft zur Bildungsgesellschaft werden, wenn sie aufhört, ihren Überfluß zu vernichten. Es geht nicht um die Bitte, auch eben noch mitgehört zu werden. Es geht um eine tiefgreifende gesellschaftliche Herausforderung des gegenwärtigen Bildungskonzepts, um die Forderung, den gesellschaftlichen Überfluß auf den Menschen zu lenken, auf seine freie Selbstverständigung, um die Öffnung aller bisherigen elitären Bereiche. Es geht darum, den Anbruch des postliterarischen Zeitalters zu verhindern, der brave new world des paralysierten Bewußtseins zugunsten des menschlichen Reichtums, der humanen Bewältigung der Geschichte. Die klassische Bildung findet hier ihre Aufgabe für diese Zeit, sie ist selber Ankündigung der Freiheit, einer unausgeschöpften Selbstfindung des Menschen, eines ästhetischen Spieltriebs, den erst der von seiner bisherigen Not entbundene Mensch zum Eigentum machen kann, der Mensch, der sein Sklaventum hinter sich gelassen hat. Es geht um die Selbstbestimmung, die der Mensch in seiner heutigen Welt gewinnen kann, wenn sie für den Menschen eingerichtet wird, es geht darum, sie für den Menschen einzurichten. Nicht retten, was zu retten ist, sondern Bildung zum Menschen fordern, Bildung zum Menschen für alle fordern. Humanistische Bildung in ihrem tiefsten und umgreifenden Verstande für alle fordern.

„Ich für meinen Teil" schreibt Nietzsche 1872 in seiner Abhandlung „Über die Zukunft unserer Bildungsanstalten", „kenne nur einen wahren Gegensatz, Anstalten der Bildung und Anstalten der Lebensnot: zu der zweiten Gattung gehören alle vorhandenen, von der ersten aber rede ich."[66] Für Nietzsche mußte dieser Gegensatz unüberbrückbar bleiben; die materielle Bedingung machte Lebensnot ganz unabweisbar, ein später, tragischer Widerspruch wird früh vernehmbar. In der Tat weist die Geschichte der Bildung auf zwei große, letztlich jedoch aufeinander zugehende Tendenzen. Der Humanismus, auf die Wiederherstellung des fragmentarischen Menschen gerichtet, auf den l'huomo universale von der florentinischen Akademie bis zu Humboldt, zeigt den zu sich selbst befreiten Menschen in einer imaginären Landschaft, mit unerhörter Faszinationskraft, aber die Schranken der Wirklichkeit, der reale Stand der Produktivkräfte läßt Befreiung nur für das Spiegelbild erscheinen, in dem die Not bereits abfällt, die die Hände bindet. Nur eine verschwindende Minderheit kommt in den gebrochenen Genuß einer Bildung, die sich dieser Not entrückt, aber doch niemals frei wissen darf von der Schuld gegenüber den andern, die im Dunkel bleiben. Bleibt der Humanismus als Vision vom Menschen, der seine Mühsal schon hinter sich hat, Besitz der happy few, um mit Stendhal zu reden, kann er die Menschheit nur dem Begriffe nach einschließen, nicht aber mit ihrer Wirklichkeit, so geht die Bildungstendenz der arbeitenden Klassen von Anfang an vom Kampfe des Menschen mit der Natur aus, deren Bewältigung als Befreiungsprozeß verstanden wird. Der Gedanke der Arbeits-, der Produktionsschule wird über eine unmittelbar materielle Arbeit gefaßt, die diesen Kampf des Menschen mit der Natur reflektiert. Doch ist materielle Arbeit auch hier nicht ihr eigener Zweck, sondern ein Weg, den der Mensch aus dem Dunkel heraus beschreitet, um schließlich zu seiner eigenen Verwirklichung als freies, geistig-sinnliches Wesen zu gelangen. Die Mühsal der Produktionsschule ist somit letztlich ohne Widerspruch zur humanistischen Vision; sie ist ein historischer Kompaß, eine Aufzeigung, daß Freiheit nur über die Bewältigung der Natur durch den Menschen erreichbar ist. Der Weg zur Emanzipation durch Arbeit soll schließlich zur Besitznahme des menschlichen Eigentums durch den Menschen führen, zum gleichen humanistischen Ziel. Mit der Revolutionierung der Produktivkräfte wird die Arbeitsschule, die ihren Weg allein über die nutzbringende

---

[66] Nietzsche, Friedrich: Über die Zukunft unserer Bildungsanstalten. In: Gesammelte Werke in 23 Bänden (Musarion-Ausgabe), München 1922 ff., Bd. IV, S. 82

gesellschaftliche Produktion bestimmt, ihres emanzipatorischen Charakters entkleidet. Die Schule wird zu ihrem wirklichen Bildungsauftrag frei. Was einst Emanzipation war, wird zur Perversion, zur Theorie der Produktionsfetischisten, wendet sich gegen sich selbst. Die Schule der Lebensnot kann der Vergangenheit angehören, wenn die unerhört wachsenden Mittel auf den Menschen gelenkt werden; die Schule der Bildung kann wahrhaft erst heute beginnen. Den Beginn dieser Schule zu fordern, die Öffnung des geistigen Menschheitserbes für die ganze Menschheit, ist Sache des Humanismus.

Die Schule der Lebensnot wird zum Feind des Menschen. Die gesellschaftliche Produktion, die von den Planern zum Ziel der Bildung gemacht wird, erzeugt den Reichtum, den die Menschheit stetig aufs neue vernichtet; es ist die Sache des Humanismus, den Menschen aus diesem Reichtum hervortreten zu lassen. Erst heute kann Bildung zum Selbstzweck werden, die materielle Basis ist dafür geschaffen; es ist die Sache der Humanisten, diese Bildung und damit Vermenschlichung der Gesellschaft durchzusetzen. Die Zeit ist reif, auch für die volle Aufgrabung der klassischen Bildung in ihrer unerschöpflichen geistigen, sinnlich-ästhetischen Dimension; es geht darum, den kostbaren Besitz, den Besitz einer Minderheit zu einem gemeinsamen Besitz zu machen an Stelle der anhebenden Bildungsverweigerung für alle. Wir vertreten eine Bildung, die Auskunft über sich selbst erteilt, über den Menschen, den sie zum Ziele hat, seine beginnende, mögliche, reale Freiheit. Hier wird um nichts gebeten; die Sache des Menschen wird vertreten. Nur so hat der Humanismus eine Aussicht, wenn er die Größe der Überlieferung als Fingerzeig auf die Zukunft versteht. Nichts anderes ist diese Überlieferung als Traum des Menschen von sich selbst, Traum in der Verbannung; die Verwirklichung dieser Überlieferung ist die zukünftige Geschichte der Menschheit. Kein Zoll darf zurückgewichen werden; die Koalition von reaktionärem Positivismus und linkem Geistesmangel ist nicht unüberwindbar, das blinde gesellschaftliche Bedürfnis muß in seiner Paradoxie aufgedeckt werden. Der Mensch muß aus der Produktion hervorgehen. Bildung zum Menschen, zur Befreiung des Menschen von der Determination durch sein Elend, Ausbildung aller Kräfte des Menschentums war Perspektive der humanistischen Bildung; ihre Zukunft beginnt erst. Sie wird nicht geschenkt. Wir werden sie durchsetzen müssen auf dem Hintergrund einer wachsenden psychischen Verstümmelung des Menschen in den Überflußgesellschaften. Der produktions-effiziente Neanderthaler, Rauschgiftescapism vor der Sinnlosigkeit des Seins dürfen das letzte Wort nicht haben. Sie werden es nicht haben, wenn wir es nicht wollen, wenn wir uns frei machen von dem erbärmlichen Gehorsam, der alles defaitistisch auf sich nimmt. Es ist an uns, die Bildungsalternative zu entwickeln, die den Reichtum auf den Menschen lenkt, auf seine universelle Entfaltung. Diese Schule hat eine stolze Überlieferung, ihre hervorragendsten Schüler haben vor den Henkern des Dritten Reiches gestanden, ohne zurückzuweichen; sie wird eine Zukunft haben, wenn wir den Widerspruch unserer Zeit begreifen und mitten in ihm mit der uns anvertrauten Hinterlassenschaft den Fuß auf ein neues Land setzen. In diesem Geiste: ad multos annos.

Wilma Aden-Grossmann

Sozialpädagogik – Psychoanalyse – Jugendrecht: Berthold Simonsohn[67]

1. Zur Aktualität der Arbeiten von Berthold Simonsohn

Berthold Simonsohn, von 1961 bis 1978 Professor für Sozialpädagogik und Jugendrecht am Fachbereich Erziehungswissenschaft der Johann Wolfgang Goethe-Universität, hat sich mit Problemen der Jugendkriminalität und der Entstehung abweichenden Verhaltens bei Kindern und Jugendlichen befaßt. Das sind zentrale Themen der Sozialpädagogik und der Jugendhilfe, die auch heute angesichts der steigenden Zahl von in ihrer Entwicklung gestörten Kindern und gewaltbereiten Jugendlichen von brennendem Interesse sind. Dabei ging es B. Simonsohn zum einen darum, eine Theorie zur Erklärung der Entstehung von deviantem Verhalten zu entwickeln, und zum anderen suchte er nach Methoden der Prävention und Resozialisierung. Als Jurist und Sozialpädagoge galt sein Interesse insbesondere der Reform des Jugendhilfe- und Jugendstrafrechts. Durch seine Berufung in die „Kommission des Bundesjustizministeriums zur Reform des Jugendstrafvollzugs" 1970 hat er an der Gestaltung der Gesetzesreform in entscheidender Weise mitgewirkt.

Simonsohn prägte bis zu seinem Tod am 8. Januar 1978 in entscheidender Weise die Entwicklung des Faches Sozialpädagogik am Fachbereich Erziehungswissenschaft. Insbesondere durch seinen interdisziplinären, tiefenpsychologisch fundierten theoretischen Ansatz leistete er einen wichtigen Beitrag für die moderne Sozialpädagogik in Theorie und Praxis. Durch seine Veröffentlichungen und dem großen Kreis seiner Schüler wirkte er weit über Frankfurt hinaus.

Bislang wurde sein wissenschaftliches Werk kaum rezipiert, was daran liegen mag, daß seine Veröffentlichungen, fast ausschließlich Aufsätze in Zeitschriften, sehr verstreut und nicht leicht zugänglich sind. Dabei erscheint

---

[67] Dieser Aufsatz entstand im Rahmen des von der Fritz-Thyssen-Stifung geförderten Forschungsprojektes „Leben und Wirken des jüdischen Wissenschaftlers und Sozialpädagogen Berthold Simonsohn (1912-1978)" und dem Fachbereich Sozialwesen der Universität Kassel.

eine Auseinandersetzung mit seinem wissenschaftlichen Werk höchst lohnend, da er durch seinen interdisziplinären Zugang soziologische und psychoanalytische Ansätze miteinander verband.

Neben seiner beruflichen und wissenschaftlichen Tätigkeit erwarb Simonsohn sich durch sein gesellschaftspolitisches Engagement in der deutsch-israelischen Gesellschaft, im Board of Govenors der Hebräischen Universität von Jerusalem, in den jüdischen Gemeinden in Hamburg und Frankfurt, in der Gilde soziale Arbeit und der Arbeiterwohlfahrt und als Mitglied des Jugendwohlfahrtausschusses in Frankfurt hohes Ansehen. Für sein langjähriges „ehrenamtliches Wirken zum Wohle der Stadt Frankfurt am Main und ihrer Bürger" wurde ihm 1976 die Römerplakette in Bronze verliehen.

2. Kindheit und Jugend

Berthold Simonsohn wurde 1912 als jüngster von drei Kindern in Bernburg an der Saale geboren, wo sein Vater eine Kunstblumenfabrik betrieb. Seine aus Wien stammende Mutter Sidonie war eine Schwester des Publizisten Alfred Fried, der 1911 den Friedensnobelpreis erhielt und der für den jungen Berthold Simonsohn ein großes Vorbild war. Nach dem Besuch der Grundschule wechselte Berthold Simonsohn auf das humanistische Gymnasium. Hier wurde er als Fünfzehnjähriger mit Nationalismus und Antisemitismus konfrontiert. In einem Klassenaufsatz von 1928 schrieb er – damals gerade 16 Jahre alt –, daß eine

„Welle des politischen Radikalismus alle Bande der Kameradschaftlichkeit löste. Die Jugend, die hassen statt lieben lernte, glaubte ihre „nationale" Tüchtigkeit dadurch beweisen zu müssen, daß sie mir wie allen Andersdenkenden, die Schule verekelte."

Er kritisierte die Oberflächlichkeit seiner Schulkameraden und die auf Wissenserwerb gerichtete Schule, die keine erzieherische „Gemeinschaftsarbeit" leiste. Deshalb habe sich auch

„der beste Teil der Jugendlichen dem dritten Erziehungsfaktor - der Jugendbewegung ohne Unterschiede der Klasse oder Partei - angeschlossen" (Simonsohn 1928).

In Bernburg lebten etwa 50 jüdische Familien und Berthold Simonsohn trat einem zionistisch-sozialistischen Jugendbund bei und gründete als 15jähriger Gymnasiast eine eigene Jugendgruppe in Bernburg. Dies hier zu erwähnen, ist deshalb wichtig, weil er der jüdischen Jugendbewegung sein ganzes Leben hindurch verbunden blieb und in dieser Gemeinschaft viele seiner Freunde fand. Die Erfahrungen in der Jugendbewegung und ihre Ideale beeinflussten auch nachhaltig sein pädagogisches Denken.

3. Studium

Nach dem mit Auszeichnung bestandenen Abitur studierte Berthold Simonsohn Staatswissenschaft und vom zweiten Semester an auch Jura an den Universitäten in Halle-Wittenberg und Leipzig. Als er 1933 kurz vor dem Abschluß seines juristischen Studiums stand, kam Hitler an die Macht. Schon zu Beginn des Sommersemesters 1933 wurden an der juristischen Fakultät der Hallenser Universität sechs von 12 Professoren entlassen, weil sie Juden waren, und Berthold Simonsohn erfuhr, daß Juden nicht mehr zum Staatsexamen zugelassen würden. Die einzige Möglichkeit, das Studium abzuschließen, war die Promotion, da hierfür das Staatsexamen keine Voraussetzung war. Noch hatte die Universität die Autonomie, akademische Prüfungen ohne Einmischung der NSDAP abzuhalten, aber es war abzusehen, daß auch diese Möglichkeit für jüdische Studenten nicht mehr lange gegeben sein würde. Von den sechs noch an der Fakultät verbliebenen Professoren wählte Simonsohn Prof. Dr. Erich Schwinge als seinen Doktorvater. Schwinge, ein konservativer Strafrechtler, der später in den 40er Jahren nach dem Einmarsch der deutschen Truppen in Frankreich ein wegen seiner harten Urteile berüchtigter Richter am Militärgericht in Paris war, nahm ihn als Doktorand an. Für seine Dissertation wählte Simonsohn ein Thema aus der Rechtsgeschichte mit stark philosophischer Ausrichtung, was seinen Neigungen entsprach. Es hieß:

„Der Hochverrat in Wissenschaft, Gesetzgebung und Rechtsprechung von der französischen Revolution bis zum Reichsstrafgesetzbuch. Eine rechtsgeschichtliche Untersuchung des Verbrechens in der Epoche des Liberalismus, in seinem Zusammenhang mit dem Zeitgeschehen."

Unter schwierigen und bedrückenden Umständen verfasste Berthold Simonsohn seine Dissertation, die er in nur einem dreiviertel Jahr schrieb und am 5. Februar 1934 bei der juristischen Fakultät einreichte. Auch seinem Betreuer Prof. Schwinge war klar, daß das Verfahren schnellstens durchgezogen werden mußte, da man schon sehr bald mit dem Verbot, Juden zu promovieren, rechnete. Deshalb legte Schwinge bereits eine Woche nach Einreichung der Arbeit das Gutachten vor, in dem er schrieb:

„Besonderes Lob verdient, daß sich der Verf. es angelegen sein läßt, durch die ganze Untersuchung hindurch den Zusammenhang mit der politischen Bewegung der Zeit deutlich werden zu lassen. Er bietet infolgedessen nicht nur eine bloß juristische Abhandlung, sondern ein interessantes Bild der ganzen Zeit, aus dem der Gesetzgeber unserer Tage manches lernen kann" (Schwinge 1934).

Nach Drucklegung der Arbeit wurde Simonsohn die Promotionsurkunde am 11. Juni 1934 überreicht.

Berthold Simonsohn wurde von den Nazis nicht nur deswegen verfolgt, weil er Jude war, sondern auch wegen seiner links gerichteten politischen Aktivitäten. Schon in der Schule waren Geschichte, Politik und Wirtschaftstheorie seine Lieblingsfächer, und er trat bereits als Schüler der Sozialistischen Arbeiterjugend in Bernburg bei und gehörte während des Studiums zur Sozialistischen Studentenschaft. Bei der Spaltung der SPD ging er mit dem linken Flügel zur SAP, der Sozialistischen Arbeiterpartei und gründete mit anderen Genossen den Sozialistischen Studenten-Verband in Halle, dessen 2. Vorsitzender er war. 1932 kandidierte er auf einer gemeinsamen Liste mit den kommunistischen Studenten zum ASTA.

Mit Beginn des Nazi-Regimes organisierte er in Halle und Mitteldeutschland die illegale Arbeit mit anderen Genossen der SAP. Ende 1933 – er war mit dem Abfassen seiner Dissertation über Hochverrat beschäftigt – wurde er wegen des Verdachts des Landesverrats verhaftet. Kurz davor wurde aus dem gleichen Grund sein älterer Bruder Carl verhaftet. Bei den Eltern erfolgte eine Hausdurchsuchung, bei der zum Glück kein belastendes Material gefunden wurde. Hiervon informierte ihn seine Mutter telefonisch, so daß er gerade noch rechtzeitig, bevor auch bei ihm eine Hausdurchsuchung erfolgte, das illegale Material beseitigen konnte. Da man ihm seine Widerstandstätigkeit nicht nachweisen konnte, wurde er nach drei Tagen Haft wieder freigelassen.

Nach Abschluss seines Studiums kehrte Simonsohn in seine Heimatstadt Bernburg a. d. Saale zurück, da „angesichts der politischen Entwicklung an eine wissenschaftliche Laufbahn nicht zu denken war". Dort stand er sowohl infolge der früheren Verhaftung wie auch als Jude unter ständiger Beobachtung durch die Gestapo. Er übernahm die Geschäftsführung in der Kunstblumenfabrik des schon alten und kranken Vaters, deren Niedergang aufgrund des Boykotts jüdischer Geschäfte und Unternehmen nicht aufzuhalten war.

4. Verfolgung und Deportationen

Da es für ihn nach Auflösung der Fabrik in Bernburg keine berufliche Perspektive gab, bemühte er sich um eine Anstellung bei der Zentralwohlfahrtsstelle der Juden in Deutschland. Zunächst wurde er Fürsorger in der Provinzialstelle Stettin. Dort wurde er am 9. November 1938 zum zweiten Mal verhaftet und kam mit etwa 200 weiteren Männern ins KZ-Sachsenhausen. Durch die Intervention der Zentralwohlfahrtsstelle wurde er nach drei Wochen entlassen, mit der Auflage, sich vierzehntägig bei der Gestapo zu melden und seine Auswanderung vorzubereiten.

Von 1939 an war er in Hamburg als Bezirksfürsorger für Nordwestdeutschland der Reichsvereinigung der Juden in Deutschland tätig. Hier sammelte er unter den schwierigen Bedingungen der Verfolgung Erfahrungen in der sozialen Arbeit. Auch hier konnte er seine Jugendbildungsarbeit in der jüdischen Jugendbewegung, „gedeckt durch meine amtliche Stellung in der sozialen Arbeit" fortsetzen.

Im Juli 1942 wurde er zusammen mit seiner Schwester und Mutter, die inzwischen auch von Bernburg nach Hamburg gezogen waren, nach Theresienstadt deportiert. Dort wurde er stellvertretender Leiter der Jugendfürsorge und engagierte sich auch hier intensiv in der Bildungsarbeit.

„Besonders umfangreich und nahezu ausfüllend wurde diese Lehrtätigkeit dann in Theresienstadt, wo es uns gelang, getarnt ein ganzes Unterrichts- und Erziehungswesen aufzubauen und wo ich regelmäßig Kurse aus den oben genannten Gebieten, ganz besonders aber über Geschichte der internationalen Arbeiterbewegung, der sozialistischen Ideen, des Marxismus, des Nationalismus und sein Verhältnis zum Sozialismus, Geschichte des 20. Jahrhunderts hielt, obwohl mir so gut wie kein Material zur Vorbereitung zur Verfügung stand. Außerdem war ich leitend in der Organisierung der Widerstandsbewegung in Gemeinschaft mit den Genossen, die der tschechischen KP angehörten. Diese wurde allerdings durch plötzliche Deportierung aller jüngeren Menschen zerschlagen und kam nicht zur Aktion" (Simonsohn 1948).

Wie durch ein Wunder überlebte Simonsohn die weiteren Deportationen nach Auschwitz, Dachau und Kaufering.

Auch seine Frau Trude, geb. Guttmann, die er in Theresienstadt kennengelernt hatte, war eine Überlebende des Holocaust. Sie hatte beide Eltern im KZ verloren und war, bevor sie nach Theresienstadt deportiert wurde, selbst in Einzelhaft wegen illegaler Tätigkeit zur Zeit des Standrechts.

5. Nach der Befreiung

Fast unmittelbar nach der Befreiung im Sommer 1945 schrieb er an seinen Bruder in Palästina, daß er nach Deutschland zurückkehren wollte, aber noch abwarte, bis sich die Verhältnisse gebessert hätten. So arbeitete er noch bis zum Herbst mit bei der Auflösung des Ghettos Theresienstadt und danach bis zum Frühjahr 1946 im Repatriierungsamt des tschechoslowakischen Sozialministeriums in Prag. Dort war es seine Aufgabe, zusammen mit seiner Frau, die ebenfalls dort angestellt war, die aus aller Welt kommenden Anfragen nach dem Verbleib der durch die Nazis deportierten Juden zu beantworten.

Von 1946 bis 1950 lebte er in der Schweiz. Dort wurde er für ein Jahr Geschäftsführer des Sanatoriums „Höhwald", einer Einrichtung des Hechaluz und der Jüdischen Flüchtlingshilfe Davos, deren Leiter Joseph Brumlik war. Es bot Platz für etwa 30 lungenkranke Chaluzim, die beabsichtigten, nach ihrer Heilung nach Palästina auszuwandern. Sie kamen ausnahmslos aus Konzentrationslagern.

Nach einem Jahr gab er diese Stellung auf, um Nationalökonomie, Soziologie und Geschichte zu studieren, was ihm durch ein Stipendium ermöglicht wurde. Er begann dieses Studium zum einen, weil es sein dringender Wunsch war „wieder in eine wissenschaftliche Laufbahn zurückzukehren", und zum anderen weil er Zeit gewinnen wollte, um die Entwicklung in Deutschland abzuwarten, ehe er dorthin zurückkehrte.

So studierte er seit Oktober 1947 an der Universität Zürich und hielt folgende schriftlich ausgearbeitete Referate:

- „Die soziale Schichtung des deutschen Volkes und die Klassenproblematik" (Manuskript nicht erhalten);
- „Der deutsch-englische Wirtschaftskrieg, seine Gründe, Methoden und Ziele" (Manuskript nicht erhalten);
- „Zur Soziologie der Reformation. Die Wechselwirkung von Wirtschaft und Religion im 16. und 17. Jahrhundert" (Manuskript nicht erhalten);
- „Friedrich Engels Anteil an den ökonomischen Lehren des Marxismus" (Referat 40 S. Schreibmaschine, gehalten am 22. April 1949 im Sozialökonomischen Seminar von Prof. Dr. M. Saitzer);
- „Der Gesamtarbeits - Vertrag, seine Entstehung und Entwicklung in den führenden Industrieländern" (Referat 40 S. Schreibmaschine, gehalten am 12. Januar 1949 im Sozialökonomischen Seminar von Prof. Dr. R. Büchner);
- „Max Webers Aufsatz: ‚Die protestantische Ethik und der Geist des Kapitalismus' als Schulemachendes Werk" (Referat 18 S. Schreibmaschine, gehalten am 10. Mai 1949 in der Wirtschaftsgeschichtlichen Übung von Prof. Dr. Silberschmidt).

Zu seinem großen Bedauern konnte er sich als Ausländer nicht habilitieren und hätte dieses Studium nur mit einer zweiten Promotion abschließen können. 1949 schrieb er in einem Brief: „Das Studium hier abzuschließen ist ziemlich zwecklos. Ein zweiter Doktortitel ist überflüssig" (Simonsohn 1949 an A. Hertz). Simonsohn empfand die Perspektivlosigkeit seines Lebens in der Schweiz zunehmend als belastend, und weiter hieß es in dem gleichen Brief: „Das Gefühl, mit 37 Jahren noch immer nichts zu sein, lastet sehr deprimierend auf mir."

6. Rückkehr nach Deutschland

Als in dieser Situation aus Hamburg die Anfrage kam, ob er nicht wieder in der jüdischen Gemeinde Hamburgs anfangen wollte, weil dort die zurückkehrenden Juden, die sich z. T. in Lagern befanden und entweder in Deutschland bleiben oder auswandern wollten, dringend der Beratung und Betreuung bedurften, entschied er sich für die Rückkehr nach Deutschland. Viele glaubten, daß in Deutschland Juden nur noch vorübergehend leben würden, daß es nach dem Holocaust keine jüdischen Gemeinden mehr geben würde. Im Unterschied dazu glaubte Berthold Simonsohn trotz der bitteren Erfahrungen, dem Leid der Verfolgung und des Holocaust an die Möglichkeit, daß jüdisches Leben in einem demokratischen Deutschland wieder entstehen würde. Allerdings hatte er die Schwierigkeiten klar vor Augen, als er bereits im Dezember 1945 schrieb, daß das Verhältnis zwischen Juden und Deutschen auf lange Zeit vergiftet sei.

„Niemals ist ein Staat in der neueren Geschichte so tief gesunken. Es wird eine schwere Arbeit werden."

Bei der Arbeit in der jüdischen Gemeinde und dann nach der Gründung der neuen Zentralwohlfahrtsstelle der Juden in Deutschland (ZWSt)1951 waren vor allem Simonsohns juristische Kompetenzen in allen Fragen der Entschädigung der Naziopfer gefragt. Als geschäftsführender Direktor hat er die ZWST von dem „ein-Mann-Betrieb" zu einer anerkannten Institution ausgebaut. Er hat ein Sozialreferat eingerichtet, dessen Leiter Bertold Scheller wurde und wenig später ein Jugendreferat, für das Harry Maor eingestellt wurde. Im Mittelpunkt der Arbeit standen

- die juristische Beratungstätigkeit in Wiedergutmachungsfragen,
- die Beratung derer, die auswandern wollten,
- Hilfen beim Aufbau einer neuen Existenz in Deutschland und
- die Aufbauarbeit der neuen Organisation, die er als Nachfolgerin der alten ZWSt sah.

Da sich die Aufgaben der ZWSt auf das gesamte Bundesgebiet und West-Berlin bezogen, zeigte es sich, daß diese von Hamburg aus nicht mehr wahrzunehmen waren. Als zentral gelegene Stadt wurde Frankfurt a. M. als Sitz ausgewählt und der Umzug erfolgte im Sommer 1955.

Simonsohns publizistischen Fähigkeiten und Interessen kamen erst 1956 mit der Gründung der Zeitschrift „Jüdische Sozialarbeit", die „seine unverwechselbare Handschrift" (ZEDAKA 1993, S.373) trug, wieder zum Zuge. In nur wenigen Jahren gelang es ihm, diese zu einer in Fachkreisen sehr beachteten Fachzeitschrift aufzubauen. In einem Artikel der Jüdischen Allgemeinen Wochenzeitung (April 1962) aus Anlass seines 50. Geburtstages nannte ihn Dr. Harry Maor einen „Pionier des jüdischen Lebens" und würdigte seinen unermüdlichen Einsatz für das Judentum.

Nachdem Simonsohn zehn Jahre lang als geschäftsführender Direktor die Zentralwohlfahrtsstelle der Juden in Deutschland erfolgreich geleitet hatte, gab er diese Stelle auf, als sich ihm die Chance zu wissenschaftlicher Arbeit an der neu gegründeten Hochschule für Erziehung bot.

7. Die Berufung zum Hochschullehrer an der Johann Wolfgang Goethe-Universität

Berthold Simonsohn wurde kurz vor seinem 50. Geburtstag am 1. April 1962 auf die neu geschaffene Professur für Sozialpädagogik und Jugendrecht an die Hochschule für Erziehung in Frankfurt am Main berufen, die wenige Jahre später in die Johann Wolfgang Goethe-Universität integriert wurde. Mit der relativ spät erfolgten Berufung erfüllte sich für Berthold Simonsohn ein von Jugend an gehegter Wunsch, „eine wissenschaftliche Laufbahn" einzuschlagen.

An die Frankfurter Universität waren Horkheimer und Adorno aus der Emigration zurückgekehrt, aber mit Berthold Simonsohn wurde m. W. erstmals ein jüdischer Überlebender von Theresienstadt und Auschwitz als Hochschullehrer berufen. Damals war das Verschweigen und Verdrängen des Naziterrors in der Bevölkerung noch weit verbreitet, und gerade deshalb war für die Studierenden die Begegnung mit Simonsohn als einem Überlebenden des Holocaust von außerordentlicher Bedeutung im Hinblick auf ihre eigene Auseinandersetzung mit dem Nationalsozialismus und dem Holocaust.

8. Sozialpädagogik in der Lehrerbildung

Im Jahre 1961 wurde die Hochschule für Erziehung an der Universität Frankfurt als Nachfolgeinstitution des Pädagogischen Instituts in Jugenheim an der Bergstraße gegründet und 1967 als Abteilung für Erziehungswissenschaften in die Universität voll integriert. Diese Einrichtung war zuständig für die 6-semestrige Ausbildung für das Lehramt an Grund-, Haupt- und Realschulen, wohingegen die Ausbildung für das Lehramt an Gymnasien an dem Pädagogischen Seminar der Philosophischen Fakultät erfolgte.

Es ist bemerkenswert, daß an der Hochschule für Erziehung, an der keine Sozialpädagogen, sondern ausschließlich Lehrer für Grund-, Haupt- und Realschulen ausgebildet wurden, eine Professur für Sozialpädagogik und Jugendrecht eingerichtet wurde. Die künftigen Lehrer und Lehrerinnen mußten nach der Studien- und Prüfungsordnung neben der Schulpädagogik und der Allgemeinen Didaktik, die für alle künftigen Lehrer Pflichtfach war, ein zweites Schwerpunktgebiet mit acht Semesterwochenstunden belegen. Hierbei konnten die Studierenden zwischen der Allgemeinen (historischen, systematischen, vergleichenden) Pädagogik oder der Sozialpädagogik wählen. Etwa 20 Prozent der Studierenden pro Jahr entschieden sich für das Schwerpunktgebiet Sozialpädagogik und 10 bis 15 von ihnen behandelten in ihren Staatsexamensarbeiten sozialpädagogische Themen.

Die Notwendigkeit des Faches Sozialpädagogik in der Lehrerbildung begründete Simonsohn damit, daß die Schule sich angesichts der Probleme der gesellschaftlichen Wirklichkeit nicht mehr auf die Funktion der bloßen Wissensvermittlung beschränken könne.

„Die Erweiterung des pädagogischen Blickfeldes auf einen positiven Schutz der Jugend vor den Bedrohungen und Gefährdungen der Gesellschaft, die Erkenntnis, daß es sich nicht mehr um besondere Nöte Einzelner oder besonders gefährdeter Gruppen, sondern um eine allgemeine existenzielle Not der heranwachsenden Generation handelt, macht die Sozialpädagogik nicht mehr zu einem besonderen Gebiet neben der Schulpädagogik, sondern zu einem untrennbaren Bestandteil der gesamten Pädagogik. Öffentliche Erziehungshilfe ist deshalb heute nicht nur eine Aufgabe der freien und kommunalen Jugendwohlfahrt, besonders des Jugendamtes, sondern muß in der Schule beginnen, die alle Kinder und alle frühzeitig erfaßt" (Simonsohn 1968, S. 516).

Simonsohn bedauerte es, daß die Abteilung für Erziehungswissenschaften keine Diplomprüfungen und Promotionen durchführen konnte und daß deshalb eine systematische Forschungsarbeit nicht betrieben werden könnte. Er hielt eine akademische Ausbildung auf dem Gebiet der Sozialpädagogik wegen der gesamtgesellschaftlichen Entwicklung mit ihrem ständigen Wandel, den immer komplexer und undurchschaubarer werdenden Zusammenhängen für dringend erforderlich.

„Als der absolute Stillstand und Rückschritt des geistigen Lebens mit der totalen Niederlage des nationalsozialistischen Systems und der Überwindung der ärgsten Not sein Ende fand, brachte ihn erst die persönliche und ideelle Wiederbegegnung mit Theorie und Praxis der demokratischen Welt auch auf dem Gebiet der sozialpädagogischen Arbeit voll zum Bewußtsein. Neue Erkenntnisse in allen Wissenschaften vom Menschen hatte - nicht zuletzt unter aktivster Mitwirkung der aus dem deutschen Sprach- und Kulturkreis Vertriebenen – zur Entfaltung neuer Methoden geführt. Die starke Spezialisierung und Differenzierung machte eine Zusammenfassung des Wesentlichen, seine theoretische Durchdringung und Analyse dringend, schuf das Bedürfnis nach einer eigenständigen wissenschaftlichen Disziplin der Sozialpädagogik als Grundlage für eine moderne Sozialarbeit, nach einer Forschung, die die Erfahrungen und Erkenntnisse anderer Länder gemäß den in der Bundesrepublik gegebenen Bedingungen selbständig zu verarbeiten und zu entwickeln hätte, nach einer Lehre, die dem wissenschaftlichen Standard der zweiten Hälfte des 20. Jahrhunderts angemessen wäre. [...] Es ist nicht einzusehen, warum Lehrer, die mit der Erziehung normaler Kinder zu tun haben, heute das Abitur haben müssen und an eigenen Hochschulen, die immer enger an die Universitäten heranrücken, z. T. wie in Hamburg und Hessen in sie integriert werden, ausgebildet werden, für Erzieher von geschädigten, gestörten und schwierigen Kindern aber mittlere Reife und Fachschulausbildung genügen soll" (Simonsohn 1966, S.206 f.).

Erst mit der Gründung des Fachbereichs Erziehungswissenschaft und der Einführung des Diplomstudienganges gab es neben den Lehramtsstudenten zunehmend Studierende, die Sozialpädagogik als Hauptfach studierten und das Diplom bzw. die Promotion anstrebten. Allerdings hatte die Entwicklung auch ihren Preis: Mit der Reform der Lehrerausbildung wurde der erziehungswissenschaftliche Anteil im Studium reduziert und das Schwerpunktgebiet Sozialpädagogik entfiel. Hierauf nahm Aloys Leber Bezug, als er die Bedeutung Simonsohns für die Lehrerbildung hervorhob:

„Berthold Simonsohn hatte während vieler Jahre einen Schülerkreis von sozialpädagogisch interessierten Lehrerstudenten, die das, was er ihnen vermittelt, in ihnen weckte, bei ihnen anregte, in den späteren Schulalltag und in eigene politische und wissenschaftliche Initiativen umsetzten. Aus diesem Grund habe ich es sehr bedauert, daß durch die institutionelle Abtrennung der Sozialpädagogik von der offiziellen Lehrerausbildung sein sozialpädagogischer Einfluß auf die künftigen Lehrer erheblich gemindert wurde" (Leber 1978, S. 96).

9. Das sozialpädagogische Praktikum

Außer der theoretischen Auseinandersetzung mit Fragen der Sozialpädagogik legte Simonsohn – selbst ein erfahrener Praktiker der sozialen Arbeit – sehr viel Wert darauf, daß die Studierenden fundierte Einblicke in die Praxis erhielten. Interessierte Studentinnen und Studenten konnten ein freiwilliges 6-wöchiges Praktikum in einer sozialpädagogischen Einrichtung absolvieren oder auch eine Erziehungsbeistandschaft für die Dauer von mindestens einem Jahr übernehmen. Simonsohn pflegte dabei intensiv die Zusammenarbeit mit verschiedenen sozialpädagogischen Einrichtungen, in die er die Studierenden vermittelte. Regelmäßig lud er Sozialpädagogen und Sozialarbeitern aus der Praxis oder herausragende Wissenschaftler (René Spitz, Hans Zulliger) zu Vorträgen und Diskussionen ein, letztere in Zusammenarbeit mit dem Psychoanalytischen Institut.

Einblicke in die Praxis suchte er auch durch den Einsatz pädagogischer und psychologischer Filme zu vermitteln. Als Beispiele seien genannt: „Der Weg ins Leben" (nach Makarenko), „Boys Town" nach Pater Flanagan und die wissenschaftlichen Filme von R. Spitz über seine Hospitalismusforschungen.

Die folgende Liste der sozialpädagogischen Einrichtungen stellt eine Auswahl der Einrichtungen dar, in denen Lehramtsstudenten in den 60er Jahren die Praktika absolvierten:

Erziehungsberatungsstelle der jüdischen Gemeinde Frankfurt, Städtische Erziehungsberatungsstelle der Sozialstation Frankfurt-Bornheim, Jugendstrafanstalt Rockenberg, Sonderschule für Praktisch Bildbare in Frankfurt, St. Antonius-Heim in Fulda, einem großen Heim mit 240 Kindern und Jugendlichen mit einer eigenen Heimsonderschule, St. Elisabethenhaus, Marburg, (Heim für 36 Kinder), Hermann-Luppe- Heim, Heilpädagogisches Heim der Stadt Frankfurt, Kinderdorf Marienhöhe e.V., Erbach, Kinderheim St. Vincenzstift, Aulhausen, Säuglings- und Kleinkinderheim, Königstein, Heil- und Erziehungsinstitut für seelenpflegebedürftige Kinder, Kassel (eine anthroposophische Einrichtung), Orthopädische Klinik und Rehabilitationszentrum der Inneren Mission e. V., Hessisch-Lichtenau, Sonderschulen für Lernbehinderte, Frankfurt, Bad Homburg, Hofheim.

Nach Abschluß des Praktikums verfaßten die Studierenden für das Auswertungsseminar ausführliche Erfahrungsberichte, die detaillierte Informationen über die sozialpädagogische Arbeit, manchmal auch über Mißstände enthielten, die Simonsohn veranlaßten, bei den Einrichtungen kritische Nachfragen zu stellen.

Berthold Simonsohn betonte immer wieder, wie notwendig der Austausch zwischen Wissenschaft und Praxis war und daß ihm die Handlungsorientierung in Lehre und Studium wichtig war.

Die enge Verbindung der theoretischen Ausbildung mit praktischer Erfahrung in der sozialen Arbeit war nach seiner Auffassung auch eine unerlässliche Voraussetzung für die akademische Lehre und Forschung. Wie nachhaltig sein Wirken war, läßt sich daran erkennen, daß die Schule des Zentrums für Erziehungshilfe in Frankfurt a. M. seinen Namen trägt. (Die Berthold Simonsohn-Schule bildet mit dem Jugendamt gemeinsam das Zentrum für Erziehungshilfe als sonderpädagogisches Beratungs- und Förderzentrum. Ziel ist der Verbleib der Schüler in der Regelschule.)

10. Gründung des Instituts für Sonder- und Heilpädagogik

Im Februar 1968 schlug der Hessische Kultusminister vor, an der Johann Wolfgang Goethe-Universität einen achtsemestrigen Studiengang für das Lehramt an Sonderschulen zu schaffen. Diesen Vorschlag aufgreifend, legte Simonsohn der Abteilung für Erziehungswissenschaften am 8.4.1968 eine „Denkschrift über die Ausbildung von Sonderschullehrern" vor. Da an der Universität in Marburg bereits ein sonderpädagogischer Studiengang mit den Schwerpunkten der Pädagogik für Sinnes- und Körperbehinderte bestand, sollte man – so die Vorstellung von Simonsohn – arbeitsteilig vorgehen und in Frankfurt den Schwerpunkt auf die Pädagogik für lernbehinderte und verhaltensgestörte Kinder legen. Simonsohn schlug vor, ein „Institut für Sozial- und Heilpädagogik" zu gründen. Nach seiner Vorstellung sollte die sonderpädagogische Ausbildung eng mit dem Fachgebiet der Sozialpädagogik verknüpft werden. Dieser Ansatz wird auch in dem Papier deutlich, in dem er das Fachgebiet umreißt:

„Sozial- und Heilpädagogik gehen von den besonderen Problemen aus, die sich aus den verschiedenen Arten der Fehlentwicklung (Erziehungsschwierigkeiten, neurotische Störungen, Verwahrlosung und Kriminalität) ergeben. Sie sucht deren Ursachen im sozialen Milieu, seine Auswirkungen auf die Erziehungsfaktoren wie Elternhaus, Schule, Jugendorganisationen, Massenmedien usw. – und in Verbindung mit den Anlagebedingungen auch auf die psychische Struktur des Einzelnen zu ergründen. Unter Einbeziehung der Erkenntnisse aller Wissenschaften vom Menschen (Biologie, Psychologie, Soziologie) und ihrer Auswertung zur Behebung individueller und sozialer Schäden in Medizin, Psychotherapie und Sozialpolitik, sucht sie pädagogische Einrichtungen und Erziehungsmethoden zu entwickeln, die zur Heilung, Besserung und Verhütung solcher Fehlentwicklungen im Bereich der Schule, aber auch aller anderen Erziehungsmächte (Familie, Kindergarten, Heime, öffentliche und private Jugendhilfe) geeignet sein können" (Simonsohn 1968).

Für den neuen Studiengang sollte ein Institut für Sozial- und Heilpädagogik gegründet werden. Dieses hätte die Aufgabe, einerseits die künftigen Sonderschullehrer auszubilden; darüber hinaus sollte es aber „auch anderen Erziehern und Sozialarbeitern im Rahmen der Heil- und Sozialpädagogik außerhalb des Schulbereiches die Möglichkeit einer akademischen Ausbildung eröffnen." Die Ausbildungsinhalte gliederte er in die folgenden vier Bereiche:

„Die Ausbildung besteht in einem heilpädagogischen Studium (Pädagogik und Psychologie der Sonderschule bzw. des Erziehungsheimes), einem Studium der Didaktik und Methodik der Sonderschule, wahlweise der Methodik der Heimerziehung, einem Studium in Kunst (Werken), Musik oder Leibeserziehung bzw. Spieltherapie."

Durch das Studium eines Wahlfaches (Fachwissenschaft und Didaktik) wünschte Simonsohn, die Durchlässigkeit zur Tätigkeit an einer Grundschule zu gewährleisten, denn seiner Meinung nach sollten Lehrer „nicht für alle Zeiten und nicht ausschließlich auf eine Schulart beschränkt werden." Diese Forderung, die geeignet wäre, die persönliche und berufliche Entwicklung von Lehrern und Lehrerinnen zu fördern, wurde jedoch nicht verwirklicht.

Alternativ zum Sonderschullehrerexamen schlug Simonsohn vor, für Studierende, die eine Tätigkeit außerhalb der Sonderschule anstrebten, die Diplomprüfung einzuführen. Als mögliche Tätigkeitsfelder nannte er:

„Leitende Tätigkeit an öffentlichen und privaten Einrichtungen der Kinder- und Jugendhilfe sowie der Jugendgerichtsbarkeit, Mitarbeit in Erziehungsberatungsstellen, schulpsychologischen Dienst und Beobachtungsstationen, Dozententätigkeit an sozialpädagogischen Ausbildungsstätten."

Zu den weiteren Aufgaben des Instituts rechnete Simonsohn die Vorbereitung auf die Promotion und die wissenschaftliche Forschung

„auf allen Gebieten der Heilpädagogik (Sozialarbeit, Kinder- und Jugendhilfe, insbesondere Heimerziehung, Diagnose und Behandlung von Fehlentwicklungen jeglicher Art) sowie des Sonderschulwesens, des schulpsychologischen Dienstes und der Erziehungsberatung" (Simonsohn 1968, S. 3).

Für die Schaffung eines sonderpädagogischen Studiengangs in Frankfurt spräche, daß es bereits einen Lehrstuhl für Sozialpädagogik gäbe, daß in Frankfurt ein Netz von Sonderschulen und darüber hinaus viele sozialpädagogische und heilpädagogische Einrichtungen für Praktika und Hospitationen bereitstünden. Ferner wünschte er eine enge Verbindung mit der Ausbildung der Grund- und Hauptschullehrer, „weil möglichst alle zukünftigen Lehrer mit dieser Problematik vertraut gemacht werden sollten."

Nachdem dieser Vorschlag alle Hürden der politischen Entscheidungsgremien in der Universität und im Kultusministerium genommen hatte, erhielt Simonsohn den Auftrag, die Gründung des Instituts vorzubereiten. Die zu besetzenden Professuren wurden in Anlehnung an Simonsohns Vorschlag ausgeschrieben und mit Gerd Iben (Heilpädagogik), Alois Leber (Psychotherapie) und Helmut Reiser (Pädagogik der Verhaltensgestörten) besetzt.

11. Schwerpunkte der Lehre

Schwerpunkte seiner Lehre, seiner Publikationen und seines öffentlichen Wirkens sind die folgenden drei einander ergänzenden Gebiete:
1. Historische Modelle der Heimerziehung
2. Tiefenpsychologie und Sozialpädagogik.
3. Jugendrecht und Sozialpädagogik

Zu 1. Historische Modelle der Heimerziehung:

Hierbei behandelte er pädagogischen Konzepte, die aufgrund ihres tiefenpsychologischen Ansatzes (z. B. Fritz Redl, August Aichhorn, Siegfried Bernfeld) auch einen theoretischen Beitrag zur Entstehung und Heilung abweichenden Verhaltens geleistet haben. Aber auch Erfahrungen, die von herausragenden Pädagogen bei der Resozialisierung devianter Kinder und Jugendlicher in den von ihnen konzipierten Einrichtungen gemacht hatten, wurden in seinen Seminaren vorgestellt und im Hinblick auf ihre Bedeutung für die Gegenwart analysiert. Er befasste sich u. a. mit dem Erziehungsversuch von Pestalozzi in Stanz, mit der Rettungshausbewegung (Johannes Falk, Johann Hinrich Wichern), mit den katholischen Erziehungsanstalten von Don Bosco, mit dem auf Selbstverwaltung beruhenden Konzept der „Boys Town" des amerikanischen Erziehers Pater Flanagan und mit dem „Kinderheim Baumgarten", dessen Leiter Siegfried Bernfeld war. Dieses Buch hatte er schon Ende der 40er Jahre in einem Antiquariat erstanden und bezeichnete es als eines „der schönsten pädagogischen Bücher." Besondere Bedeutung maß er dem psychoanalytischen Ansatz in der Behandlung hoch aggressiver Jugendlicher von August Aichhorn[68] bei und der Fürsorgeanstalt „Lindenhof" von Karl Wilker[69].

„Ich möchte hier noch einmal die Namen nennen, die uns den Weg gewiesen haben, die Namen der großen Pädagogen, die meistens vergessen sind. An erster Stelle möchte ich den nennen, der hier in Berlin gewirkt hat und ein Muster einer solchen neuen Erziehungsform geschaffen hatte, Karl Wilker in der Erziehungsanstalt Berlin-Lichterfelde, im „Lindenhof". Auch den Namen Aichhorn kann man nicht oft genug nennen. Er hat uns eigent-

---

[68] August Aichhorn: Verwahrloste Jugend. Wien, 5. Aufl. 1965
[69] Karl Wilker: Der Lindenhof. Werden und Wollen. Im Lichtkampf – Verlag Hanns Altermann zu Heilbronn am Neckar 1921. Neu erausgegeben und ergänzt durch ein biographisches Vorwort von Hildegard Feidel-Mertz und Christiane Pape-Balling. Dipa Verlag Frankfurt a.M. 1988

lich wirklich das Muster geliefert, wie man mit schwerstgestörten, „asozialen", dissozialen Jugendlichen umzugehen hat" (Simonsohn 1964, S.100).

In diesen Seminaren behandelte Simonsohn bereits Anfang der 60er Jahre auch das Schulmodell „Summerhill" von A. S. Neill, also lange bevor die antiautoritäre Studentenbewegung diese Schrift entdeckte. Für Simonsohn waren der psychoanalytisch orientierte pädagogische Ansatz, die in der Summerhill-School praktizierte Gleichberechtigung zwischen Schülern und Lehrern, das freie Schulleben sowie der Ansatz der „Selbstregulierung der Gruppe" wichtig. Da es damals schwierig war, die Schriften Neills in Deutschland zu bekommen, wandte sich Simonsohn direkt an ihn. Simonsohn wußte, daß Neill, der in den 20er Jahren längere Zeit in Deutschland war, deutsch gut verstand. So schrieb denn Simonsohn am 31.7.1964 auf deutsch und Neill antwortete auf englisch.

„Sehr geehrter Herr Neill!

Es wird Sie sicherlich freuen zu hören, daß Ihre Schriften in meinem Seminar an unserer Hochschule behandelt werden und das besondere Interesse unserer Studenten finden. Wir vergleichen dabei Ihre Erziehungsmethode mit anderen modernen Erziehungsversuchen wie Aichhorn, Wilker, Flanagan und Makarenko, aber auch Don Bosco und Pestalozzi.

Leider haben wir bei der Beschaffung der Schriften einige Schwierigkeiten. In Deutschland ist nur Ihr Buch „That dreadful school"(Anm. 1948 im Pan-Verlag) erschienen. Aber da leider der Verlag nicht mehr existiert, ist es praktisch kaum aufzutreiben. Erst kürzlich las ich Ihr im Jahr 1960 in einem New Yorker Verlag erschienenes Buch „Summerhill". Es würde mich sehr interessieren zu erfahren, ob Sie, wie ich gerüchteweise hörte, mit einem deutschen Verlag wegen der Herausgabe einer deutschen Übersetzung in Verbindung stehen."

Einige Monate später erfuhr Simonsohn, daß das Buch „Summerhill" im Szcesny-Verlag in München erscheinen sollte. Hierauf bezieht sich auch der Brief von Neill.

„Dear Simonsohn,

Es tut mir leid, aber ...my German isn't nearly good enough to lecture in, and any lecture that has to have a translation is a bad one. Also I was 81 two days ago and getting past travelling much. I had heard that the Pan Verlag was dead. The book did not sell well possibly too expansive for the Germany of the years following the war. ...I hope my publisher in Munich will send me a copy of the book. So far I have had translations of my books that I could not read – Japanese, Swedish, Danish, Hebrew, Dutch, Spanish, Italian. It might help my Deutsch to read my own words in German. I am pleased to think that your students will read my book"(Neill an Simonsohn 19.10.1964).

Anzumerken ist noch, daß auch der Szcesny-Verlag (München) mit dem Buch, das unter dem Titel „Erziehung in Summerhill. Das revolutionäre Beispiel einer freien Schule" 1965 in einer leinengebundenen Ausgabe erschien, keinen wirtschaftlichen Erfolg hatte, wohingegen die 1969 bei Rowohlt erschienene Taschenbuchausgabe mit dem wenig zutreffenden Titel „Theorie und Praxis der antiautoritären Erziehung. Das Beispiel Summerhill" sehr hohe Auflagen erzielte und somit eine ganze Generation von Pädagogen prägte.

Zu 2. Tiefenpsychologie und Sozialpädagogik:

Simonsohn sah in der Tiefenpsychologie und insbesondere in der Freud'schen Psychoanalyse die wesentliche theoretische Grundlage seines sozialpädagogischen Ansatzes. In seinen Vorlesungen über Tiefenpsychologie und Sozialpädagogik suchte er die tiefenpsychologische Theorie für die Sozialpädagogik zu erschließen. Die Kenntnis der Tiefenpsychologie sei ein wertvolles Hilfsmittel,

„dessen wirkliche Bedeutung nicht allein in der Heilung seelisch Erkrankter liegt, sondern in der Entwicklung von Erziehungsmethoden, die seelischen Entwicklungen vorbeugen und die zur Beherrschung der dynamischen Kräfte der menschlichen Seele zu einer Stärkung des Ichs, der Vernunft und des sozialen Über-Ichs führen"(Simonsohn 1966, S. 111).

Simonsohn benutzte bei seinen Ankündigungen den Begriff der Tiefenpsychologie, weil er außer der Freud'schen Psychoanalyse auch jene Ansätze behandelte, deren Verfasser sich von der klassischen Psychoanalyse abgewandt hatten wie z. B. W. Reich, oder Adler (Individualpsychologie).

Im Mittelpunkt seines Interesses stand immer wieder das Thema der Aggression, wobei es unverkennbar einen biographischen Bezug gibt. Simonsohn betrachtete die Aggression sowohl als ein Problem der Staaten und Gesellschaften als auch des Einzelnen. Sein psychoanalytisch-pädagogischer Ansatz ist verwoben mit seinem politischen Anliegen, der Schaffung einer humanen und demokratischen Gesellschaft. So heißt es z. B. in einem 1966 veröffentlichten Aufsatz mit dem Titel „Die Aggression als soziales und erzieherisches Problem":

„Wenn wir darum wirklich die Welt verändern wollen, müssen wir nicht nur die sozialen und politischen Voraussetzungen dafür schaffen; vor allen Dingen stellt sich unübersehbar das Problem der Bewältigung der Aggressivität, der „Zähmung" des Individuums".

Die Tiefenpsychologie, so führt er weiter aus, ist ein Hilfsmittel für die Entwicklung von Erziehungsmethoden,

„die seelischen Fehlentwicklungen vorbeugen und die zur Beherrschung der dynamischen Kräfte der menschlichen Seele, zu einer Stärkung des Ichs, der Vernunft und des sozialen Über-Ichs führen" (Simonsohn 1966, S. 107).

Zu 3. Jugendrecht und Sozialpädagogik:

In diesem Schwerpunkt behandelte er als Jurist Fragen des Jugendrechts, des Jugendstrafrechts und der Resozialisierung. Das von ihm 1969 herausgegebene Buch „Jugendkriminalität, Strafjustiz und Sozialpädagogik" erlebte bis 1981 sechs Auflagen mit 33 Tausend Exemplaren und ist bis heute ein Klassiker der Kriminalpädagogik. Seine Vorlesungen und Seminare waren stets sehr gut besucht und nicht nur von Studierenden des Fachbereichs Erziehungswissenschaften sondern auch von Studierenden des Fachbereichs Jura. Im Wintersemester 1964/65 hielt er eine Vorlesung über „Erziehen und Strafen – historischer und Rechtsvergleichender Überblick über die Behandlung von Jugendkriminalität". Diese Veranstaltung stieß auf ein außerordentlich großes Interesse und in einem Brief von 1964 hieß es:

„Zu meiner Vorlesung kommen fast 500, und ich musste wieder in die Aula ziehen und auch meine Seminare sind überfüllt."

In dem gleichen Semester bot er ein Seminar an mit dem Thema „Sozialpädagogik und Tiefenpsychologie – ihre Bedeutung für die Erziehung in Elternhaus, Schule und Jugendhilfe" und die Übung „Das schwierige Schulkind in sozialpädagogischer Sicht (mit Falldarstellungen). Diese Übung führte er gemeinsam mit Günter Feldmann durch, dem Leiter der jüdischen Erziehungsberatungsstelle in Frankfurt.

Berthold Simonsohn hatte als Pädagoge und Jurist ein besonderes Interesse an den Reformbestrebungen des Jugendstrafrechts, wobei sein Ziel nicht eine Verbesserung des Strafvollzugs war, sondern – in Anlehnung an Gustav Radbruch – etwas zu schaffen, das besser ist als Strafvollzug. Und besser als der Strafvollzug waren nach seiner Überzeugung vorbeugende und im Falle des Fehlverhaltens therapeutische Maßnahmen.

Denn daß der Jugendliche gegen etwas „fehlt", hat seine Ursache darin, daß ihm etwas fehlt,

„nämlich die Lebensbedingungen und vor allem die liebevolle Erziehung, deren ein junger Mensch bedarf, um sich zum sozial verantwortlichen Individuum entwickeln zu können."

Berthold Simonsohn wurde in die „Jugendrechtsreform" des Bundesverbandes der Arbeiterwohlfahrt berufen, die Vorschläge für die Neukonzeption des gesamten Jugendstrafrechts erarbeiten sollte. An der von der Kommission 1964 vorgelegten Denkschrift hatte Simonsohn maßgeblichen Anteil. In seinem auf der Tagung der Kommission gehaltenen Referat „Der Junge Mensch vor Gericht. Gedanken zur Neugestaltung im Geiste demokratischer Erziehung. Ein internationaler Überblick" verglich er das deutsche Jugendstrafrecht mit dem anderer Ländern

„weil auf die Dauer eine wirtschaftliche und politische Integrierung ohne eine Rechtsvereinheitlichung in einem bestimmten Ausmaß kaum denkbar ist und deshalb, wenn auch auf lange Sicht, angestrebt werden muss (Simonsohn 1964, S. 97)."

Wir erleben heute, daß angesichts der gestiegenen Zahl gewaltbereiter Jugendlicher schärfere Strafen gefordert werden, und daher sind die folgenden Sätze, mit denen ich schließen möchte, von aktueller Bedeutung:

„Der Schrei nach strengeren Strafen ist für mich nur ein Zeichen der Ohnmacht, des rein emotionellen Rachebedürfnisses, des Wunsches, mit gutem Gewissen seinen eigenen aggressiven Strebungen freien Lauf lassen zu dürfen. Daß abschreckende Maßnahmen niemals zu mehr als einem kurzfristigen Scheinerfolg, auf die Dauer aber zu Hass- und Trotzreaktionen, zu verstärkter Fehlentwicklung und Gesellschaftsfeindlichkeit führen, lehrt die Geschichte jeden Einsichtigen. Der Ruf nach Härte erinnert mich unangenehm an die Zeit, wo man von Humanitätsduselei und liberalistischer Knochenerweichung sprach und damit die schlimmsten Massenvernichtungen vorbereitete. Hüten wir uns davor, zu solchen kurzschlüssigen Forderungen zu kommen an Stelle geduldiger Einsicht in die wirklichen Ursachen des Ansteigens der dissozialen Handlungen von Jugendlichen und ernster pädagogischer Arbeit, die Zeit und ebenfalls Geduld erfordert" (Simonsohn 1964, S.101).

Er fordert dazu auf, die erzieherischen und psychologischen Probleme verstandesmäßig zu erforschen und dabei „die Ungeduld des Herzens mit der Kühle des Verstandes und mit der Geduld" zu verbinden, „die den Kern jeder Pädagogik darstellt" (Simonsohn 1964, S.101).

12. Veröffentlichungen Berthold Simonsohn

ZEDAKA – Jüdische Sozialarbeit im Wandel der Zeit Zedaka. 75 Jahre Zentralwohlfahrtsstelle der Juden in Deutschland 1917-1992; 3. Dezember 1992 -28. Februar 1993, Jüdisches Museum der Stadt Frankfurt a. M. (verantw.: Georg Heuberger und Paul Spiegel) Frankfurt a. M.: Jüdisches Museum 1992, S. 373

Simonsohn, B.: Der Hochverrat in Wissenschaft, Gesetzgebung und Rechtsprechung von der französischen Revolution bis zum Reichsstrafgesetzbuch. Eine rechtsgeschichtliche Untersuchung des Verbrechens in der Epoche des Liberalismus, in seinem Zusammenhang mit dem Zeitgeschehen. Diss. vorgelegt an der Rechts- und Staatswissenschaftlichen Fakultät der Martin-Luther-Universität Halle-Wittenberg, 1934

Simonsohn, B.: Zum Problem der akademischen Ausbildung auf dem Gebiet der Sozialpädagogik. . In: Neues Beginnen, Zeitschrift der Arbeiterwohlfahrt für Theorie und Praxis der sozialen Arbeit 1966, Jg. H.6, S. 204-215

Simonsohn, B.: Die Aggression als soziales und erzieherisches Problem. In: Vorgänge 1966, Heft 3, S. 107-112

Simonsohn, B.: Die Rolle der Sozialpädagogik in der Lehrerbildung. In: Unsere Jugend, 1968, 20. Jg., Heft 11, S. 515 -518

Simonsohn, B.: Der junge Mensch vor Gericht. Gedanken zur Neugestaltung des Rechts im Geiste demokratischer Erziehung. Ein internationaler Überblick. In: Neues Beginnen, Zeitschrift der Arbeiterwohlfahrt 1964, Nr. 7, S. 97 - 101. Nachdruck In: Simonsohn, B. (Hrsg.): Jugendkriminalität, Strafjustiz und Sozialpädagogik, Frankfurt a. M. 1. Aufl. 1969, S. 196-211

13. Unveröffentlichte Quellen

Simonsohn, B.: Hausaufsatz: Mein Lebenslauf, 24.5.1928
Simonsohn, B.: Aus einer Bewerbung für ein Stipendium als Nachwuchswissenschaftler vom 15.4.1948 gerichtet an die Deutsche Verwaltung für Volksbildung in der sowj. Besatzungszone, Abteilung Hochschule und Wissenschaft, Wilhelmstr. 68, Berlin W.8.

Simonsohn, B.: Der Gesamtarbeits-Vertrag, seine Entstehung und Entwicklung in den führenden Industrieländern (Referat 40 S. Schreibmaschine, gehalten am 12. Januar 1949 im Sozialökonomischen Seminar von Prof. Dr. R. Büchner)

Simonsohn, B.: Friedrich Engels Anteil an den ökonomischen Lehren des Marxismus (Referat 40 S. Schreibmaschine, gehalten am 22. April 1949 im Sozialökonomischen Seminar von Prof. Dr. M. Saitzer)

Simonsohn, B.: Max Webers Aufsatz: „Die protestantische Ethik und der Geist des Kapitalismus" als Schule machendes Werk (Referat 18 S. Schreibmaschine, gehalten am 10. Mai 1949 in der Wirtschaftsgeschichtlichen Übung von Prof. Dr. Silberschmidt)

Simonsohn, B.: Brief an Aenne Hertz am 23.4.1949, Nachlass Simonsohn Bundesarchiv, vorläufig Band 58

Simonsohn, B.: Brief an Aenne Hertz vom 5.12.1964

Simonsohn, B.: Denkschrift über die Ausbildung von Sonderschullehrern an der Abteilung für Erziehungswissenschaften der Johann Wolfgang Goethe-Universität Frankfurt a. M.; hektographiertes Manuskr. vom 8.4.1968, 5 S.

Simonsohn, B.: Sozial- und Heilpädagogik (einschl. Jugendrecht) Schreibmasch. Manuskript o. J. (vermutl. 1968)

Simonsohn, B.: Das Studium der Sozialpädagogik an der Abteilung für Erziehungswissenschaften an der Universität Frankfurt a. M.; Manuskript o. J. (vermutlich 1969)

Schwinge 1934, Dissertationsgutachten. Dekanatsakte der Juristischen Fakultät der Universität Halle mit Signatur UA Halle Rep. 31 P Nr. 1198

14. Veröffentlichungen über Berthold Simonsohn

Aden-Grossmann, W.: Berthold Simonsohn. In: Lehmann, M./Schnorbach, H. (Hrsg.): Aufklärung als Lernprozeß. Festschrift für Hildegard Feidel-Mertz. Frankfurt a. M. 1992, S. 109-119

Aden-Grossmann, W.: Berthold Simonsohn. In: Maier, H. (Hrsg.): Who is who in der sozialen Arbeit. Freiburg i. Br. 1998, S. 553 f.

Leber, Aloys: Zur Emeritierung von Berthold Simonsohn (z. T. veröffentlicht in Neue Praxis 3/78). In: Zeugnisse eines engagierten Lebens für die Menschlichkeit. Berthold Simonsohn zum Gedenken. Herausgegeben von Harry Maor. Als Manuskript gedruckt Frankfurt a. M. 1978

Maor, Harry: Pionier des jüdischen Lebens. Dr. Berthold Simonsohn zum 50. Geburtstag In: Allgemeine jüdische Wochenzeitung April 1962

Maor, Harry: Portrait eines Engagierten. Berthold Simonsohn zum 60. Geburtstag. Rede, abgedruckt In: Zeugnisse eines engagierten Lebens für die Menschlichkeit. Berthold Simonsohn zum Gedenken. Herausgegeben von Harry Maor. Als Manuskript gedruckt Frankfurt a. M. 1978, S. 75-80

Anhang

Dokument 1: Prof. Dr. Berthold Simonsohn
Eröffnungsrede der Vorlesung im Sommersemester 1968[70]

Ich glaube, es ist nicht möglich, eine Vorlesung in diesem Semester zu beginnen, wie es sonst der Fall ist. Ich bin der Meinung, daß nach allem, was geschehen ist, jeder, der vor junge Leute tritt, sagen muß, wo er steht und wie er die Ereignisse der vergangenen Woche sieht. Ganz besonders jetzt, wo die Hüter von Ordnung und Staatsautorität sich anschicken, ihre Gewalt verstärkt zu etablieren, Demokratie, Rechtsstaat und Grundgesetz mehr noch, als es ohnehin der Fall ist, auszuhöhlen, nach Verboten, Schnelljustiz, Ausschluß und Existenzvernichtung schreien und alles diffamieren, was anders aussieht, anders sich benimmt und anders denkt. Ihre staatsmännische Weisheit erschöpft sich darin, in Begriffen von Härte, Gummiknüppeln, Schlagstöcken zu denken und vielleicht bald noch Schlimmeres zu rufen.

Fast ist es schon gelungen, in Vergessenheit zu bringen, daß am Anfang der Todschlag Benno Ohnesorgs und ein Mordversuch an einem Führer der Studenten hier in der Bundesrepublik, ein Mord an einem Führer derer, die für die Unterdrückten in den USA kämpfen, standen. Der Mord von rechts hat in unserem Lande eine alte Tradition, Tausende sind ihm zum Opfer gefallen.

Das, was demgegenüber an Gewalttätigkeiten von studentischer Seite geschehen ist, muß in der Relation von Ursache und Wirkung, im Verhältnis

---

[70] Das Jahr 1968 wird allgemein als Beginn der Studentenbewegung angesehen, obgleich sich bereits in den Jahren zuvor Kritik an den bestehenden universitären und allgemein gesellschaftlichen Verhältnissen artikuliert hatte. Studierende protestierten seit dem Herbst 1967 gegen die Konzentration der Presse durch den Springer-Verlag und versuchten die Auslieferung der Zeitungen durch die sog. „Springer-Blockaden" zu verhindern. Nach dem Attentat auf Rudi Dutschke durch den Rechtsradikalen Bachmann am 16. April 1968 in Berlin gab es in Frankfurt a.M. wie in vielen anderen Städten, spontane Demonstrationen. Gegen die Demonstranten ging die Polizei in Frankfurt am Main mit unverhältnismäßig brutaler Gewalt vor. Zahlreiche Studentinnen und Studenten und auch am Rande stehende unbeteiligte Passanten wurden durch Gummiknüppel und den harten Strahl der Wasserwerfer z. T. schwer verletzt.
Seine Empörung über diese Vorgänge brachte Simonsohn dadurch zum Ausdruck, daß er wenige Tage später, am 23. April 1968, seine Vorlesung für das Fachgebiet Sozialpädagogik, zum Thema „Ursachen der Fehlentwicklung von Kindein und Jugendlichen", die von mehreren hundert Studentinnen und Studenten besucht wurde, mit der im folgenden hier abgedruckten Rede eröffnete. Diese Rede wurde in leicht gekürzter Fassung veröffentlicht in: Grossmann, Heinz, Negt, Oskar (Hrsg.): Auferstehung der Gewalt. Springer-Blockade und die Reaktion in der Bundesrepublik. Europäische Verlagsanstalt, Frankfurt a.M. 1968, S. 78 f. (Wilma Aden-Grossmann)

zur Gewalt hier und Gewalt dort gesehen werden. Niemand, der Gewalttätigkeit verurteilt – und auch ich glaube, daß sie den angestrebten Zielen nur abträglich ist – kann als glaubwürdig gelten, wenn er nur die eine Seite verurteilt. Der weit über den gegebenen Anlaß hinausschießende Einsatz der etablierten Gewalt, die Ausnutzung der Stimmung einer einseitig informierten und verhetzten Öffentlichkeit zum verstärkten Einsatz aller politischen Machtmittel gehört ebenso dazu. Völlig unglaubwürdig muß die Empörung jener wirken, die einem verbrecherischen Gewaltregime gedient haben, sei es auch nur mit beschönigenden Worten oder mit sogenannter Pflichterfüllung.

Selbstbesinnung und Selbstkritik ist auf allen Seiten nötig. Soll die Kluft zwischen den Generationen nicht entscheidend vertieft werden, so muß die Einsicht bei den Regierenden und den Parteien am Anfang stehen, daß ihr Immobilismus, ihre Verständnislosigkeit für die Erfordernisse einer Gesellschaft im letzten Drittel des 20. Jahrhunderts, ihre ständigen Versuche, die Freiheitsrechte einzuschränken, bei großen Teilen der jungen Generation, und ganz besonders bei der akademischen Jugend, zu dem Glauben geführt haben, man könne die erstarrte Tabuisierung, die autoritäre und bürokratische Verhärtung nur mit provokativen Aktionen und drastischem Druck erschüttern, – es geschähe mit vernünftigen Reformvorschlägen doch nichts anderes, als daß sie in Schubläden und Papierkörben verschwänden. Gerade die Erziehung zum Glauben an die Heiligkeit und Weisheit der Staatsautorität ist das Unglück der deutschen Geschichte und hat in diesem Jahrhundert Millionen in Tod und Elend gestürzt und zweimal die Welt in Brand gesetzt. Daß eine junge Generation in Deutschland endlich einmal mit diesem verhängnisvollen Tabu bricht, ist eine der wenigen erfreulichen Erscheinungen in Deutschland, in dem allzu lange Ruhe und Gehorsam die ersten Bürgerpflichten waren. Freilich ist es mit Empörung allein nicht getan. Es muß dazu die Einsicht in das Erreichbare, in die psychologischen, soziologischen und politischen Gegebenheiten kommen. Wer die menschliche Gesinnung erneuern will, darf – nicht in seinem Denken, aber in seinem Tun – dem Bewußtsein der Massen, die er gewinnen und überzeugen will, nur einen Schritt voraus sein. Bei jedem Handeln müssen stets die Möglichkeiten einberechnet werden und dazu gehört, daß jede hysterische Übersteigerung, Revolutionsspielerei und Verkennung der Realitäten nur anderen zum Vorwand für den Einsatz ihrer Gewalt dient und den faschistischen Tendenzen zum Durchbruch verhilft. Einsicht und Selbstkritik tut auch hier not. Das Falscheste wäre hier Resignation. Wer für eine bessere Welt eintritt muß wissen, daß es sich um einem langen Kampf, in dem Erfolg und Rückschläge einander folgen, handelt, der die Herrschaft der Vernunft über emotionelle Empörung verlangt, Geduld und Einsicht in das Mögliche, damit man nicht anderen in die Falle geht. Dazu gehört, daß man aus Erfahrungen und aus den Fehlern der anderen wie der eigenen überhaupt lernt. Dazu gehört die Bereitschaft von beiden Seiten, auf repressive Gewalt und autoritäre Machtausnutzung zu verzichten, die Freiheit und Wahrheit der Information, der Verzicht auf Verketzerung der Studenten und Intellektuellen. Ihnen, die sie an der Erziehung der Jugend mitzuwirken berufen sind, muß besonders bewußt sein, daß die Umerziehung der Menschen eine Aufgabe auf lange Sicht ist, daß jede Erziehung das Beispiel verlangt und die Geduld. Generationen sind in Ehrfurcht vor den Oberen, in blindem Gehorsam und treuer Pflichterfüllung erzogen worden. Arbeiten sie mit daran, daß verantwortliche Mitbestimmung aller schon in der Erziehung der neuen Generation vorbereitet wird. Aber seien sie sich bewußt, daß man auch auf politischem Wege darum kämpfen muß, daß die Freiheit, gerade dies zu tun, gesichert wird. Will man in einem Teilbereich etwas verändern, stößt man bald auf Grenzen, die die organisierte Gewalt des gesellschaftlichen Systems setzt. Lassen sie sich deshalb nicht entmutigen und nicht auf Hochschulfragen beschränken. Lassen Sie aber auch nicht zu, billige Vorwände durch undisziplinierte Aktionen denen zu liefern, die das Rad der Entwicklung aufhalten, die Kluft zwischen den Generationen noch vertiefen wollen. Wer für eine bessere Welt kämpft muß wissen, daß zum heißen Herzen, zur verständlichen Ungeduld der Jugend die Einsicht und die Selbstbeherrschung treten müssen, daß beides umgesetzt werden muß in organisierte und geplante Aktion.

Gewaltlosigkeit darf keineswegs Tatenlosigkeit bedeuten. Wenn aus dem Geschehen – wie es der Bundesjustizminister hofft – ein Gewinn erwachsen soll, muß auf beiden Seiten dem Verzicht auf Gewalt das ständige Gespräch und der Wille zu entschiedener Reform folgen.

Dokument 2: Prof. Dr. Bertold Simonsohn
Caritas ohne Wissenschaft?[71]
Zum Problem der akademischen Ausbildung für Führungskräfte auf dem Gebiet der Sozialpädagogik und Sozialarbeit.

Seit langem und von vielen Seiten wird die Forderung gestellt, Möglichkeiten für eine eigenständige sozialpädagogische Ausbildung an Universitäten zu schaffen, um entsprechende Führungskräfte in der sozialen und sozialpädagogischen Arbeit heranzubilden. Diese Bestrebungen sind jetzt mehr als 50 Jahre alt. Als erster hat Karl Wilker, der mit seiner umwälzenden Praxis der Fürsorgeerziehung im „Lindenhof"[72] (einer Anstalt der Stadt Berlin 1917 bis 1921) die sozialpädagogische Bewegung der 20er Jahre mit einem leuchtenden Beispiel eingeleitet hat, schon 1911 darauf hingewiesen., dass Lehrstühle für Sozialpädagogik an den Universitäten unerlässlich seien. Über seinen Mitarbeiter Walter Herrmann., der mit Curt Bondy in den darauffolgenden Jahren die Grundsätze einer humanen und rational gestalteten Erziehung auf den Jugendstrafvollzug (Hamburg-Hahnöfesand) zu übertragen versuchte, führt der Weg zu dem bekannten und geachteten Pädagogen Professor Hermann Nohl, der 1924 an der Göttinger Universität den Versuch unternahm, eine Anzahl ausgewählter Studenten in besonderen Kursen für Berufe im Bereich der Sozialpädagogik und Sozialarbeit auszubilden. Diese Ausbildung erfolgte im Rahmen des Pädagogischen Seminars und wurde mit einem Staatsexamen abgeschlossen.

Bald darauf gelang es den beiden konfessionellen Spitzenverbänden der Freien Wohlfahrtspflege, Studenten aller Fakultäten mit den Problemen der von ihnen geleisteten Sozialarbeit unter wissenschaftlichen Gesichtspunkten durch die Schaffung von Universitätsinstituten vertraut zu machen und sich dadurch einen akademisch ausgebildeten Stab von Mitarbeitern für ihre Arbeit heranzuziehen. Überflüssig zu betonen, dass sowohl das „Institut für Sozialethik der Inneren Mission" am Theologischen Seminar der Universität Berlin (seit 1925) wie das 1927 gegründete „Caritaswissenschaftliche Institut" an der Universität Freiburg (Breisgau) bemüht waren, den Studenten einen Überblick über ihre eigene Arbeit und unter den für sie spezifisch sozialethischen und moraltheologischen Blickpunkten zu geben. Charakteristisch

---

[71] Es handelt sich bei dem 1967 gesendeten Rundfunkvortrag „Caritas ohne Wissenschaft?" um die Erweiterung des Aufsatzes „Zum Problem der akademischen Ausbildung für Führungskräfte auf dem Gebiet der Sozialpädagogik und Sozialarbeit" (In: Neues Beginnen, Ztschr. der Arbeiterwohlfahrt für Theorie und Praxis der sozialen Arbeit, 1966, Heft 6, S. 204-215). Quelle: Nach dem Manuskript der Sendung: Wissen im Wandel, Redaktion Dr. Kadelbach, Hessischer Rundfunk, Frankfurt am Main 14. 08. 1967

[72] Karl Wilker: Der Lindenhof. Werden und Wollen. Im Lichtkampf. Verlag Hanns Altermann zu Heilbronn am Neckar, 1921. Neu herausgegeben und ergänzt durch ein biographisches Vorwort von Hildegard Feidel-Mertz und Christiane Pape-Balling. Dipa Verlag Frankfurt a. M. 1988

für beide war es, dass es sich zwar um ein Zusatzstudium für Studenten aller Fakultäten handelte, dass dem aber doch die Einsicht zugrunde lag, mindestens einem kleinen Kreis leitender Mitarbeiter für die soziale Arbeit eine eigenständig wissenschaftliche Grundlage im Ansatz geben zu müssen. Beide Institute wurden ein Opfer der nationalsozialistischen Willkürherrschaft, erstanden aber wieder nach dem Zweiten Weltkrieg, das katholische unter altem Namen am gleichen Ort, wenn auch erst 1964 der Lehrstuhl wieder besetzt wurde, das evangelische als „Diakoniewissenschaftliches Institut" an der Universität Heidelberg im Jahre 1954. Die Fülle der nach dem Krieg auf die freie Wohlfahrtspflege zukommenden neuen Aufgaben, die auch zur Gründung des Evangelischen Hilfswerkes führten, förderten die Erkenntnis, dass das gute Herz und der Appell an die Barmherzigkeit längst nicht mehr genügen und dass das Ausbildungswesen für die soziale Arbeit einen akademischen Oberbau benötige, dass Lehr- und Forschungsstätten für soziale Probleme erforderlich seien.

Außerhalb des konfessionellen Bereichs bestand an der Universität Frankfurt von ihrer Gründung 1914 an das von Christian J. Klumker gegründete "Institut für Fürsorgewesen und Jugendhilfe" im Rahmen der Wirtschafts- und Sozialwissenschaftlichen Fakultät, zuletzt als „Seminar für Fürsorgewesen und Sozialpädagogik" unter Leitung von Professor Hans Scherpner, das seit dessen Tode im Jahre 1959 nur unter kommissarischer Leitung im kleineren Rahmen fortgeführt wurde und sich kaum entfalten konnte. In Berlin erhielt Friedrich Siegmund-Schultze 1926 eine Professor für Jugendkunde und Jugendwohlfahrt (später Sozialpädagogik und Sozialethik). Er versuchte dort, die Studentenschaft mittels seiner „Sozialen Arbeitsgemeinschaft" in enge Verbindung mit sozialen Problemen zu bringen. Diese Tätigkeit fand 1933 ein gewaltsames Ende. Nach dem Kriege übernahm Siegmund-Schultze eine Honorarprofessur an der Universität Münster und bemühte sich um die Einführung eines sozialpädagogischen Ausbildungsganges mit Diplom-Abschluss.

Eine Anzahl Universitäten (vor allem Hamburg, Göttingen, Berlin, München, Münster, Tübingen) bot oder bietet Vorlesungen und Seminare über Probleme der Sozialpädagogik im Rahmen ihrer Seminare für Pädagogik und Psychologie an, vor allem auch viele Pädagogische Hochschulen. Die Universität Mainz hat in ihrem Pädagogischen Seminar eine Abteilung für Heil- und Sozialpädagogik. Die Hamburger Universität hat nach den Plänen von Professor Curt Bondy ein sozialpädagogisches Zusatzstudium eingerichtet und einen Senatsausschuss hierfür geschaffen. Es bietet Studenten aller Fakultäten Gelegenheit, sich parallel zum Hauptstudium mit den Grundlagen der Sozialpädagogik und Sozialarbeit vertraut zu machen, und soll das Hauptstudium insoweit ergänzen, dass es mit den pädagogischen, psychologischen, medizinischen und rechtlichen Grundlagen der sozialen und sozialpädagogischen Arbeit, deren Methoden und Institutionen vertraut macht. Das

Studium wird mit einer Prüfung abgeschlossen, und der Kandidat erhält hierüber eine Urkunde. Auch an der Marburger Universität wird ein ähnlicher Versuch, wenn auch in viel loserer Form und ohne Möglichkeiten eines Abschlusses durch eine Prüfung, seit 1954 unternommen. Dozenten verschiedener Fachrichtungen führen gemeinsame Seminare und Kolloquien für Studenten aller Fakultäten durch, zu denen auch Praktiker aus dem Bereich der Sozialarbeit zugezogen werden. Die Initiative ging von der Professorin für Pädagogik, Frau Dr. Elisabeth Blochmann, unter aktiver Beteiligung von Professor Dr. med. Hermann Stutte (Kinder und Jugendpsychiatrie) aus.

Die Möglichkeit eines eigenständigen Studiums der Sozialpädagogik und des Erwerbs eines Diploms für Sozialpädagogik – oder die Möglichkeit, wenigstens mit der Fächerkombination Pädagogik/Psychologie/Soziologe zu promovieren –, gibt es wohl nur in Ausnahmefällen, wenn man auch Sozialpädagogik vereinzelt als Schwerpunkt im Fache Pädagogik wählen kann. Neuerdings gibt es auch die Möglichkeit einer solchen Fächerkombination bei der Magisterprüfung, die für eine weitere akademische Laufbahn jedoch nicht ausreicht. Doch immer handelt es sich mir um vereinzelte Möglichkeiten in Verbindung mit den Studium an anderen Fakultäten.

Besonderes Interesse verdient in diesem Zusammenhang eine Einrichtung, die an einer Schweizer Universität im Jahre 1961 auf Initiative des Schweizerischen Caritas-Verbandes geschaffen wurde, dem es damit als erstem Verband gelang, das Postulat der schweizerischen Landeskonferenz für soziale Arbeit zur Schaffung von Ausbildungsstätten auf Universitätsniveau in die Praxis umzusetzen. Im Rahmen des „Instituts für Pädagogik, Heilpädagogik und Angewandte Psychologie" wurde neben der Abteilung „Heilpädagogik" eine besondere Abteilung für „Caritas und Angewandte Sozialwissenschaft" (Direktor Prof. Dr. Willy Büchi) geschaffen. An diesem Versuch, der sich nunmehr schon fünf Jahre bewähren konnte, ist besonders interessant, dass auch die Grundausbildung, wie sie sonst an Sozialen Schulen erworben wird, in die Universitätsausbildung einbezogen wurde, um so auch Abiturienten und Absolventen der Lehrerausbildung für die Sozialarbeit zu gewinnen und schon im Rahmen dieser Grundausbildung deren wissenschaftliche Vertiefung zu erreichen. Diese kann nach vier Semestern und einem halbjährigen Praktikum mit einem Caritas-Diplom und nach weiteren zwei Semestern Studium und einem Jahr Praktikum mit einem Höheren Diplom für Sozialarbeit abgeschlossen werden. Es besteht daneben die Möglichkeit, die berufswissenschaftliche Diplomausbildung mit einem akademischen Lizentiat oder Doktorat innerhalb einer der in Betracht kommenden Fakultäten zu krönen. Dieses Modell verdient unsere besondere Aufmerksamkeit.

Was hat zu dieser Entwicklung, die sich in ihrer Richtung eindeutig abzeichnet, und zu den immer häufiger und dringlicher werdenden Forderungen nach ihrer Beschleunigung, nach dem systematischen Ausbau eines akademischen Ausbildungsweges geführt? Die Gründe liegen einmal – und entscheidend – in der gesamtgesellschaftlichen Entwicklung mit ihrem ständigen Wandel, den immer komplexer und undurchschaubarer werdenden Zusammenhängen. Die Probleme des menschlichen Zusammenlebens werden damit komplizierter und erfordern immer differenziertere Methoden für ihre Bewältigung beim einzelnen wie bei ganzen Gruppen. Erst als der absolute Stillstand und Rückschritt des geistigen Lebens mit der totalen Niederlage des nationalsozialistischen Systems und der Überwindung der ärgsten Not sein Ende fand, wurde die persönliche und ideelle Wiederbegegnung mit Theorie und Praxis der demokratischen Welt auch auf dem Gebiet der sozialpädagogischen Arbeit möglich. Neue Erkenntnisse in allen Wissenschaften vom Menschen hatten – nicht zuletzt unter aktivster Mitwirkung der aus dem deutschen Sprach- und Kulturkreis Vertriebenen – zur Entfaltung neuer Methoden geführt. Die starke Spezialisierung und Differenzierung machte eine Zusammenfassung des Wesentlichen, seine theoretische Durchdringung und Analyse dringend, schuf das Bedürfnis nach einer eigenständigen wissenschaftlichen Disziplin der Sozialpädagogik als Grundlage für eine moderne Sozialarbeit, nach einer Forschung, die die Erfahrungen und Erkenntnisse anderer Länder gemäß den in der Bundesrepublik gegebenen Bedingungen selbständig zu verarbeiten und zu entwickeln hätte, nach einer Lehre, die dem wissenschaftlichen Standard der zweiten Hälfte des 20. Jahrhunderts angemessen wäre. Dass dies auch erhöhte Anforderungen an die Ausbildung der Berufstätigen im gesamten Bereich erzieherischer und sozialer Arbeit bedeuten würde, kann gar nicht zweifelhaft sein. In den angelsächsischen Ländern und denen, die sich von ihrer Auffassung moderner Sozialarbeit inspirieren ließen, besteht die Ausbildung in einem vierjährigen Universitätsstudium. Dabei ist allerdings die andersartige Organisation des höheren Schulwesens und der Universitäten zu berücksichtigen und die Tatsache zu beachten, dass trotzdem ein großer Teil der Sozialarbeiter nicht ausreichend ausgebildet ist.

Niemand wird erwarten oder die Forderung erheben, dass wir diesem Beispiel folgen. Aber es kann kein Zweifel bestehen, dass uns nicht grundsätzliche Erwägungen hierzu veranlassen, sondern die nüchterne Erkenntnis der ideellen, personellen und finanziellen Gegebenheiten hier (von allen Widerständen aus Vorurteil, Unverständnis, Beharrungsvermögen und kurzsichtigen Eigeninteressen abgesehen), und dass die Entwicklung in diese Richtung geht. Es ist nicht einzugehen, warum Lehrer, die mit der Erziehung normaler Kinder zu tun haben, heute das Abitur haben müssen und an eigenen Hochschulen, die immer enger an die Universität heranrücken – z. T., wie in Hamburg und Hessen, weitgehend in sie integriert werden –, ausgebildet werden, dass für Erzieher von geschädigten, gestörten und schwierigen Kindern aber mittlere Reife und Fachschulausbildung allein genügen soll. Ohne wissenschaftliche Grundlage wird auf die Dauer solche verantwortungsvolle Arbeit nicht geleistet werden können.

Die Empfehlungen und Gutachten des Deutschen Ausschusses für Erziehungs- und Bildungswesen verlangen

„Erziehung in einer Welt, die ihre verpflichtenden Ordnungen und Beziehungen nicht mehr von selbst auf die junge Generation tradiert [...] das erfordert einen hohen Grad der Reflexionsfähigkeit, des Motivationsbewusstseins und des sachkundigen Eindringens in eine kompliziert gewordene Erziehungswirklichkeit."

Für die Hebung des Niveaus der Sozialarbeiterausbildung ist gewiss im letzten Jahrzehnt vieles getan worden. Letzten Endes werden wir uns aber – ohne das ausländische Vorbild einfach zu kopieren – einer gehobenen Ausbildung für Sozialarbeiter und Sozialpädagogen in steigendem Maße annähern müssen. Doch steht nicht dies hier zur Debatte. Alle wissen, dass es bedeuten würde, den zweiten Schritt vor dem ersten zu tun und nur die Zahl der sich für diesen Beruf Interessierenden zu beschränken. Denn wo sind die wissenschaftlich qualifizierten Lehrkräfte, die die Probleme auch von der Praxis her kennen?

Die enge Verbindung der theoretischen Ausbildung mit praktischer Erfahrung in der sozialen Arbeit ist eine unerlässliche Voraussetzung auch für die akademische Forschung und Lehre. Darum geht die übereinstimmende Forderung aller zunächst nach einer akademischen Ausbildung für die Führungskräfte der sozialpädagogischen Institutionen, für die Leiter der Erziehungsheime, Jugendstrafanstalten, für die Leitung der Verwaltung von Jugend- und Sozialämtern, von entsprechenden Abteilungen der kommunalen Zusammenschlüsse, der Länder- und Bundesministerien, der Freien Wohlfahrtsverbande und für die Dozenten an Fachschulen für die soziale Arbeit.

Die Beschränkung auf Spitzenfunktionen und spezielle Aufgaben mit psychotherapeutischem Charakter erscheint allein in absehbarer Zeit realisierbar und wäre ein großer Fortschritt auf dem Wege zur Hebung der sozialpädagogischen Berufslaufbahn. Vielleicht könnten auch bewährte Kräfte mit langer Erfahrung in der praktischen Arbeit in einem zusätzlichen Studium für die Tätigkeit des Supervisors (Praxisanleiters) ausgebildet werden. So ausgebildeten Kräften könnte im Ansehen der öffentlichen Meinung wie in ihrer beamtenrechtlichen und finanziellen Einstufung dann ein besserer Status nicht verweigert werden.

Dann würde auch der höchst unbefriedigende Zustand überwunden werden können, dass fachlich ausgebildete Kräfte in ihrer Arbeit durch Vorgesetzte eingeschränkt werden, die selbst entweder keine entsprechende Ausbildung haben oder eine solche, die von ganz anderen Gesichtspunkten bestimmt ist. Die so „gesicherte Autorität" würde nicht mehr zu sachfremden Ressentiments und autoritären Methoden führen, sie könnte auf besseres Wissen und Können gestützt werden. Auch die künftigen Lehrkräfte an den Höheren Fachschulen sollten zu Lehre und Forschung auf ihrem Gebiet vorgebildet sein, damit zur Entwicklung der Sozialpädagogik in Theorie und deren methodischer Anwendung in der Praxis beitragen und so vor allem auch das Niveau der Ausbildung an den Höheren Fachschulen steigern, die möglichst engen Kontakt mit den zu schaffenden Universitätsinstituten haben müssten.

Es ist sehr zu bedauern, dass der Deutsche Ausschuss für das Erziehungs- und Bildungswesen[73] in seinem Empfehlungen und Gutachten diesen Fragen kaum seine Aufmerksamkeit geschenkt hat, als ob der sozialpädagogische Bereich nicht zum Erziehungswesen gehöre, und dies, obwohl er selbst nicht umhin konnte festzustellen:

„Zwar stehen alle Bildungseinrichtungen und alle ihre Sachwalter vom Elternhaus und Kindergarten bis *zu* den Universitäten [...] in einer wechselseitigen Abhängigkeit."

Es ist sicherlich richtig, dass die Neuregelung der Lehrerausbildung vordringlich war und dass sie der Punkt der größten Wirkung ist.

„Dem Volksschullehrer vertrauen wir alle Kinder unseres Volkes in Jahren stärkster Bildsamkeit an."

Die Konsequenz, die Ausbildung aller in erzieherischen. Berufen Stehenden in gleicher Weise zu heben, zu fördern und zu verbinden, wird leider nirgendwo gezogen. Aber doch enthalten diese Empfehlungen vieles, was mit gleichem Recht und mindestens so guten Gründen auch für den sozialpädagogischen Bereich gilt, so, wenn Hochschulreife und akademische Bildung als grundsätzliche Bedingungen für eine zeitgemäße Lehrerbildung gefordert werden, weil

„hinter den Bedinglangen des geistigen Lebens der Gegenwart mit seinen Wertungskrisen und einer sich schnell ändernden Gesellschaft [...] eine praktizistische Funktionsschulung für feste Leitungskomplexe keine Chance mehr hat"

und weil jede Bildung für ein Lehramt unter das Gesetz der Wissenschaft zu treten hat und sie vermeiden muss, sich in ein verengtes Verständnis des Berufes einzukapseln [...].

Obwohl der Deutsche Ausschuss eine

„Brücke von den Bestrebungen der Reformpädagogik und Jugendbewegung der 20er Jahre zu den Erfordernissen der modernen technischen Welt"

sein wollte, hat er deren engen Zusammenhang mit der sozialpädagogischen Bewegung nicht gesehen. Und wenn auch Kultusminister Prof. Dr. Wilhelm Hahn in seiner Schlussansprache auf die Bedeutung von „Schulreife und Schulkindergarten, Erziehung im frühen Kindesalter" hinwies – die logische Folgerung: Einheit der Erziehung setze einen einheitlichen und gleichgestalteten Ausbildungsweg voraus, zog niemand in diesem Gremium.

Liest man die Aufsätze Wilkers, Nohls, Klumkers und anderer, die vor vier, fünf Jahrzehnten geschrieben wurden, so kann man nur immer wieder feststellen, dass damals eigentlich schon nahezu alles gesagt wurde, was zu

---

[73] Deutscher Ausschuss für das Erziehungs- und Bildungswesen. Gesamtausgabe im Auftrag des Ausschusses, besorgt von Hans Bohnenkamp u. a., Klett, Stuttgart 1966

diesem Thema gesagt werden kann - und dass wir seitdem kaum weitergekommen sind. Übereinstimmend wird betont, dass die Sozialpädagogik in keines unserer akademischen Fächer hineinpasst, sondern „die Grenzen mehrerer von ihnen durchschneidet". Klumker sagt – wie vor ihm Wilker, der schon 1911 einen Aufbauplan für eine pädagogische Fakultät entworfen hat – dass „eben Fürsorge in allen Formen ein Stück Erziehung einschließt". Das ist umso beachtlicher, als er ja im Rahmen einer wirtschaftswissenschaftlichen Fakultät wirkte, (wo sich seine Sicht des Problems nie durchsetzen konnte. Deshalb auch erkannte er bald, dass ein solches Studium

„nicht nebenbei in einem anderen Bildungsgang hineingedrängt werden" kann und „dass der zukünftige Fürsorger Wissen und Kenntnisse" sich „überall besser und sicherer verschaffen kann als im Rahmen des akademischen Lehrbetriebs."

Von daher auch die Bedenken, die Alice Salomon gegen die akademische Ausbildung äußert. Wenn sie 1929 noch betont, dass die Universitäten die besondere Ausrüstung für die sozialen Aufgaben gar nicht geben können, andererseits die Notwendigkeit einer hochschulartigen Schulung für die Aufgabe der Leitung großer Ämter und Vereine klar erkennt, so hat sie in der damaligen Situation durchaus recht, wenn sie die Lösung in einer Fortbildungsakademie sieht. Das Selbstverständnis der Universitäten als Stätten reiner Wissenschaft im Sinne Humboldts ist längst ins Wanken geraten; es gibt Ansätze, die Isolierung und Spezialisierung der Wissenschaften zu überwinden, sie auf die Totalität des Menschen in seiner leio-seelischen, wirtschaftlich-sozial-kulturellen Bedingtheit zu beziehen, in Verbindung zu bringen und auch auf praktische und methodische Probleme der sozialen Arbeit auszurichten. Die Universität dient in fast allen Fakultäten nicht mehr nur dem Erkennen ohne jeden Bezug auf das Handeln. Und die soziale Arbeit ist nicht nur auf Handeln gerichtet, das ohne wissenschaftliche Erkenntnis und Forschung die äußeren Umstände gestalten und die innere Entwicklung des Menschen zu beeinflussen vermag. Mit Recht hebt sie hervor, dass alles, was Kultusminister Becker über die Notwendigkeit eigenständiger pädagogischer Akademien sagt, in gleichem Maß für eine vertiefte und geistige Durchdringung der sozialen Berufe zutrifft. Aber die Entwicklung ist auch hier über die Akademie längst hinausgegangen, hat zur Pädagogischen Hochschule und zu deren immer enger werdenden Bindung an die Universität bis zur Vollintegrierung geführt und die einheitliche pädagogische Fakultät für alle Lehr- und Erziehungsberufe auf die Tagesordnung gebracht. Aber vom traditionellen und keineswegs heute schon überholten Bild der Universität her kommt es immer noch zu einer resignierten Selbstbescheidung, die zu Teillösungen wie dem der Akademien (Deutscher Verein, Gollanez-Stiftung) oder zu Vorschlägen führt, Institute in Verbindung mit der Universität (Bondy) oder gar als selbständige Sozialpädagogische Hochschulen (Hasenclever) zu schaffen.

Nach meiner Überzeugung wären dies Lösungen, die von der Entwicklung bereits überholt sind. Die Universität selbst befindet sich in einem Wandel ihres Selbstverständnisses, der Anpassung ihrer Ausbildungsmethoden auf die Bedürfnisse der zweiten Hälfte des 20. Jahrhunderts. Die Zusammenarbeit über die Fakultätsgrenzen hinweg in interfakultären Instituten steht auf der Tagesordnung, sie wird vom Wissenschaftsrat gefordert. Darin liegt die Chance für die Sozialpädagogik! Nur im Rahmen der Universität, wenn auch in solchen selbständigen, multi-disziplinären Instituten, kann wissenschaftliche Forschung heute organisiert und entwickelt werden. (Für „Schmalspur" – Laufbahnen ohne akademische Freiheit wird man heute keine qualifizierten Lehrkräfte mehr halten können.) Nur in diesen könnte das „völlige Nebeneinander der isolierten Fächer" überwunden werden, die Zusammenfassung aller Kräfte im Sinne der Integrierung der Einzeldisziplinen gelingen, die weitgehende Spezialisierung der allgemeinen Zielsetzung eingeordnet werden. In einer gemeinsamen Sitzung der Fachausschüsse „Soziale Berufe" und „Jugendfragen" des Deutschen Vereins für Öffentliche und Private Fürsorge wurde 1959 ein „selbständiges, breitangelegtes Sozial-Studium" gefordert, das auf die Erfordernisse der Zukunft ausgerichtet werden müsse.

Der Begriff der „Hilfsbedürftigkeit" ist weit von dem des „Armenwesens" der früheren Jahrzehnte entfernt. Die Erkenntnis seiner Bedingtheit durch die jeweiligen gesellschaftlichen Verhältnisse setzt ein geschärftes Urteilsvermögen voraus, die Erziehung zum selbständigen, kritischen Denken, die Befähigung, in einer sich rapid wandelnden Gesellschaft stets weiter zu lernen – kurz die Methode wissenschaftlichen Denkens, Lehrens und Forschens.

Die Bedürfnisse der Praxis drängen dazu, einen Anfang mit der Hochschulausbildung auf dem Gebiet der Sozialpädagogik zu machen, mit dem Ziel einer berufswissenschaftlichen Ausbildung, die mit einem Diplom abzuschließen wäre und einer Befähigung zu wissenschaftlich - theoretischer Forschung, für die Promotionsmöglichkeiten gegeben werden müssten.

Wie kann dies geschehen? Folgende Möglichkeiten bieten sich an: Ein interfakultäres Zusatzstudium nach dem Hamburger Modell, das sicherlich einen bemerkenswerten Anfang darstellt. Aber eine befriedigende Lösung bietet es nicht, ist es doch nur ein Anhängsel an ein Studium, das zu einer bestimmten Sicht der Probleme, sei es nun Jurisprudenz, Psychologie, Medizin, Psychiatrie, Soziologie, Theologie, erzieht, die nicht von den Bedürfnissen und Erfahrungen der praktischen sozialen Arbeit ausgeht; auch kommen Lehrkräfte für dieses Zusatzstudium überwiegend aus anderen Wissenschaftsbereichen. Achtzehn Wochen Sozialpraktikum dürften diesen Mangel nicht ausgleichen, obwohl die Aussprache mit Sachverständigen aus Sozialpädagogik und Sozialarbeit ebenso wie die Erarbeitung wissenschaftlicher Einsichten für die Praxis in Fallseminaren in der Studienordnung vorgesehen sind. Damit soll nichts gegen diesen begrüßenswerten Versuch gesagt werden, an dem sich eine akademische Vollausbildung für Sozialpädagogik in ihren Anfängen sicherlich orientieren wird. Aber „die Erweiterung und Vertiefung eines anderen Studiums" die „Vermittlung der sozialpädagogischen Einstellung an die breite Masse der Studierenden aller Fakultäten, vor allem Lehrer", sind zwar wertvolle, doch zusätzliche Aufgaben. Es geht um die Hebung des Niveaus der sozialen und sozialpädagogischen Arbeit überhaupt. Die Klage und anklagende Frage August Verlegers (Leiter eines halboffenen Fürsorgeerziehungheimes in Frankfurt am Main) aus dem Jahre 1930 – gilt sie nicht in voller Schärfe auch heute noch?

„Wo ist das wissenschaftliche Institut, das alle die Fragen, die wir als brennend ansehen, bearbeitet? Ist es nicht so, dass wir alle von vorn angefangen haben? Muss es sein, dass jeder Anfänger dieselben Fehler wieder macht? Das pralle Erfahrungsgut, das sich bei dem einzelnen ansammelt und fast immer mit ihm vergeht, müsste gerettet, gesichtet und wissenschaftlich verwertet werden. Gewiss geschieht das auch jetzt schon, und es wäre leicht, solche Institute zu nennen, aber man tut es nur gelegentlich, so nebenbei, nicht systematisch mit der Autorität einer zentralen Stelle, die im Hauptamt damit beauftragt ist [...] Uns fehlt [...] ein Lehrstuhl für Anstaltspädagogik an einer Universität oder ein gesondertes wissenschaftliches Institut, wo uns die wissenschaftliche Grundlage, das geistige Rüstzeug für unser Werk verarbeitet wird."

Deshalb sah Nohl in dem Zusatzstudium auch nur eine Form, nicht den selbständigen Weg. Es war ihm, wie vor allem auch Friedrich Siegmund-Schultze in Berlin, darum zu tun, Studenten so früh wie möglich während ihres Studiums mit praktischer Arbeit in Berührung zu bringen,

„die Sozialpädagogik aus dem Hinterhof des Hauses der Menschheit heraus und im Bewusstsein des Volkes mit den großen Problemen der Menschheitsentwicklung"

zu bringen.

Siegmund-Schultze stellte in seiner Antrittsvorlesung 1945 in Münster ihre großen Ziele klar heraus:

„1. Die Erziehung des einzelnen zum rechten Verhalten gegenüber der Gruppe; 2. die Erziehung der Gruppe- bzw. der Gesellschaft zum rechten Verhalten gegenüber den einzelnen; 3. die Erziehung der Gruppen zum rechten Verhalten gegeneinander."

Leider ist der Lehrstuhl nach seiner Emeritierung nicht wieder besetzt, das von ihm aufgebaute Seminar für Sozialpädagogik aufgelöst und damit die einmalige Möglichkeit, die Venia legendi für das Fach Sozialpädagogik zu erwerben, verlorengegangen. Mit dem Tode von Professor Kroh im Jahre 1956 wurde die Einrichtung eines Abendstudiums für Sozialpädagogik an der Freien Universität Berlin wieder aufgegeben. Der Lehrstuhl an der Johann Wolfgang Goethe-Universität Frankfurt am Main – erst 1959, nach Scherpners Tode, wieder eingerichtet – ist seit acht Jahren unbesetzt. Die über das Zusatzstudium hinausgehenden Pläne Bondys in Hamburg scheiterten ebenso.

Um so mehr überrascht es, aus dem anderen Teile Deutschlands zu erfahren, dass an der Ostberliner Humboldt-Universität in der Pädagogischen Fakultät ein Institut für Sonderschulwesen und Sozialpädagogik am 1. September 1966 seine Arbeit aufgenommen hat, das neben der Lehrtätigkeit auch die Forschungsaufgaben für den Bereich der Sozialpädagogik wahrnimmt, in ihm sollen Jugendfürsorger, Erzieher und Lehrer auf dem Gebiete der Jugendhilfe und Heimerziehung die Möglichkeit einer Hochschulausbildung erhalten, um die Wissenschaftlichkeit der Arbeit zu erhöhen und sie für leitende Funktionen in einem zweijährigen Zusatzstudium, das mit dem Staatsexamen als Sozialpädagoge abschließt, auszubilden. Damit hofft man,

„den dringenden Erfordernissen der Praxis gerecht zu werden und die Studenten für eine wissenschaftliche und sachkundige Leitungstätigkeit in ihren künftigen Aufgabenbereichen in der Jugendhilfe und Heimerziehung zu befähigen."

In der Bundesrepublik sind wir leider nicht aus dem „Hinterhof der Menschheit" herausgekommen, obwohl beispielsweise die Misere der Heimerziehung die Forderungen Verlegers vordringlich erscheinen lassen. Das immer stärkere Drängen aller Fachverbände macht deutlich, dass „die dringenden Erfordernisse der Praxis" hüben wie drüben bestehen und auch hier dazu führen müssen, dass nach fünfzigjähriger Diskussion der Weg zu Lösungen beschritten wird. Niemand wird erwarten, dass dies überall und gleichzeitig geschieht. Aber die Marburger Denkschrift setzt trotzdem die Akzente falsch: Begleitstudien und Fortbildung können nicht die vorrangige Aufgabe eines „Interfakultären Instituts zur Integration der Jugend- und Sozialhilfen" sein. Hier sind vorhandene Ansätze nur auszubauen. Aber was als „Zukunftsaufgaben" am Ende des Katalogs rangiert, ein grundständiger Studiengang für den sozialpädagogischen Spezialisten und Forschung, ist die Vorbedingung dafür, dass wirklich einmal ein Schritt vorwärts getan wird.

Wird dies erreicht, werden Grundausbildung, Fortbildung und Zusatzausbildung erst die Lehrkräfte erhalten und das Niveau erreichen, das allein den heute sich stellenden Aufgaben angemessen sein wird.

Auch die von Christa Hasenclever als ein möglicher Weg genannte „Sozialpädagogische Hochschule" scheint mir aus organisatorischen, finanziellen und personellen Gründen nicht realisierbar zu sein. Die von ihr hierfür genannten Argumente (leichtere Einbeziehung bewährter Praktiker, Miteinander aller beteiligten Fachrichtungen) sind gewiss beachtlich. Im Rahmen einer sich erneuernden Universität und eigenständiger, nicht an Fakultäten gebundener Institute wäre dies alles auch zu erreichen, ohne den Oberbau der sozialpädagogischen Ausbildung aus der gerade lebenswichtigen engen Verbindung mit den Gesamtwissenschaften zu lösen. Zu einer Zeit, in der die pädagogischen Hochschulen immer enger an die Universitäten heranrücken, wäre eine erneute „Spezialisierung" und Absonderung von der Universität anachronistisch. Nur in autonomer, doch enger Zusammenarbeit mit allen Wissenschaftsbereichen kann eine integrative Wissenschaft wie die Sozialpädagogik gedeihen; das, was sie erstrebt, die dreifache Unterteilung in

„a) ein akademisches Vollstudium auf der Grundlage des Abiturs oder einer gehobenen Sozialpädagogenausbildung; b) eine akademische Zusatzausbildung für spezielle Tätigkeiten auf der Grundlage einer gehobenen Sozialpädagogenausbildung oder eines anderen akademischen Studiums; c) ein eigenständiges sozialpädagogisches Studium, das von vornherein auf Forschung und Lehre ausgerichtet wäre, kann, wie das Beispiel der Universität Freiburg (Schweiz) zeigt, ohne neue Zersplitterung im Rahmen der Universität erreicht werden."

Auch das Institut der Humboldt-Universität in Berlin kann in mancher Beziehung Vorbild sein und verdient, sorgfältig studiert zu werden. Die enge Verbindung mit der Praxis muss immer wieder betont werden, denn deren wissenschaftliche Durchdringung hat dem Fortschritt der sozialen und pädagogischen Berufsarbeit zu dienen. Die Schranken „zwischen wissenschaftsfernen Fachschulen und praxisfernen wissenschaftlichen Hochschulen" müssen überwunden werden. Vor allem sind Pädagogik und Sozialpädagogik nicht zwei getrennte Gebiete. Die Versuche, Benachteiligten, Gestörten und Verwahrlosten zu helfen, haben die Einsicht in pädagogische und psychologische Vorgänge und Methoden generell vertieft und erweitert. Darum haben Pädagogik und Psychologie, vor allem die auf die Tiefenpsychologie sich stützenden neuen Methoden, in der therapeutischen und gruppenpädagogischen Behandlung ihren festen Platz neben den Sozialwissenschaften, der Jurisprudenz, der Sozialpsychiatrie und -medizin. Gestufte Zugangsmöglichkeiten, die Ausgestaltung des Lehrplans, die Abschlussmöglichkeiten (Staatsexamen, Diplome, wissenschaftliche Prüfungen), die Vorbereitung an sozialwissenschaftlich-sozialpädagogischen Sonderzweigen der höheren Schulen – das alles sind Fragen, für die eine Art „Deutscher Ausschuss für sozialpädagogisches Bildungswesen" eine Lösung finden müsste.

Christa Hasenclever schlug seinerzeit vor, einen Anfang an neugeplanten oder jungen Universitäten zu machen, weil die hierfür unerlässliche wissenschaftliche Teambildung über die Fakultätsgrenzen hinweg am ehesten verwirklicht werden könne. Soviel mir bekannt ist, hat man in Bochum diese Chance nicht wahrgenommen. Ob in Bremen in dieser Richtung Bestrebungen vorhanden sind, ist mir nicht bekannt. Aber sie nannte als „junge Universitäten" auch Hamburg und Frankfurt. Für beide spricht außer der „akademischen Jugend" auch solche der „sozialpädagogischen Tradition": Bei Hamburg die einer sehr „alten" und fortschrittlichen Jugendhilfearbeit der Stadtverwaltung – neben dem „Arbeitskreis für Sozialpädagogik" und dem institutionalisierten Zusatzstudium; bei Frankfurt die einer achtzigjährigen sozialwissenschaftlichen Forschung dank Klumker, ferner das „Seminar für Fürsorgewesen und Sozialpädagogik" mit einem Lehrstuhl an der Sozial- und Wirtschaftswissenschaftlichen Fakultät (und einem Lehrstuhl für Sozialpädagogik und Jugendrecht in der Abteilung für Erziehungswissenschaften). Beiden Universitäten gemeinsam ist die weitgehende Integrierung der Lehrerbildung, in der die Zusammenarbeit von Pädagogik, Psychologie und Soziologie ohne Fakultätsgrenze ebenso geboten wie erreichbar ist und sein muss, in die Universität. Hier sind die Ansatzpunkte und Möglichkeiten, zur „Einheit der Erziehung" zurückzukehren und – wenn auch in getrennten Ab-

teilungen – Lehrer und zunächst „gehobene" Sozialpädagogen gemeinsam auszubilden. In Frankfurt befinden sich überdies:
- die in der Verwirklichung begriffene Fortbildungsakademie, die Professor Muthesius angeregt hat, und die Viktor-Gollanez-Stiftung (leider nicht ihre in Erlangen befindliche Fortbildungsakademie), die vielleicht doch einmal einen gemeinsamen Weg finden, zumal sie beide darunter leiden, qualifizierte Mitarbeiter auf längere Sicht zu gewinnen;
- eine im Entstehen begriffene Höhere Fachschule für Sozialarbeit des Landes Hessen (neben einem Seminar für Soziale Berufsarbeit der Stadt und mehreren Ausbildungsstätten für soziale und pflegerische Berufe);
- eine sozial aufgeschlossene Sozialverwaltung;
- das bislang in der Bundesrepublik einzige Institut und Ausbildungszentrum für Psychoanalyse (Träger: das Land Hessen), das für die unerlässliche tiefenpsychologische Schulung, die Anwendung der psychoanalytischen Erkenntnisse in der gesamten Erziehungsarbeit wertvolle Dienste leisten kann;
- das Institut für Sozialforschung, das für die Vermittlung der modernen sozialwissenschaftlichen Methoden in der Forschung und der wissenschaftlichen Erkenntnisse auch im Ausland einen unschätzbaren Beitrag liefern könnte, ebenso wie das Deutsche Institut für Internationale Pädagogische Forschung.

All diese Einrichtungen auf den verschiedenen Ebenen der Aus- und Fortbildung an den einzelnen Fakultäten und Instituten mit unterschiedlichen Trägern zu einem vernünftigen, geplanten Zusammenwirken zu bringen, würde sicher keine leichte Aufgabe sein. Aber muss etwas, das sachlich im Interesse der Menschheit geboten und an und für sich realisierbar wäre, immer eine Utopie von Außenseitern bleiben? Theodor Heuss gab dem Deutschen Ausschuss bei seiner Konstituierung diese Worte mit auf dem Weg:

„Vergessen Sie nicht, auch Pestalozzi, auch Friedrich Fröbel waren einmal Außenseiter. Und passen Sie auf die Außenseiter auf!"

Es ist Zeit, diesem Rat die Tat folgen zu lassen!

Literatur

Dr. Karl Wilker: Jugendkunde, Jugenderziehung und die Universitäten. Zeitschrift für Kinderforschung/Beiheft 93, Langensalza 1911
Prof. Hermann Nohl: Die Ausbildung der Sozialpädagogen durch die Universität. Zeitschrift für Kinderforschung, 1924, S. 5-11; 36-42
Dr. Wilhelm Feld: Die Fürsorge im Hochschulunterricht und als Wissenschaft, Schweizerische Zeitschrift für Gemeinnützigkeit, 1925, Heft 11
Dr. Hans Mayer: Soziale Lehrstühle an den Universitäten. Arbeiterwohlfahrt, August 1927
Prof. Curt Bondy: Die Ausbildung von leitendem Personal für soziale Einrichtungen. In: Deutsches Archiv für Jugendwohlfahrt 1927
Prof. Chr. J. Klumker: Hochschule und soziale Ausbildung. Archiv für Sozialwissenschaft und Sozialpolitik, 1929, Heft 3
Prof. Hans Scherpner: Die Ausbildung des Akademikers für die Fürsorge. Zentralblatt für Jugendwohlfahrt und Jugendrecht,1929, Heft 9
Prof. Curt Bondy: Fragen der akademischen sozialwissenschaftlichen Ausbildung. Nachrichtendienst des Deutschen Vereins für öffentliche und private Fürsorge, 1959, Heft 9, S. 273-275
Prof. S. Montalta: Die Ausbildung des Sozialarbeiters an der Universität Freiburg (Schweiz), Heilpädagogische Werkblätter, Bern 1961
Prof. Curt Bondy / E.G. Skiba: Sozialpädagogisches Zusatzstudium. Unsere Jugend, 14. Jg. (1962) Heft 2, S. 273-275
Dr. G. Neises: Einige Bemerkungen zur akademischen Ausbildung des Sozialarbeiters. Unsere Jugend, 1962, Heft 6
NDV: „Die Akademie für Sozialarbeit". Eine Ausarbeitung über ihre Einrichtung und Unterhaltung. N(achrichten-) D(ienst) 1962, Heft 6
Dr. Christa Hasenclever: Die Sozialpädagogen und ihre Ausbildung. In: Hamburger Lehrerzeitung, 1963, Nr.16
dies.: Die Ausbildung von leitendem Personal für soziale Einrichtungen (Europ. Seminar der UN 21/31.X. 1964 in Amerfoort (Holland). In: N(achrichten-) D(ienst) 1964, Heft 2, S. 78-81
Prof. Hermann Stutte: „Erziehungsfürsorge als Wissenschaft" anschl. Denkschrift über Sozialpädagogik an deutschen Universitäten (Stutte, Blochmann, Lücken) in: Mitgliederrundbrief des Allgemeinen Deutschen Fürsorgeerziehungstages 1965, Heft 3
Brigitte Beer: „Die Aufgaben zwingen zur Überwindung des Fakultätsgrenzen" auf dem Gebiete der Sozialpädagogik: Ein Beispiel aus Marburg. In: Frankfurter Allgemeine Zeitung vom 12.3.1965
Prof. W. Büchi: Die Ausbildung von Sozialarbeitern auf akademisch-universitärer Ebene. In: Schweizerische Zeitschrift für Gemeinnützigkeit, Jg. 1966, Heft 3, S. 60-69 und in: Caritas (Zeitschr. d. Schweiz. Caritas-Verb.) 1966, Heft 8/9
Dr. Hans Pfaffenberger: Sozialpädagogische und soziale Arbeit. Zur Evolution des Arbeitsfeldes und zur Reform der Ausbildung. Deutsche Jugend, 1966, Heft 3
Senatsdir. Kurt Wehlitz: Die Auswirkungen des BSHG auf die berufspolitische Situation der in der Sozialhilfe tätigen Verwaltungsbeamten und Sozialarbeiter. In: Blätter für Wohlfahrtspflege, 1966, Heft 6, S.183 f.

Prof. Dr. E. Bornemann: Die Bemühungen Siegmund-Schultzes um den Ausbau der Sozialpädagogik als akademisches Lehrfach. In: Friedrich Siegmund-Schultze als Wegbereiter sozialer Arbeit. 1966 (Schriften des Deutschen Vereins für öffentliche und private Fürsorge, 236)

Friedel Spohr: Sozialpädagogik–Studium begann. In: Jugendhilfe (Berlin-Ost) 1966, Heft 9, S. 273

Deutscher Ausschuss für das Erziehungs- und Bildungswesen: Empfehlungen und Gutachten, Folge 1-10. Ernst Klett Verlag Stuttgart 1956-1965

Micha Brumlik

Zwischen Kiel und Göttingen – Klaus Mollenhauers Frankfurter Jahre. Ein persönlich-anekdotischer Bericht.

Das Wintersemester 1969/70 war an der Johann Wolfgang Goethe Universität vom Tod Theodor W. Adornos ebenso überschattet wie von der politischen Neuformation der rebellierenden Studenten, die sich – nun auf der Suche nach Verbindlichkeit und Perspektive – in maostisch-leninistischen Sekten und Pseudoparteien organisierten.

Klaus Mollenhauer, damals Anfang vierzig, hatte nach aktiven Jahren als junger Professor in Kiel, wo er sich an den öffentlichen Diskussionen um die Bildungsreform rege beteiligte, einen Ruf nach Frankfurt am Main angenommen, eine Stadt, in der es politisch und wissenschaftlich brodelte. Frankfurt schien auch einem jungen, politisch engagierten Hochschullehrer das zu bieten, wonach der Zeitgeist sich sehnte: die Einheit von Theorie und Praxis. Nicht nur wurden an der Frankfurter Universität die sozialwissenschaftlichen Theorien von Jürgen Habermas intensiv erörtert, auch die Psychoanalyse – vertreten durch Alexander Mitscherlich und Alfred Lorenzer – schien nun erstmals seit ihrer Vertreibung aus Deutschland wieder zu einer Art gesellschaftskritischer Leitwissenschaft zu werden. Frankfurt fiel zudem durch eine stark sozialwissenschaftlich geprägte Neuausrichtung der Rechtswissenschaften auf, wo zumal im Strafrecht eine nicht mehr täterbezogene, sondern sozialstrukturell ausgerichtete Kriminologie ihr Augenmerk von den Absichten und Taten der Delinquenten hin zu den gesellschaftlichen Ursachen von Delinquenz richtete. Vertreter des Öffentlichen Rechts wie Erhard Denninger sowie Strafrechtler wie Klaus Lüderssen und Herbert Jäger rückten die Delinquenz verstärkende Funktion der Instanzen sozialer Kontrolle ins Zentrum ihrer Untersuchungen. Auf dem traditionsreichen Lehrstuhl für Fürsorgewissenschaft versuchte Helge Peters, mit den Mitteln soziologischer Institutionenkritik das paternalistische und freiheitsgefährdende, soziale Ungerechtigkeit fortschreibende Sozial- und Jugendrecht zu analysieren.

Ich begegnete Klaus Mollenhauer, dem mit der Annahme des Frankfurter Rufs nicht zuletzt aufgegeben war, den nur kurz zuvor eingerichteten Hauptfachstudiengang Pädagogik mit dem Abschluß des Diploms zu entwickeln, zum ersten Mal Anfang Oktober 1969 im Treppenhaus des damaligen Pädagogischen Seminars Gräfstraße Ecke Bockenheimer Landstraße. Ein Freund wollte mich, der ich erst zwei Monate zuvor von einem zweijährigen Auslandsaufenthalt zurückgekehrt war, mit den Interna des neuen Frankfurter Pädagogikstudiums vertraut machen. Während wir die engen Treppen des heruntergekommenen Hauses, dessen Wände mit grob gepinselten Wandzeitungen aus Packpapier gepflastert waren, hinaufstiegen, kam uns ein junger, in hellbeiges Cord gewandeter Dozent mit einer erstes Grau aufweisenden Cäsarfrisur entgegen, der auf eine etwas ungeschickte Weise einige größere, geschlossene Pappkisten vor sich her trug. Auf unsere erstaunten Blicke teilte er mit, daß es sich um Brotkisten handele – für das „Staffelberger-Projekt". Das sei – so mein Freund – „der Mollenhauer" gewesen und auf meine erfreute und verwunderte Bemerkung, daß ein so netter, junger Professor Brotkisten trug, erfuhr ich nun alles über das „Staffelberger-Projekt", also ein – wie man das damals nannte – Handlungsforschungsprojekt. Ich erfuhr nun, daß im Zuge der Studentenbewegung Aktivisten sich auch zu den geschlossenen Erziehungsheimen wie Ebrach oder eben „Staffelberg" aufgemacht und die dort festgehaltenen Jugendlichen zum Ausbruch aufgefordert hätten. Die damals progressive Frankfurter Stadtverwaltung – in diesem Fall durch den Jugendamtsleiter Herbert Faller vertreten – war Reformen in der Fürsorgerziehung durchaus aufgeschlossen und übernahm die Betreuung der Jugendlichen in damals so genannten „Jugendwohnkollektiven", die von studentischen Kollektivberatern betreut wurden. Wissenschaftlich und pädagogisch begleitet aber wurde das ganze Projekt von Klaus Mollenhauer. Mein Freund war selbst Kollektivberater und wurde in dieser Eigenschaft seitens der von ihm betreuten Jugendlichen, denen es aufgegeben war, eine Berufsausbildung zu absolvieren und die deshalb einen einigermaßen geregelten Lebenswandel führen sollten, durchaus einige Male zusammengeschlagen. Es waren schüchterne bis außerordentlich brutale junge Männer, in Wort und Tat gewalttätig bis obszön, teils ansprechbar, teils kommunikationsunfähig, die hier – wie es im Theoriejargon der Marxisten-Leninisten hieß – aus der Deklassierung in die Reklassierung geführt werden sollten. Der Absicht, sie so zum Kern einer neuen Vorhut der Arbeiterklasse zu machen, widersprach eine andere – die sich auf Herbert Marcuse berufende „Randgruppenstrategie", die auf die Arbeiterschaft im Spätkapitalismus ob ihrer Korruption durch den „Warfare and Welfare State" nichts mehr geben wollte, und die Vorhut einer künftigen Revolution in den Ausgestoßenen, Stigmatisierten und Verachteten sahen. Tatsächlich scharten – wie Gerd Koenen in seinem vorzüglichen Buch über die frühen Jahre der RAF belegt – etwa Gudrun Ensslin und Andreas Baader Anfang der siebziger Jahre einige entsprungene Heiminsassen um sich, tatsächlich gehörten einige dieser Jugendlichen wenigstens eine zeitlang zur Entourage, genauer gesagt zur Saufkumpanei des theoretischen Kopfes des Frankfurter SDS, von Hans Jürgen Krahl, der Abend für Abend in einer verkommenen Kneipe an der Bockenheimer Warte, die – ohne wirklich so zu heißen – allgemein als „Nulu" als „Nuttenlouis" bezeichnet wurde. Krahl jedenfalls trank dort nach niedersächsischer Sitte

Bier und Korn, legte gelegentlich sein Glasauge auf den Kneipentisch bis zum Höhepunkt des Abends, wenn nämlich der Musicbox Lieder von Heintje, vor allem „Heidschi Bumbeidschi" entlockt wurden. Die Interaktionen zwischen Heimzöglingen und Studenten provozierten indes noch weitere, verwirrende bis beängstigende Erfahrungen: Wie die ehemalige Protagonistin der antiautoritären Frankfurter Schülerbewegung, Ulrike Heider, in ihren Lebenserinnerungen berichtet, mißverstanden männliche Heimzöglinge die politischen Zuwendung der Studentinnen als erotisches Interesse und meinten, sich nächtens Eingang in ein Studentenheim verschaffen zu müssen, wo sie minutenlang an die Türe ihrer politischen Pädagoginnen wummerten, ohne doch Erfolg zu haben.

Für derlei Exzesse hatten die Studenten am Pädagogischen Seminar, denen Klaus Mollenhauer, den Geist der Zeit weit überholend, in der Leitung des Instituts einen halbparitätisch zwischen Studenten und Lehrkräften besetzten Seminarrat eingeräumt hatte, wenig übrig. Sie, die sich in ihrer überwältigenden Mehrheit in den dem damaligen KBW (Kommunistischer Bund Westdeutschland) nahestehenden „Roten Zellen" organisiert hatten, fanden sich also in der regelmäßig tagenden „Rotzpäd", der „Roten Zelle Pädagogik" zusammen, die sich zum Zweck des Vorantreibens des langen Marsches zur Revolution Lenins demokratischen Zentralismus als Organisationsmodell erwählt hatten und vor allem „Schulungskurse" anboten: für Anfänger Marx' & Engels' „Lohn, Preis und Profit", für Fortgeschrittene die „Deutsche Ideologie" und für Kenner „Das Kapital." Der heute in Bremen lehrende Bodo Voigt, ein ehemaliger Bundeswehroffizier, prägte die „Rotzpäd" ebenso wie der Germanist Dieter Wissmann – im Rückblick zeigt sich, daß viele der damaligen leninistischen Aktivisten beinahe augustinische Bekehrungserlebnisse hinter sich hatten, was auch für den Star der „Kapitalschulungen", den der ordoliberalen Freiburger Schule entstammenden Ernst Theodor Mohl galt.

Klaus Mollenhauer initiierte in diesem Milieu ein biographietheoretisches Projekt – die Lebensgeschichten der Heimjugendlichen wurden auf Tonband aufgenommen – und war um grundlagentheoretische Klärung der Fragen von Abweichung und Kontrolle bemüht. Fortgeschrittenen Studenten wie Wolfgang Keckeisen und Angelika von der Beek verdankte er intensive Debatten über den damals als „labeling approach" bezeichneten Etikettierungsansatz, während sein Assistent Christian Marzahn mit anderen eine marxistische, kapitalismuskritische Erlärung der Produktion jugendlicher Delinquenz vorlegte. Freilich war bei alledem nicht zu verkennen, daß Klaus Mollenhauer nach einem eigenen theoretischen Weg suchte, einem Weg, der nicht den damals breit ausgefahrenen Spuren von Marxismus, Psychoanalyse und „Kritischer Theorie" folgte. Gelegentlich fiel der Name „Plessner", dann immer häufiger der Name von George Herbert Mead, der damals viel gelesene psychiatrische Kommunikationstheoretiker Paul Watzlawick gehörte ebenso zu Mollenhauers Bezugsautoren wie die Familientherapeutin Virginia

Satir. Die jungen Assistenten und ihr nur wenig älterer Professor nahmen das Postulat der Einheit von Theorie und Praxis ernst, bitter ernst. In den damals aus dem Boden sprießenden „Kinderläden" konkurrierten Psychoanalyse und Marxismus als Bezugstheorien: In einem Kinderladen herrschte in der regelmäßig tagenden Elterngruppe, an der die „Bezugspersonen" genannten BetreuerInnen der Kinder ebenfalls teilzunehmen hatten, allen Ernstes die Auffassung, daß man Marxens Kapital verstanden haben müsse, um Kinder besser erziehen zu können. Klaus Mollenhauer, der mit seiner Frau Susanne und vier kleinen Kindern eine großzügige Wohnung in der Nähe der Universität, in der Schumannstraße bezogen hatte, ging bei der Integration von Theorie und Praxis in bester reformpädagogischer Manier noch einen Schritt weiter und nahm eins, zwei „Staffelberger" in seine Familie auf. Die damit absehbar verbundenen Belastungen würden sich wohl meistern lassen. Klaus Mollenhauer kämpfte damals, wenn man so will, an mindestens drei Fronten: Im Pädagogischen Seminar mit einer immer unduldsamer werdenden Studentenschaft, die auch vor persönlichen Diffamierungen Mollenhauer nahestehender Dozenten, die deren dogmatischem Marxismus die Gefolgschaft verweigerten, nicht zurückschreckte, zu Hause mit einer familialen Situation, die durch die Anwesenheit eines ehemals straffälligen Jugendlichen und dessen Freunden zur Ruhe nicht kommen konnte und in der Universität mit Kollegen, deren Berühmtheit und Versiertheit das ihm Entfalten eines eigenen Weges in der Wissenschaft subjektiv zu erschweren schienen.

Dennoch: Sowohl die Frankfurter Antrittsvorlesung über die Grenzen bürgerlicher Sozialpädagogik, die mit den Mitteln der intensiv rezipierten interaktionistischen Mikrosoziologie, zumal Erving Goffmans die Inadäquanz einer individualisierenden Perspektive in der Jugendhilfe ebenso kritisierte, wie sie – von marxistischen Überlegungen angeregt – auf die nur gesellschaftlich analysierbare Verursachung von Delinquenz hinwies, stellte einen wissenschaftsgeschichtlichen Wendepunkt der akademischen Sozialpädagogik dar, die mit dem neu gegründeten Diplomstudiengang ihre fachspezifische und auch professionsbezogene Ausdifferenzierung vorläufig abgeschlossen hatte. Freilich – und hier reflektierte die Entwicklung der Theorie die realen Konflikte am Frankfurter Pädagogischen Seminar – ließen sich die von Mollenhauer in kleineren Beiträgen und Aufsätzen entfalteten normativen Perspektiven, wie sie in „Erziehung und Emanzipation" niedergelegt wurden, mit den politischen Vorgaben der entweder klassenkampf- oder randgruppentheoretisch orientierten Studentenschaft nicht vereinbaren: Wo die vor allem dem KBW zuneigende „Rotzpäd" individuellen delinquenten Jugendlichen berufliche Qualifikationsmaßnahmen ansann, um sie im Sinne der Vorhut eines neu zu sich kommenden Klassenkampfsubjekts zu „reklassieren", und jene wenigen, die in den Delinquenten kämpferische Rebellen sahen, deren unangepaßte Lebenswege es zu unterstützen galt, vielleicht auch, um sie für den bewaffneten Kampf zu gewinnen, hielt Klaus Mollenhauer in Frankfurt an der systematischen Bedeutung eines letztlich Humboldt entliehenen, auf Ausprägung von Individualität und Mündigkeit setzenden Emanzipationsideals fest. Diese Spannung entfaltete sich nicht nur in Seminar- und Institutsratsdiskussionen, sondern auch in einem ebenso kleinteiligen wie verbissenen Gerangel um Hilfskraft- und Tutorenstellen, um autonome Tutorien und andere Stellenbesetzungen, die die soziale Atmosphäre am Institut meiner Erinnerung nach vergifteten. Auch diese Spannungen trachtete Klaus Mollenhauer in Frankfurt theoretisch zu verarbeiten. Sein im engeren Sinne theoretisches Hauptwerk, die 1972 erschienenen „Theorien zum Erziehungsprozeß" verdienen heute unsere Aufmerksamkeit nicht so sehr ihrer klaren und überzeugenden Darlegung interaktionistischer und kommunikationstheoretischer Argumente, sondern ihrer explizit neomarxistischen Intention wegen. Ein Zweifel ist gar nicht möglich: der Mollenhauer der Frankfurter Jahre war ein Neomarxist, von dem nicht zu sagen ist, ob seine marxistischen Überzeugungen Konzessionen an seinen unmittelbaren Kontext waren oder ob er in einem bestimmten Theoriesegment die Lösung einer Reihe von Problemen sah, die interaktionsanalytisch alleine nicht mehr zu lösen waren. Indem die Interaktionsanalyse sich von mehr oder minder psychologischen Deutungsmodellen individuellen Handelns oder Versagens gelöst hatte und die Institutionenanalyse (mit dem Soziolinguisten Basil Bernstein und dem Soziologen Pierre Bourdieu) die seligierende Funktion auch und gerade der Bildungsinstitutionen offen zu Tage brachte, blieb immer noch die Frage nach den Determinanten auch der pädagogischen Interaktionen offen – eine Frage, die zu lösen war, wollte man nicht in einer aus der geistesgeschichtlichen Pädagogik ererbten, naiv normativen Lesart des „pädagogischen Bezugs" stecken bleiben. Der Mollenhauer von je naheliegende strukturalistische Blick mußte an den von Alfred Sohn-Rethel – einem auch von Adorno geschätzten Privatgelehrten, der zwar schon in den dreißiger Jahren schrieb, aber erst in den siebziger Jahren eine gewisse Bedeutung erhielt – angestellten Überlegungen Gefallen finden. Sohn-Rethel, seinerzeit als „marxistischer Erkenntnistheoretiker" gefeiert, strebte nicht weniger als eine Genealogie aller kategorialen Denkformen aus den mit dem Marx des Kapitals betrachteten Formen des Warenaustauschs an – ein Unternehmen, das sich bald als marxistische Variante einer doch stark bestreitbaren externalistischen Wissenschaftstheorie entpuppte. Gleichwohl: im Schlußkapitel der „Theorien" ist ein Bekenntnis Mollenhauers zu dieser Form von Marxismus zu finden, das sogar unter vergleichbaren Erziehungswissenschaftlern seiner Generation und ihrer emanzipationspolitischen Orientierung ihresgleichen sucht. Damit war allerdings auch schon der theoretische End- und Kulminationspunkt dieser Entwicklung erreicht – Mollenhauers reformpolitisches Engagement geriet nach knapp drei Jahren Frankfurt ebenso in die Krise wie sich das skizzierte wissenschaftliche Programm als ungangbar zu erweisen schien. In drei Arenen sah sich Klaus Mollenhauer vor nicht mehr lösbare Herausforderungen und Konflikte gestellt:

Im Hinblick auf eine eigene, auch prominente theoretische Orientierung an der auf Reform eingestellten Frankfurter Universität schien ein eigenes Profil jenseits des langen Schattens von Jürgen Habermas auch dann nicht möglich, als Mollenhauers langjähriger Kieler Kollege und Habermas' Studienfreund Karl Otto Apel als Philosoph nach Frankfurt berufen wurde. Das normative, transzendentalpragmatische Programm Karl Otto Apels reichte jedenfalls nicht zu, um in Hinblick auf die marxistische Studentenschaft die Tradition Humboldts überzeugend zu vermitteln, während im Hinblick auf die Kollegen auch Karl Otto Apel, den sich Mollenhauer nun als theoretischen Gewährsmann erkor, in der Sicht des Publikums kaum je aus dem Schatten Habermas hinaustreten konnte.

Die von Mollenhauer damals mitgetragene Orientierung einer Einheit von Theorie und Praxis geriet indes im Bereich der eigenen Familie in die Krise. Immer deutlicher stellte sich heraus, daß das Zusammenleben mit ehemaligen „Staffelbergern" der eigenen Familie nicht zuzumuten war. Die Aufkündigung der Beherbergung eines ehemaligen Zöglings – er hieß tatsächlich „Ede" – wurde endlich damit begründet, daß „Ede" und einige seiner Kumpane Mollenhauers Kindern, die in Schule und Kinderladen zu gehen hatten, „die Milch weggetrunken" hätten.

Der Konflikt mit der Studentenschaft entlud sich schließlich an der Frage der Besetzung einer freigewordenen Stelle – ich meine, es sei die Stelle eines akademischen Rats gewesen –, die nach Maßgabe der halbparitätischen Institutsverfassung mehr oder minder einvernehmlich zwischen Studenten – und Dozentenschaft zu besetzen war. Die Studenten bestanden darauf, einen der ordoliberalen, der Freiburger Schule der Volkswirtschaft entsprungenen, im Habitus durchaus aristokratisch auftretenden Ökonomen namens Ernst Theodor Mohl zu berufen, dessen „Mohl-Schulung" genannte Lektürekurse zu Marxens Kapital gleichsam die elitäre Oberstufe der marxistischen Indoktrinationsversuche der „Rotzpäd" darstellten. Mollenhauer hingegen wünschte sich als Stelleninhaber den damals durch sein Buch „Jugendkriminalität und Gesellschaftsstruktur" berühmt gewordenen Psychoanalytiker Tilman Moser, der auf der Basis einer umfassenden Rezeption vor allem der angelsächsischen Kriminologie der individuellen Formung der Persönlichkeit von Delinquenten doch stärkeres Gewicht einräumte, als das Etikettierungsansatz und klassentheoretische Kriminalitätsanalyse (Delikte als Ausdrucksformen des Gegensatzes zwischen Lohnarbeit und Kapital bzw. zwischen disziplinierendem Staat und lebendiger Arbeitskraft) vorsahen. Dieser Konflikt ließ sich weder auf Vollversammlungen noch in Hintergrundgesprächen lösen.

Am Ende jedenfalls nahm Klaus Mollenhauer bereits zum Sommersemester 1973 einen Ruf an die Georg August-Universität in Göttingen an, wo man ihm nicht nur äußerst großzügige Ausstattungswünsche, wie etwa ein

„Kindergartenlaboratorium" sowie viele Mitarbeiterstellen erfüllte, sondern wo ihm eben auch eine gleichsam dynastische Position in der Genealogie der von Dilthey in der Sache, von Herman Nohl institutionell begründeten „Geisteswissenschaftlichen Pädagogik der Göttinger Schule" winkte. Klaus Mollenhauer hat – man kann es in seinen biographischen Aufzeichnungen „Ego-Histoire" nachlesen, bei Nohls Schüler Erich Weniger promoviert und hatte von ihm – auch so kann man seine Erinnerungen lesen – eine Delegation erhalten, die er nicht nur 1973, sondern aller besseren Einsicht zum Trotz auch später in der Verteidigung Erich Wenigers, dessen Schriften in der Zeit von 1933 bis 1945 man getrost als militärfaschistisch bezeichnen kann, ausführte. Über die Ursachen dieser Treue, die ja nicht nur Klaus Mollenhauer, sondern auch einen seiner Weggeführten, Georg Herrlitz prägte, ist hier nicht zu spekulieren – spätere Forschung wird jedoch der These von Klaus Mollenhauers zu früh verstorbenem Schüler Wolfgang Keckeisen, wonach die Kritische Erziehungswissenschaft mit der „Kritischen Theorie" nichts, mit ungelösten Problemen der „Geisteswissenschaftlichen Pädagogik" alles zu tun habe, zumal im Lebensvollzug der entsprechenden Wissenschaftler und Wissenschaftlerinnen genauer nachgehen müssen.

Um mit einer persönlichen Bemerkung zu schließen: Ich selbst habe als Student Mollenhauers Fortgang als Resignation und Regression gedeutet und bin ihm gleichwohl für drei Semester nach Göttingen gefolgt. Ein erstes Treffen der neuen Göttinger Mitarbeiter: die Kieler Bernhard Achterberg und Gerd Wartenberg, die Frankfurter Marianne Kieper und Michael Parmentier führte uns in das inzwischen durch Dorle Klikas Monographie zu Herman Nohl bekannt gewordene Landheim des Pädagogischen Seminars ins ehemalige Kloster Lippoldsberg. Der Ort mitsamt dem mittelalterlichen Klosterhof im Weserbergland war mir von Anfang an unsympathisch und ich wunderte mich wenig, als Klaus Mollenhauer uns mit einem ironischen Lachen mitteilte, daß sich die „faschistische Vernunft", genauer die „faschistische Unvernunft" in Lippoldsberg geteilt habe: auf der einen Seite des Hofes die Anlagen des Pädagogischen Seminars, auf der anderen Wohnung und Buchhandlung von Hans Grimm, einem völkischen Schriftsteller, der nicht nur mit seinem vielgelesenen Roman „Volk ohne Raum" den nationalsozialistischen Lebensraumkrieg mit vorbereitet hatte, sondern auch nach dem Krieg noch im Grundsatz seine Option für Hitler und den Nationalsozialismus verteidigte.

Jahre später, genauer vor einem Jahr, las ich in Gerd Koenens Buch über „Vesper, Baader und Ensslin", also über die Gründungsphase der sich selbst „Rote Armee Fraktion" nennenden Terroristen, daß Gudrun Ensslin in den sechziger Jahren in Lippoldsberg zu den Zuhörerinnen völkisch-nationaler Dichterlesungen gehörte, in einem Milieu, in dem die Werke von Hans Grimm ebenso populär waren wie die Werke des Vaters des Autors der „Reise" Will Vesper.

Das gibt zu denken: Der phänonenologische Philosoph Wilhelm Schapp behauptet, daß Menschen immer in Geschichten verstrickt sind, also – so ließe sich weiter assoziieren, in Stricken, die sich verknoten und zu Knotenpunkten in Netzen zusammenlaufen. Lippoldsberg jedenfalls sah sowohl die Anwesenheit Herman Nohls und Gudrun Ensslins und von beiden führt eine Spur zu den „Staffelbergern". Was wohl aus ihnen geworden ist?

Anhang

Dokument: Klaus Mollenhauer
Ego-Histoire: Sozialpädagogik 1948-1970[74]

Vorbemerkung

Der nachfolgende Text gehört zu einer Sorte, die im wissenschaftlichen Diskurs wenig gebräuchlich ist und mit dessen Darstellungsform ich aus eigener Praxis unvertraut bin. Die Einladung der Sozialpädagogen der Universität Trier indessen, als „Zeitzeuge" über die Anfänge dieses Fachs nach dem Zweiten Weltkrieg zu berichten, und zwar so, daß „Person und Sache in einen verlebendigenden Zusammenhang gestellt werden", in „essayistischer Darstellungs- und Erinnerungsform", machte mir diese neue Aufgabe reizvoll. Allerdings sollte der so entstandene Text nicht als „Wissenschaftsgeschichtsschreibung" missverstanden werden. Seine persönlich-privaten Passagen sind durchaus biographischer Natur und enthalten mithin höchstens Informationen zur Genese, aber keinesfalls solche zur Geltung wissenschaftlicher Problemstellungen. Ich verzichte deshalb auch auf alle Nachweise, die den Bezug zur Theorie-Entwicklung belegen oder gar sichern könnten. Das Literaturverzeichnis am Ende soll lediglich ermöglichen, manche Andeutungen, wenn man sich dafür interessiert, sich erweitert denken und überprüfen zu können. An der Vortragsgestalt dieses Textes aus sehr speziell definiertem Anlaß habe ich deshalb fast nichts geändert.

1. Nach dem Krieg

Ende Juni 1945 kam ich aus der Kriegsgefangenschaft nach Hause. Ich hatte Glück gehabt, ich überlebte; auch mein jüngerer Bruder und meine Eltern. Ich war 16 Jahre alt, mußte nun wieder in die Schule, wollte das Abitur machen. Was man „Schule" nennt, war mir fremd geworden. Lernlust konnte ich dort nicht mehr verspüren. Drei Jahre später machte ich das Abitur. Daß auf solchem Tiefpunkt einer Biographie – ich will das hier nicht weiter ausführen – Ganzheitsphantasien entstehen, ist nicht notwendig so, aber doch wohl plausibel, jedenfalls eine Möglichkeit. Bald schon wollte ich Pädagoge

---

[74] Erschienen in: Homfeldt, H.-G./Werten, R./Schulze-Krüdener, J. (Hrsg.), 1999: Soziale Arbeit im Dialog über Generationen, Baldmannsweiler. Hier nach Neue Praxis 5/1998

werden; zunächst aber wurde ich Lehrer, zwar nicht, wovon ich träumte, Dorfschullehrer einer ein- oder zweiklassigen Zwergschule, neben Pfarrer, Großbauer und Arzt eine wichtige Figur in der Gemeinde, aber – realitätsgerechter wohl – Grundschullehrer in Bremen. Das war 1950. Vordem war ich nicht nur Abiturient und dann Student an der PH in Göttingen, sondern – das ist für das Folgende nicht ohne Interesse – in der „Bündischen Jugend" tätig, schrieb gelegentlich erbauliche Texte für den „Bundesbrief", sah 1946 in Celle eine Ausstellung von Bildern, die die Nazis „entartet" nannten und die mich, ähnlich wie ein Jahr später Paul Hindemiths Symphonie „Mathis der Maler", in eine Revision der mir vertrauten ästhetischen Gewohnheiten hinein- und mir eine andere Blickweise auf die Welt abnötigten. Ich sage das heute noch so, obschon ich mir inzwischen gewiss bin, daß es sich dabei noch um eher harmlose Herausforderungen der ästhetischen Moderne handelte.

Anderes war weniger harmlos. Nach zwei Jahren Atemholen während der Studienzeit, 1948-1950, aber immerhin versuchte man dort, mir begreiflich zu machen, was Politik sei, hörte ich Genaueres über den deutschen Widerstand gegen Hitler, konnte mir die Vorstellung von Kollektivschuld vertraut machen, konnte also die mir durch meine Eltern und deren Freunde anschaulich nahegebrachten Opfer-Schicksale „einordnen", wie man sagt, und ein gutes Jahrzehnt später ließ ich drei meiner Kinder durch einen Pfarrer taufen, der dem „Kreisauer Kreis" angehörte und der bereits meinen Bruder 1935 getauft hatte, auch Erinnerungen kamen hoch an religiös motivierte konsequente Kriegsdienstverweigerer, die damit, 1942, Schlimmstes für sich riskierten und damals, in einem Jugendgefängnis, der Obhut, wenn man so verharmlosend reden darf, meines Vaters überlassen waren, nicht ganz leichte Balancen also, die irgendwie zu bemeistern waren, das Gerede von „Identität" heute noch in weiter Ferne, man sagte „Rolle" damals, das Ich blieb dunkel, und Musils „Mann ohne Eigenschaften" mußte sich behaupten gegen Romane aus der Resistance, im Zeitungsformat von Rowohlt für 50 Pfennige verkauft, diese gegen die Einzelkämpfer-Phantasien Hemingways oder die Sysiphos-Philosophie des Absurden von Camus, die „Schmutzigen Hände" von J.-P. Sartre, H. Kasacks „Stadt hinter dem Strom" und ähnliches, dies alles hineingemischt in das Atemholen, ein stockender Atem freilich, über Katarakte hinweg, auch nicht unbedingt harmlos – danach also und weniger harmlos, weil nicht nur im Kopf, sondern in täglich eigener Erfahrung, war der Weg mit dem Fahrrad zur Schule in Bremen-Vegesack, 20 Minuten durch die vollständig zertrümmerte Vorstadt, als Abendessen eine Bratwurst am Kiosk, aber wenigstens Untermieter einer Senator-Familie, ein bißchen wie Haus Castorp in Davos oder Adrian Leverkühn in München, aber Thomas Mann las ich erst viel später, weniger harmlos diese Kontraste also, zwischen Hauskonzert und meinen Schülerinnen und Schülern, fast alles Kinder von gelernten und ungelernten Arbeitern der Wollkämmerei, ich sollte, beispielsweise, diese 13jährigen in geordneten Reihen, sie sollten sich anfassen, auf den Schulhof zur Pause führen, und ich wollte das nicht als vernünftig einsehen, was naturgemäß wiederum dem Schulleiter nicht einleuchten wollte (bei meinen gelegentlichen Besuchen in einem Heim für angeblich schwer erziehbare Jugendliche fühlte ich mich wohler). Jedenfalls: Nach Abschluß der Grundschulzeit, damals in Bremen nach dem 6. Schuljahr, 25% meiner Schülerinnen und Schüler bestanden die Aufnahmeprüfung für Realschule und Gymnasium, eine in jener Zeit beträchtliche Quote, und dies trotz gravierender Disziplinar-Mängel ihres Lehrers – danach also hatte ich den Eindruck, verstanden zu haben, was „Schule" ist, Konrad Wünsche würde darüber nur lächeln, und ich konnte mich nun dem zuwenden, was mir inzwischen wichtiger geworden war. Das Interesse für „Sozialpädagogik" konturierte sich.

2. Erste Schritte in die Wissenschaft

Herbst 1952, ein Omnibus nach Hamburg, mein Gepäck ein Sperrholzkoffer, ein Rucksack, ein neuer Anfang. Nun kam die Wissenschaft ins Spiel, das erfordert eine andere Syntax, also: Allgemeine Pädagogik bei Wilhelm Flitner, Sozialpädagogik bzw. -psychologie bei Curt Bondy – er veröffentlichte gerade die „Bindungslose Jugend" –, Familien-Forschung bei Helmut Schelsky. Die mich interessierende Problemkontur war rasch ausgemacht: Aufwachsen unter schwierig gewordenen gesellschaftlichen Bedingungen, möglichst elementar beginnen, also verstehen, was vor sich geht, und erklären können, warum es vor sich geht, aber auch das Verschiedene der Situationen kennen, keine voreiligen Einheiten stiften. Die Theorie lieferte dafür nur Bruchstücke aus der Tradition (Flitner), der Psychologie (Bondy), der Soziologie (Schelsky). Lieselotte Pongratz, später mit ihrer Dissertation über Prostituierten-Kinder bekannt geworden, damals Jugendpflegerin in der Hansestadt, engagierte mich für die Einrichtung eines der ersten „Heime der offenen Tür". Mit fünf Studenten machte ich erste Gehversuche auf diesem neuen pädagogischen Gelände und erprobte, mit naturgemäß vielen Mißerfolgen, das Zusammenstimmen gut gemeinter pädagogischer Reformideen mit den Realitäten der Arbeiterjugend in Hamburg-Lockstedt. „Reformideen", das waren die kulturellen Reservoirs der 20er Jahre, die Phantasiewelt der Bündischen Jugend. Daß ich Gitarre spielen konnte, hatte jenen Jugendlichen zwar gefallen, aber was ich da vortrug und zum Mitsingen empfahl, lag ihnen ziemlich fern. Besser ging es bei Brettspielen, von denen wir ein ziemlich breites Angebot hatten. Geradezu gierig nach außerschulischer pädagogischer Erfahrung nutzte ich Gelegenheiten zu Praktika, in der Heimerziehung, im Jugendstrafvollzug, in der Heimvolkshochschule, vor allem aber im intensiven Kontakt mit der Jugendbildungsstätte Barsbüttel bei Hamburg, deren

Leiter, ein problematischer Schüler H. Nohls, mir wohlgesonnen war. Hier versuchte man z. B., die Tradition des Volkstanzes in moderne Rhythmen und Figuren zu transformieren; neue Lied-Kompositionen, die wir als modern empfanden, wurden im Hinblick auf ihre Wirkung ausprobiert; Ferienlager für Kinder und Jugendliche, internationale Begegnungen wurden konzipiert. Nach drei hektischen Semestern in Hamburg – an Ferien in dieser Zeit, wie übrigens auch in den Jahren danach, war gar nicht zu denken, jeder Monat war immer schon voll von Engagements – bildete ich mir ein, nun den Überblick zu haben. Da traf ich, als Studenten-Funktionär in der Bundesbahn von Bonn nach Hannover, Erich Weniger, während meiner Studienzeit Direktor der PH Göttingen, jetzt Ordinarius für Pädagogik an der Universität. Wir beide waren verblüfft, ich eher gequält, er eher degoutiert und amüsiert darüber, mich im Fernschnellzug zu sehen, und er sagte: „Molli, wann kommen Sie endlich nach Göttingen, um eine Dissertation über Sozialpädagogik zu schreiben?" Er kannte mich noch als eher pädagogisch-kindlichen Schwarmgeist. Ja, warum eigentlich nicht?

Danach ging alles seinen mehr oder weniger geregelten Gang: Man konnte damals in Göttingen, was die theoretischen Orientierungen für die Sozialpädagogik betrifft, mit einem relativ kleinen Korpus von Texten auskommen: Pestalozzis Stanser Brief, Nohls Aufsatz-Sammlung zur „Jugendwohlfahrtspflege", der fünfte Band des von Nohl und Pallat herausgegebenen Handbuchs der Pädagogik und Paul Natorps „Sozialpädagogik", deren Lektüre allerdings für am ehesten entbehrlich gehalten wurde. Es war ein kategorial eher bescheidener Zuschnitt der Perspektive auf die Sache, der nur denjenigen Doktoranden auffiel, die, wie Wolfgang Klafki, an der Lehre Theodor Litts sich gebildet hatten, oder die, wie Herwig Blankertz, mit den kantianischen Argumentationen vertraut waren. Für die Sozialpädagogik schienen derartige Anstrengungen des Begriffs entbehrlich zu sein, ein Manko, das uns heute, wenngleich sozialpädagogisch wenig informiert, Horst Prange dennoch mit Recht entgegenhält.

In dieser Lage kam mir zweierlei zustatten: Ich war auf weiter Flur einer der ganz wenigen, der sich wissenschaftlich für die Sozialpädagogik interessierte und der außerdem die von Nohl übernommenen Vorgaben – Beginn moderner pädagogischer Theoriebildung mit der Argumentationsfigur „Autonomie" im (idealistischen) Zeitalter der sogenannten „Deutschen Bewegung", und ein historisch-empirisch faßbares Segment der „Erziehungswirklichkeit", irgendwo im Umkreis Pestalozzis beginnend und in Jugendwohlfahrt und dem entsprechenden Gesetz vorläufig auf den Punkt der Institutionalisierung gebracht – relativ rasch und durch keine philosophischen Zweifel getrübt in ein eigenes Arbeitsvorhaben zur Geschichte der Sozialpädagogik hineinführte. Die Sache wurde ruchbar, besonders nach Veröffentlichung der Dissertation. Es gab nun eine Adresse.

Motivation, die Spur weiterzuverfolgen und zu verbreitern, kam damals von zwei Seiten her: An den jährlichen Tagungen der „Gilde Soziale Arbeit", einem noch während der Weimarer Republik gegründeten Zusammenschluß von Männern und Frauen, zum großen Teil verschiedenen Fraktionen der deutschen Jugendbewegung entstammend und dem Impetus der Reformpädagogik verbunden, nahm ich regelmäßig teil. Das war, in einem Klima freundschaftlicher Verbundenheit zwischen den Generationen, eine Möglichkeit, die sich allmählich konturierenden wissenschaftlichen Argumentationen im Hinblick auf die Praxis der Berufstätigkeiten zu kontrollieren. Aber wichtiger noch waren vielleicht die zahllosen Gespräche mit den nun wieder in der deutschen Sozialpädagogik tätigen inneren und äußeren Emigranten: Carolus Mennicke, Lehrer meines Vaters 1926-1928 an der „Hochschule für Politik", Harald Poelchau, jener schon erwähnte Pfarrer aus dem „Kreisauer Kreis", Walter Herrmann und Curt Bondy, Erich Hirsch, August Oswalt, Hans Eyferth und manch andere. Gleichzeitig entstand in den „Höheren Fachschulen für Sozialarbeit" – die zweite Seite des Motivationszuwachses – ein Argumentationsfeld, das seine Quellen nicht in der geisteswissenschaftlichen Pädagogik oder in der Reformbewegung der Weimarer Republik suchte, sondern in den Erfahrungen des nordamerikanischen „Social Work", wenngleich auch dort, besonders durch Emigranten und in bezug auf „Gruppenarbeit", deutsche Erinnerungen ihre Spur hinterließen, z. B. bei G. Konopka, vor der Nazizeit Schülerin von W. Flitner in Hamburg. „Erziehung" war dort nicht mehr die leitende Kategorie. Statt dessen wurden die Probleme der Handlungsstruktur um die Kategorien des Einzelfalls, der Gruppe und des Gemeinwesens herum geordnet. Das hätte, wenn man es sich zu eigen machen wollte, eine ziemlich gründliche Revision „geisteswissenschaftlicher" Sozialpädagogik zur Folge gehabt. Es war, unter der Hand, natürlich auch ein Problem institutionalisierter Ausbildung und damit verbunden eine Frage des fachlichen Prestiges. Wo sollten die kompetenten Sachwalter der Sozialpädagogik/Sozialarbeit lokalisiert gedacht werden, in der an Universitäten (demnächst vielleicht extensiver als bisher) gelehrten Sozialpädagogik oder an den Höheren Fachschulen für Sozialarbeit? Diese Irritation ist bis heute nicht zur Ruhe gekommen. In gleichsam entschlossener Naivität hielt ich indessen am Primat der pädagogischen Fragestellung fest, an einem normativen Begriff „richtiger" Erziehung. Dabei hätte ich, nach dem, was ich damals studierte, die Sache im Prinzip schon komplexer sehen können.

Gleichzeitig nämlich mit der Formierung des Gedankens, die Sozialpädagogik/Sozialarbeit sei, neben Familie und Schule, die dritte institutionelle Komponente des modernen Erziehungs- und Bildungssystems nach der Industrialisierung, so ungefähr lautete später der rhetorische Topos, zwischen C. W. Müller, H. Kentler, H. Giesecke und mir unstrittig, und neben der täglichen Arbeit daran, diesen Gedanken auch historisch plausibel zu machen, in der Dissertation – gleichzeitig also mit diesen Studienbemühungen war ich regelmäßiger Teilnehmer an den Oberseminaren Helmuth Pleßners, des wichtigsten Hochschullehrers, den ich hatte. Er verpflichtete uns nicht nur dringend zu einer höchst sorgfältigen Lektüre der „Deutschen Ideologie" von Karl Marx – im Rigorosum war das dann eines meiner Prüfungsthemen, 1958 –, ich hielt dort auch ein Referat über einige Kapitel von G. H. Meads „Mind, Seif, and Society", damals noch nicht in deutscher Übersetzung zugänglich. Ich war fasziniert, aber es gelang mir nicht, diese Denkerfahrung in meine sozialpädagogischen Vorstellungen einzufädeln; wenn ich die Literaturlage jener Jahre in unserem Fach recht erinnere, gelang es auch sonst keinem, ja man kannte die Autoren nicht einmal, ebenso Norbert Elias, außerhalb der Seminare Pleßners nahezu unbekannt, vor allem bei Pädagogen. Derartiges überschritt kräftig den in der Pädagogik gelehrten Problemhorizont. Es gab dort diese fast ideologische Hemmung, den Gedankenkreis geisteswissenschaftlicher Sozialpädagogik in Richtung auf das, was wir heute vielleicht „Theorie" nennen, zu verlassen. Aber es entstand so wenigstens die Ahnung einer exzentrischen Position. Erst 10 Jahre später, unter dem Eindruck der „kritischen Sozialisationstheorie" von Jürgen Habermas, ein im Raubdruck 1969 verbreitetes Vorlesungsmanuskript, gingen mir dann, wie ich meinte, die Lichter auf.

Wenige Jahre danach – als „Sozialpädagoge" war man innerhalb deutscher Universitäten immer noch fast ein Unikum, jedenfalls selten – eröffnete sich in Berlin ein neues Denk-Erlebnisfeld, 1962, dessen geheimer Lehrer nicht der Ordinarius war, der mich holte, sondern jemand, der an meinen Lehrveranstaltungen gelegentlich teilnahm: C. W. Müller. Allerdings verengte sich, besser sage ich wohl „konzentrierte" sich damit der Focus empirischer Aufmerksamkeit auf das, was „Außerschulische Jugendbildung" hieß; das aber war höchst produktiv. C. W. Müller, so darf ich wohl sagen, öffnete damals den Blick auf einen speziellen sozialpädagogischen Sachverhalt, der aber das mögliche Allgemeine, wenigstens für mich, sehen ließ. Es waren zwei Vorgänge, die sich als folgenreich erwiesen. Von einer Amerika-Reise zurückgekehrt, präsentierte er auf einer eher privaten Party die inzwischen klassisch gewordenen Songs der US-amerikanischen Bürgerrechtsbewegung, von Pete Seegers „Little Boxes" bis zu Sam Hintons „Peace in the World or the World in Pieces" – zwischen Politik und Pädagogik entstand ein lehrbarer Zusammenhang. Und er verschaffte mir Zugang zu den Berliner „Häusern der offenen Tür" und deren in Weiterbildung begriffenen Mitarbeitern, ein Erfahrungsfeld, das nun, nach den Anfängen in den 50er Jahren, zum praktischen Prototyp moderner Sozialpädagogik aufrücken konnte. C. W. Müller nötigte dazu, ganz unaufdringlich und eher indirekt, noch einmal über Marx und Mead nachzudenken, ohne diese beiden zu zitieren. Personal bestimmte Interaktionen benötigten offenbar einen Halt in den „Verhältnissen", den „Umständen", und zwar, sozialpädagogisch gedacht, in den Arrangements, die wir für das Lernen bereitzuhalten in der Lage sind. Das war eine Befreiung aus der Engführung im „pädagogischen Bezug" der geisteswissenschaftlichen Pädagogik. Sie symbolisierte oder exemplifizierte sich etwa an der Frage, wie in einem „Haus der offenen Tür" die Bar zu lokalisieren und zu gestalten sei, um bildende Geselligkeit zu ermöglichen, die „Party" kam als bildendes Milieu in den Blick, was einen ersten akademischen Ausdruck in der Berliner Antrittsvorlesung „Zur pädagogischen Theorie der Geselligkeit" (1963) fand. h. Rentier hatte das vordem schon am Beispiel von Ferienkursen mit baden-württembergischen Arbeiterjugendlichen erläutert, und Erinnerungen an Schleiermacher und Simmel, viel später dann auch Goffmans Beschreibungen der institutionell induzierten Problematik von Interaktion, kamen mir in den Sinn und konnten diesen Gedanken bekräftigen.

In dieser Lage erschienen mit kurzen Abständen: die vier Versuche zur Theorie der Jugendarbeit – die, wie ich heute immer noch meine, von Liebel und Lessing eine kategorial unaufgeklärte Kritik im Lichte des „Antikapitalismus" erfuhren–; die „Einführung in die Sozialpädagogik", ein, wie mir heute scheint, unzureichender Versuch, Geschichte, geisteswissenschaftliche „Theorie", soziologische Aufklärung und moderne praktische Problemlagen zusammenzuführen; und schließlich noch das eher als Fleißarbeit zu wertende Büchlein „Jugendhilfe. Soziologische Materialien", eine Auftragsarbeit.

3. Das Gelände wird unwegsam

Nun stellte sich heraus, daß „Theorie der Sozialpädagogik" ein fast hybrider Terminus ist. Wollte man an dem Ausdruck „Theorie" in einem anspruchsvollen Sinne festhalten, geriet ein immenses Programm für das Denken und besonders auch für die Forschung in den Blick. Die Verführung war groß, statt peinlich genauer Analysen sich mit Parolen oder politisch-moralisch ambitionierten Programm-Appellen zu begnügen (dafür ist der letzte Absatz meines Beitrages zu den Versuchen einer Theorie der Jugendarbeit ein anschaulich-peinliches Beispiel). In dieser Lage, 1965, veranstaltete ich ein Seminar über Herbert Marcuses „Eros und Kultur". Das war ein faszinierend geistreicher Text, vor allem aber eine theoretische Idee, die, als Kritik gesellschaftlicher Repression, vielleicht der Sozialpädagogik zugrunde gelegt werden könnte. Indessen war mir der Überschuß an Utopie doch zu viel, wenngleich immer noch weniger prophetisch-nebelhaft als bei Ernst Bloch. Aber auch von der Seite der Praxis her geriet die Wissenschaft unter Druck. Dafür nur zwei Beispiele:

In Göttingen noch, Anfang der 60er Jahre, wurde Martin Bonhoeffer als wissenschaftliche Hilfskraft eingestellt und trug in das Lehr- und Forschungsprofil des Pädagogischen Seminars ein unnachgiebiges Engagement für die Reform der Heimerziehung ein, zog nicht nur mich, sondern auch Hans Thiersch in die Perspektive der Beteiligung hinein, was dann, ungefähr acht Jahre später, zu der hektisch-dramatischen, aber folgenreichen „Heimkampagne" vor allem im Umfeld von Frankfurt führte, eine Szenerie, deren praktische Theatralik besonnene und distanzierte Blicke auf das Geschehen zu verschütten drohte, etwa dann, wenn Andreas Baader und Gudrun Ensslin mit ihren Zigaretten unachtsam Löcher in unsere Polstermöbel brannten oder der familiäre Haushalt von „entwichenen Heimzöglingen" überschwemmt wurde, meine Frau sich um das infantile Innenleben dieser Jungs und den Dauerbedarf an „Frühstück" kümmerte, ich hingegen mit den studentischen Meinungsführern über Pädagogik und Politik diskutierte oder meine Kinder, wir hatten eine üppige 8-Zimmer-Wohnung, angesichts eines im LSD- oder auch nur Haschisch-Rausch auf dem Boden ausgestreckten und eine meiner Schallplatten hörenden Jugendlichen fragten: „Was macht der denn da?"; oder auch, wenn Ede, den wir einige Monate lang beherbergten, einen Karton mit 100 Küchenmessern meiner Frau als Dank überreichte, er hatte sie bei Karstadt geklaut, ein kleines Kunststück, dies an den Kassen vorbeizumogeln, Ede war schwachsinnig, psychologisch beglaubigt, und er, auf die Frage meiner Frau, wozu sie denn, seiner Meinung nach, 100 Küchenmesser brauche, antwortete: „Kann man doch immer mal brauchen". Das mikrosoziale Detail und die makro-sozialen großen Perspektiven stießen hart gegeneinander oder liefen aneinander vorbei, ließen kaum Raum für eine verallgemeinerungsfähige Theorie der Sozialpädagogik, die „Bestände" und die „Parolen", mit G. Benn zu sprechen, drifteten auseinander, das Denken saß fest, so schien mir, weite Umwege wären erforderlich, wenn man einerseits politische Verpflichtungen akzeptieren, andererseits aber auch den verkorksten Selbstfindungsbemühungen der Jugendlichen pädagogisch gerecht werden wollte (Wolfgang Fischer hat diese Problemlage übrigens etwas später und, wie ich denke, mustergültig an der „Apolitie" des Sokrates vorgeführt).

Das zweite Beispiel ist die außerschulische Jugendarbeit, von der schon die Rede war. Zur selben Zeit, als Martin Bonhoeffer dringend die Heimerziehung in den Mittelpunkt sozialpädagogischer Aufmerksamkeit rückte, geriet die traditionelle Jugendverbandsarbeit ins Gedränge. Angesichts nicht zu übersehenden Mitgliederschwundes, die Sportjugend ausgenommen, suchte der Bundesjugendring nach neuen Wegen, man entdeckte die damals sogenannten „unorganisierten" Jugendlichen, und nicht nur die „Häuser der offenen Tür", sondern auch die gegründeten Jugendbildungsstätten meldeten dringlich einen Diskussions-, Aufklärungs- und didaktischen Konzeptbedarf an. Im Vergleich zur Heimkampagne ging es dort ziemlich gesittet zu. Vor allem war dort die Meinung, die akademische Sozialpädagogik könnte bei der Wege-Findung hilfreich sein. Das Buch „Was ist Jugendarbeit" (1964) war nicht nur ein erstes begriffliches Resümee der Arbeit mit „Unorganisierten", sondern stimulierte auch eine vielfältige Reisetätigkeit zur Mitarbeiter-Fortbildung. Wohl jeder von uns damals kannte aus eigener Anschauung das Berliner „Haus am Wannsee", den „Jugendhof Barsbüttel", Steinkimmen,

Bad Boll, das „Zentrum für evangelische Jugendarbeit Josefsthal" am Schliersee, später auch den hessischen „Jugendhof Dörnberg" bei Kassel. Hier nun war, das sage ich im Rückblick, die Lage im Vergleich zur Heimerziehung umgekehrt: Die wichtigen neuen Informationen, eine einschlägige Forschung also, lag in Anfängen bereits vor, allerdings nicht von der Sozialpädagogik vorgetragen, sondern von der Soziologie: Schelsky, Wurzbacher, Jaide, Renate Wald, auch die Berliner Jugendstudie von C. W. Müller oder von Friedeburg, Habermas und anderen „Student und Politik". Sozialpädagogen begnügten sich mit Kommentierungen, Erfahrungsberichten, mit didaktischen Hypothesen, wir forschten nicht, die „realistische Wende" hatte die Sozialpädagogik noch nicht recht erfaßt, sondern wir kommentierten die Forschung anderer. Einzig Hermann Giesecke fand den Weg, allerdings thematisch eingeschränkt, zu einer erfahrungsgestützten und kategorial reflektierten Didaktik der außerschulischen politischen Bildung. Mein eigener empirischer Anlauf zur Bearbeitung dieses Teilspektrums sozialpädagogischer Fragen, „Evangelische Jugendarbeit in Deutschland", erstickte in der Komplexität der empirischen Materialien und an dem Asthma (um im Bild zu bleiben) pädagogisch-kategorialen Ungenügens.

Die beiden Beispiele bargen nicht nur je in sich besondere Schwierigkeiten; ihre Thematik und Praxis-Kontur, ihre Differenz ließ auch erkennen, daß sie je als Mittelpunkt gleichsam für eine Theorie der Sozialpädagogik nicht geeignet waren. Da erinnerte ich mich, nun schon 1973, an Vergangenes, das „Handbuch der Pädagogik" von Nohl/Pallat, die Diskussionen in der „Gilde Soziale Arbeit" zum „lebendigen Jugendamt", auch an die soziologische Aufklärung, die mir inzwischen zuteil geworden war, auch an Luhmanns kleinen, aber immer noch sehr lesenswerten Aufsatz zum Problem der „Hilfe", von Otto und Schneider herausgegeben – und Heinrich Roth bat mich um ein Gutachten zur Sozialpädagogischen Forschung für den Deutschen Bildungsrat, dem ich den Titel „Familie und Jugendamt" gab, freilich etwas kompliziert geschrieben und nur für die an Forschung interessierte Fachöffentlichkeit konzipiert. Der Text enthält, zu meinem heutigen Erstaunen, übrigens eine programmatische Verwendung des Terminus „Lebenswelt", der „Organisation" entgegengesetzt, als des einen Orientierungspoles der Jugendhilfe-Theorie und -Forschung. So ändern sich die Zeiten! Bei der Arbeit an dem Test bildete ich mir ein, hier in der Gegenübersetzung von sozialstaatlich-administrativem Kontroll-Handeln und den primären Kontexten der Lebenserfahrung – später hieß das dann „System und Lebenswelt" (Habermas) – die empirische Mitte für sozialpädagogische Forschung und Theorie gefunden zu haben. Aber es wurde, für meine eigene Ego-Histoire, ein Abgesang, bekräftigt durch das Scheitern – in meinen Augen – eines großen von der DFG geförderten Projekts mit dem Titel „Jugendhilfe in der Gemeinde". Der komplexe Sachverhalt zerbröckelte in Einzelstudien, der Zusammenhang des Heterogenen entglitt, forschungsmethodisch zwischen Sozialstatistik und

Ethnomethodologie, fachwissenschaftlich hinter den Ansprüchen von Sozialpolitik, Sozialpsychologie, soziologischer Jugendforschung und Pädagogik, theoretisch hinter der Versuchung, nur noch appellative Formeln mit diffusem empirischen Gehalt zu verwenden. Mir scheint, daß es anderen ähnlich erging.

Ende und Resümee

Meine eigene Beteiligung, im Sinne einer Hauptthematik meiner wissenschaftlichen Tätigkeit, an einer Theorie der Sozialpädagogik ist also keine Erfolgsgeschichte. Der Erwartungsdruck, der inzwischen auch vom Diplomstudiengang und dem massenhaften Studentenzulauf ausging, verführte eher zu Parolen und zur Orientierung an der Profession statt an der Forschung. Allerlei „Wenden" wurden proklamiert oder konstatiert, die „sozialintegrative", die „emanzipatorische", die „realistische", die „antikapitalistische", die „Alltagswende", schließlich die „Lebenswelt", die nächsten Parolen kündigen sich schon an, etwa „Handlungsorientierung" oder „Reflexivität" - alles Versuche, wenn ich recht sehe, die Heterogenität der empirischen Befunde, der durchaus verschiedenen Arten von Klienten, der fachwissenschaftlich begrifflichen Zugänge auf eine elementare Thematik oder Problemstellung zu beziehen. Daß damit besondere begriffliche Anstrengungen verbunden sind, zeigte nicht erst Michael Winkler, er aber unübersehbar. Jörg Ruhloff hielt mir und anderen schon lange vordem vor, daß meine Verwendung des Begriffs „Emanzipation" einiges an Gedankenbemühung vermissen lasse und ebendies läßt sich auch im Hinblick auf seitdem immer mal wieder in Mode kommende „Labels" geltend machen; mir selbst schien die in der sozialpädagogischen Literatur damals beliebt werdende „Stigma"- oder „Labeling"-Berichterstattung zwar für die Erkenntnisfortschritte der Jugendhilfe-Theorien unerläßlich zu sein – H. Thiersch hatte das im selben Band des Deutschen Bildungsrates, in dem mein Text „Familie und Jugendamt" erschien, mustergültig vorgeführt –, ich hatte aber den Eindruck, daß derartige Problemstellungen noch nicht die eigentlich notwendige Tiefe von Strukturfragen der Sozialpädagogik erreichten, so als handele es sich hier, wie man – nicht bei Thiersch, aber in unzähligen anderen Veröffentlichungen – häufig argwöhnen konnte, um angeblich nichts als Böswilligkeit, Herrschaftsinteresse oder gedankenlose Routine der Institutionen. Es gab also manche Gründe, in die Problem- und Begriffskonstellationen tiefer einzudringen. (Heute hält Chr. Niemeyer mir und anderen mit Recht vor, daß wir damals klüger gewesen wären, hätten wir Natorp gründlicher studiert.)
Eine Entscheidung wurde mir leicht gemacht. Einerseits gab es, unterstützt durch den Diplomstudiengang, inzwischen eine große Zahl von Sachwalterinnen und Sachwaltern der sozialpädagogischen Fragestellungen und

war mithin eine unumgängliche und differenzierte Forschung in diesem Feld auf den Weg gekommen. Andererseits übertrug mir Martin Faltermaier, der Inhaber des Juventa-Verlages (übrigens verdient dieser Verlag im Hinblick auf die Bildung eines sozialpädagogisch-thematischen Profils eine eigene Studie), die Herausgabe der 14 Bände „Grundfragen der Erziehungswissenschaft". Ich konzentrierte mich, in meinen eigenen Beiträgen dazu, auf das, was man „Allgemeine Pädagogik" nennt. Ich kann, was mein eigenes Urteil betrifft, Würfel entscheiden lassen, ob das gut oder schlecht war. Immer noch wimmelt es in beiden Arbeitsfeldern, der Allgemeinen wie der Sozialpädagogik, von Unklarheiten, wie man vor Jahresfrist in Haus Neuland studieren konnte. Die Lage ist, seit 25 Jahren, nicht übersichtlicher geworden, besonders da es inzwischen gut institutionalisierte Provinzen gibt, mit je eigener Rhetorik, die voneinander häufig nur noch pflichtmäßig Kenntnis nehmen, was sich an den Zitiergewohnheiten gut empirisch zeigen läßt. Das liegt allerdings auch an der Sache, diesem gerade seiner Heterogenität wegen schwierigen Erfahrungsfeld. Vereinheitlichende Formeln sollten ihm vielleicht nicht, wie Kategorien abstrakter Allgemeinheit, übergestülpt werden. Attribute, die man der Sozialpädagogik gelegentlich beigibt, mögen zwar für den professionellen Markt nützlich sein; sie klären aber nicht die Frage, was eine Theorie der Sozialpädagogik ist oder sein könnte. In dieser Lage scheint es mir dringend geboten, den kategorialen Unterschied zwischen „Theorie" und „Praxis" zur Geltung zu bringen. Die Vokabularien beider sind nicht nur verschieden, sie sollten sogar verschieden bleiben. Versuche, die Differenz zum Verschwinden zu bringen, schwächen einerseits die theoretisch-asketische Anstrengung und wiegen die Praxis in einer quasi-wissenschaftlichen Begründungssicherheit. Das ließe sich an Vokabeln wie „Emanzipation" oder „Lebenswelt" gut demonstrieren. Die aufklärende Funktion von Wissenschaft, also auch der Sozialpädagogik als akademischer Tätigkeit, besteht, wenn ich recht sehe, gerade darin, daß sie die Differenz zur Praxis geltend macht; und das muß sich schon im Vokabular ausdrücken. Wissenschaftliche Theorie, so scheint mir, ist keine Veranstaltung zur Erbauung der Praxis. Und gerade deshalb kann sie zur besseren Rationalität des Handelns beitragen. Wenn ich in meiner eigenen Sozialpädagogik-Geschichte einen wichtigen Fehler bekennen sollte, dann wäre es der, zu lange an eine harmonisierende Kontinuität von Theorie und Praxis geglaubt zu haben. Auch sich Hilfe von benachbarten Wissenschaften zu holen, auch dies ein Ausweg aus der theoretischen Askese, und so aus der Sozialpädagogik ein „Ragout aus anderer Schmaus" zu machen, wie auch ich selbst es 1972 versuchte, das liegt zwar nahe, ich mag dem aber nicht mehr zustimmen. Nach wie vor aber möchte ich auch für die Sozialpädagogik die Frage in den theoretischen Mittelpunkt rücken, wie Menschen, vor allem junge, auf den Weg ihrer Bildung gelangen; und diese mag für Praktiker wie für Wissenschaftler gleichermaßen faszinierend sein.

Literatur

Diese Hinweise enthalten nur solche Titel, chronologisch geordnet, auf die im Text Bezug genommen wurde und die mir in jenen Jahren wichtig gewesen sind. Sie bilden mithin die Andeutung des wissenschaftlichen Hintergrundes, wenngleich noch in relativ willkürlicher Auswahl.

Nohl, H., 1927; Jugendwohlfahrt, Sozialpädagogische Vorträge, Leipzig
Pleßner, H., 1928): Die Stuften des Organischen und der Mensch, Berlin
Nohl, H./Pallat, L., 1929: Sozialpädagogik Handbuch der Pädagogik, Bd. 5, Langensalza
Weniger, E., 1929: Theorie und Praxis der Erziehung. In: Die Eigenständigkeit der Erziehung in Theorie und Praxis, Weinheim
Mead, G., 1934: Mind, Self, and Society, Ed. Charles W. Morris, Chicago
Mennicke, C, 1937: Sociale Paedagogie. Grondslagen, Vormen en Middelen der Gemeenschapsopvoeding, Utrecht
Flitner, W., 1950: Allgemeine Pädagogik, Stuttgart
Bondy, C., Eyferth, K., 1952: Bindungslose Jugend. Eine sozialpädagogische Studie über Arbeits- und Heimatlosigkeit, München und Düsseldorf
Arbeitslosigkeit und Berufsnot der lugend, 1952: hrsg. vom Deutschen Gewerkschaftsbund unter der wissenschaftlichen Leitung von Helmut Schelsky, Köln, 2 Bde.
Schelsky, H., 1953: Wandlungen der deutschen Familie in der Gegenwart, Stuttgart
Schelsky, H., 1957: Die skeptische Generation, Düsseldorf und Köln
Marcuse, H., 1957: Eros und Kultur, Stuttgart
Mollenhauer, K., 1958: Ursprünge der Sozialpädagogik in der industriellen Gesellschaft, Weinheim
Kentler, H., 1959: Jugendarbeit in der Industriewelt. Bericht von einem Experiment, München
Wurzbacher, G./Jaide, W./Wald, R./von Reccum, H./Cremer, M., 1960: Die junge Arbeiterin. Beiträge zur Sozialkunde der Jugendarbeit, München
Maasch, H./Müller, W., 1961: Gruppen in Bewegung. Sechs Berichte aus der Praxis, München
Berliner Jugend, 1962: Ergebnisse einer sozialwissenschaftlichen Erhebung, Bad Godesberg
Mollenhauer, K., 1964: Einführung in die Sozialpädagogik. Grundprobleme und Grundbegriffe, Weinheim
Giesecke, H./Kentler, H./Mollenhauer, K., 1964: Was ist Jugendarbeit? Vier Versuche zu ihrer Theorie, München
Pongratz, L, 1964: Prostituierten-Kinder. Umwelt und Entwicklung in den ersten acht Lebensjahren, Stuttgart
Mollenhauer, K./Müller, C. W., 1964: „Führung" und „Beratung" in pädagogischer Sicht, Heidelberg
Mollenhauer, K., 1965: Zur pädagogischen Theorie der Gesellligkeit. In: Erziehung und Emanzipation, München
Deutsches Jugendinstitut, 1965: Überblick zur wissenschaftlichen Jugendkunde, 19 Bde., München
Giesecke, H., 1966: Politische Bildung in der Jugendarbeit, München

Mollenhauer, K. (Hrsg.), 1968; Zwischen Gemeinde und Gesellschaft. Studien zur Evangelischen Jugendarbeit in Deutschland, München

Mollenhauer, K., 1970: Bewertung und Kontrolle abweichenden Verhaltens – Aporie bürgerlich-liberaler Pädagogik. In: Offensive Sozialpädagogik, hrsg. von Hermann Giesecke, Göttingen

Goffman, E., 1971: Verhalten in sozialen Situationen. Strukturen und Regeln der Interaktion im öffentlichen Raum, Gütersloh

Mollenhauer, K., 1972: Theorien zum Erziehungsprozeß, München

Wünsche, K., 1972: Die Wirklichkeit des Hauptschülers. Berichte von Kindern der schweigenden Mehrheit, Köln

Luhmann, N., 1973: Formen des Helfens im Wandel gesellschaftlicher Bedingungen. In: Gesellschaftliche Perspektiven der Sozialarbeit, hrsg. von H.-U. Otto und S. Schneider, Bd. 1, Neuwied

Fischer, W., 1975: Über Sokrates, Politik und Bildung. In: Geschichte, Politik, Pädagogik - Aspekte menschlicher Verantwortung, hrsg. von G. Stein, Kastellaun

Mollenhauer, K./Kasakos, G., 1975: Familie und Jugendamt. In: Bildungsforschung; Probleme – Perspektiven – Prioritäten, hrsg. von H. Roth und D. Friedrich, Stuttgart

Thiersch, H., 1975: Abweichendes Verhalten – Definitionen und Stigmatisierungsprozesse. In: Bildungsforschung: Probleme – Perspektiven – Prioritäten, Stuttgart

Ruhloff, J., 1979: Das ungelöste Normproblem der Pädagogik, Heidelberg

Bonhoeffer, M., 1966: Sozialpädagoge und Freund unter Zeitdruck, hrsg. von A. Frommann und G. Becker, Mössingen-Thalheim

Andreas Gruschka

Pädagogische Aufklärung nach Adorno

Als ich vor vielen Monaten leichtsinnig für die heutige Veranstaltung zusagte, war mir noch nicht bewusst, in welch schwieriger Lage ich, aber vielleicht auch Sie nun stecken könnten:
    Nach dem Jubeljahr bemerke ich nämlich bei mir und auch bei vielen dem Anlass Wohlwollenden starke Ermüdungserscheinungen. Ist Adorno nicht bereits zu Tode gefeiert worden? Das würde eigentlich verbieten, damit fortfahren!
    Ungezählte Würdigungen, darunter so manche zum Pädagogen, sind vorgetragen und veröffentlicht worden. So stellt sich für mich und wohl überhaupt die Frage, ob nicht schon alles gesagt worden ist. Ich habe jedenfalls selten so lange und zunehmend verzweifelt darüber nachgedacht, wie ich die mir gestellte Aufgabe heute bewältigen könnte. Seien Sie nachsichtig mit mir, wenn ich an ihr nicht gewachsen sein sollte.
    Was erwartet Sie? Vier Variationen zur Bedeutung des Titels Pädagogische Aufklärung nach Adorno, mit denen ich auf vier von mir Ihnen unterstellte Erwartungen reagiere:

1. soll in Erinnerung gebracht werden, welche pädagogische Aufklärung Adorno selbst, mittelbar als akademischer Lehrer und direkt mit Texten über Pädagogik betrieben hat.
2. werde ich kurz darauf eingehen, wie seine pädagogische Aufklärung nach seinem Tod bei denen angekommen ist, die sich von ihm angesprochen fühlten.
3. sei darauf eingegangen, welches Schicksal pädagogische Aufklärung gegenwärtig, also nach der heroische Epoche der Kritik, erleidet.
4. Schließlich werde ich versuchsweise die Aktualität der pädagogischen Aufklärung Adornos an heutigen Themen der Pädagogik illustrieren, also gleichsam gedankenexperimentell fragen: Was hätte Adorno wohl dazu gesagt?

Pädagogische Aufklärung nach Adorno die Erste

Die Erinnerung an die pädagogische Wirkung des Philosophen führt uns hier zusammen. Adornos größte und vielleicht auch nachhaltigste Popularität hat er im Feld der Pädagogik errungen. Seine Forderungen haben sich Pädagogen wie keine andere Berufsgruppe zu Herzen genommen. Und er war der vielleicht erfolgreichste Lehrer der damaligen akademischen Jugend. Beides ist verwunderlich. Denn er war ein scharfer Kritiker, wenn nicht ein Verachter dessen, was er den pädagogischen Betrieb nannte. Sodann bestand sein Ruf auch darin, dass – wie in diesem Jahr notorisch erinnert wurde – man in seinen Vorlesungen und Seminaren so gut wie nichts verstanden haben will.

Auch ich war als junger Mensch fasziniert von seinen Texten. Die Mahlermonographie war das erste Buch, das ich in die Finger bekam. Unmittelbar drängte sich der Eindruck auf: Das ist ein bedeutendes Buch!, auch wenn es für mich mindestens sieben Siegel besaß. Seine Texte waren ein Versprechen auf eine tiefgründige Erklärung der Gesellschaft und der Bedingungen des Lebens in ihr. Leicht wollte und konnte es der Autor dem Leser nicht machen. Auch seine Texte zur Pädagogik provozierten eine immer wieder neu ansetzende Lektüre. Noch heute, wenn ich mit Studierenden die „Theorie der Halbbildung" lese, bin ich überrascht, wie viel Neues sie mir mitteilen kann.

Das lässt sich als eine pädagogische Wirkung begreifen, eine, die freilich wohl nur dadurch entsteht, dass es dem Autor gelingt, zugleich jede Form der vereinnahmenden, es dem Leser zu leicht machenden Lektüre zu verbauen. Adorno schreibt denkend so, dass der angestrengte Nachvollzug der Texte durch das Glück einer Erkenntnis belohnt wird, die nie akademisch bleibt, sondern mit dem Interesse des Lesers an der Aufklärung des falschen gesellschaftlichen Zustandes verbunden ist.

In einem paradoxen Sinne war Adorno als Aufklärer also ein Pädagoge, der sich bewusst nicht der Mittel bediente, die gemeinhin die Pädagogen nutzen: Noch die Vorlesungen, mit denen er die Studierenden in das Thema der Philosophie und Soziologie einführen wollte, belegen das für den geduldigen Leser der Nachschriften eindrücklich: Sie sind im besten Sinne propädeutische Texte. Sie verzichten auf didaktische Vereinfachungen. Sie erschließen die Sache unter Verzicht auf jede Pädagogisierung und verwickeln den Hörer in die Sache auf dem Stand der fortgeschrittenen Erkenntnis mit Angabe des Verfahrens. Diese Einheit von Methode und Sache mit der Unterstellung, etwas sei lehrbar, ohne es zu lehren, war wahrlich ein anspruchsvolles Unterfangen. Und so ist es kein Wunder, wenn manche sich an den Lehrer erinnern, als hätten sie „nichts verstanden".

In Wahrheit sind die Hörer und Leser keineswegs ahnungslos zurückgeblieben. Vielmehr erfuhren sie so viel, dass ihnen zu Bewusstsein kam, dass sie die Sache selbständig durchdenken müssen.

Durch diese Erfahrung musste man nicht einfach frustriert, sondern konnte auch angestachelt werden, sie nachzuvollziehen. Ich will es pathetisch ausdrücken. Adorno bediente die Sehnsucht nach wahrer Erkenntnis des Falschen, die ein Wissen enthält, die Dinge könnten auch anders sein.

Abwegig erscheint es mir deswegen, in Adornos Rede und Schreiben eine professorale Marotte zu erblicken, gar zu behaupten, dass er es maniriert liebte, die Sache künstlich zu verkomplizieren, sie bewusst dunkel zu entwickeln. Wer die Texte nachkonstruiert, wird feststellen können, wie ungeheuer bewusst in der sprachlichen Anschmiegung an die Probleme der jeweils verhandelten Sache ihre Darstellung erfolgt.

Dass das heute gerne negativ ausgelegt wird, ja dafür herhalten muss, der Autor sei veraltet, hängt mit der Entwicklung zusammen, die Adorno hellsichtig in seinen Texten antizipiert hat: der Transformation der Bildungsaufgabe in eine möglichst anstrengungsfreie Informationsvermittlung. Der Hochschullehrer wird heute in den Fragebögen der Hochschulevaluateure als guter Lehrer ausgewiesen, der multimedial für Prüfungen orientierendes Wissen auf Flaschen zieht, konkret: der auf übersichtliche Folien die Schemata und Definitionen schreibt, die man getrost mit nach Hause tragen kann. Nach der Logik des Hochschulrankings würde Adorno heute glatt durchfallen, auch wenn ich nicht sicher bin, dass er deswegen bei den Studierenden nicht mehr ankäme.

Zu seiner paradoxen Wirkung im Feld der Pädagogik zählt sodann, dass er in all den Schriften, in denen er sich direkt auf pädagogische Fragen bezieht, den Bildungsbetrieb frontal attackiert hat. So sehr seine verzweifelte Hoffnung auf die Erziehung und Bildung gerichtet war, so scharf griff er die gängige Praxis und die zeitgenössische Theorie an. „Das Pathos der Schule heute, ihr moralischer Ernst ist, daß inmitten des Bestehenden nur sie, wenn sie sich dessen bewußt ist, unmittelbar auf die Entbarbarisierung der Menschheit hinzuarbeiten vermag." Adorno adressierte diese Aufgabe nun nicht leichtsinnig optimistisch an die öffentliche Erziehung. Er verlangte, „daß sie des verhängnisvollen Erbes an Vorstellungen sich bewußt wird, das auf ihr lastet." Was heisst das?

- Adorno war Kritiker einer Reformpädagogik, die statt der Anstrengung der Bildung, diese verflache. Schon in den Minima Moralia finden sich etwa beißende Kommentare zum Obsukurantismus der Waldorfpädagogik. Adornos Mitstreiter Heinz Joachim Heydorn nannte das „Fluchtversuche" der Pädagogik aus der Gesellschaft.
- Adorno bewunderte anders als die Reformpädagogik die produktive Naivetät von Kindern und sah klar, wie sie durch die Bildungsinstitutionen um ihre Neugier für die Erschließung der Welt gebracht werden.
- In seiner Theorie der Halbbildung geht es zwar nicht direkt um Schulbildung, aber jedem Leser ist klar, dass er mit ihr die bohrende Frage stellte, inwieweit die Schule das Geschäft der Kulturindustrie besorge:

mittelbar, indem sie die Heranwachsenden nicht stärkt *gegen* die Enteignung ihrer Urteilskraft und direkt, indem sie diese Enteignung durch Didaktik selbst besorgt. Um mit den Schülern ins Geschäft zu kommen, würde der Musiklehrer lieber die Beatles vorspielen und sich damit lächerlich machen, anstatt den Kunstcharakter großer Komposition zu entfalten. Er würde sich scheuen, den Schund der populären Musik zu erklären, sie, wie er es nennt, den Schülern „madig zu machen".

Pars pro toto bekam die Musikdidaktik ihr Fett von ihm weg, so dass schon Ende der fünfziger Jahre akademische Pädagogen vor der Übertreibung dieser Kritik warnten: Herr Professor, wo bleibt denn das Positive? Man dürfe das Engagement der Lehrer nicht durch demaskierende Kritik zerstören. Es gibt nichts Gutes, außer man tut es!

In seinem Vortrag zu den „Tabus über dem Lehrberuf" geht er auf die heftigste Weise gegen die Illusionen des Berufsstandes vor: Welcher Pädagoge las gerne das Folgende,

dass er latent immer noch ein Steißtrommler sei, eine Parodie realer Macht, das Zerrbild einer Despotie, weil „er nicht mehr anrichten kann, als irgendwelche armen Kinder, seine Opfer, einen Nachmittag einzusperren",

dass er als Rollenträger einen kastrierten Menschentyp darstelle, „wenigstens einen erotisch Neutralisierten, nicht frei Entwickelten, das Bild von einem Menschen, der in der erotischen Konkurrenz nicht zähle", es (das Bild) „deckt sich mit der wirklichen oder vermeintlichen Infantilität des Lehrers",

- dass er die Schüler um das betrüge, was er ihnen gleichwohl verspreche: „Das Problem der immanenten Unwahrheit der Pädagogik ist wohl, dass die Sache, die man betreibt, auf die Rezipierenden zugeschnitten wird, keine rein sachliche Arbeit um der Sache willen ist. Diese wird vielmehr pädagogisiert. Dadurch allein schon dürften die Kinder unbewusst sich betrogen fühlen."
- Das Regressive des Lehrers bestünde sodann darin, dass er den „Mikrokosmos der Schule, der gegen die Gesellschaft der Erwachsenen mehr oder weniger abgedichtet ist, ... dass er die ummauerte Scheinwelt mit der Realität" verwechsele.
- Der Lehrer sei ein Zirkulationsagent, stehe nicht für seinen Stoff und seine Praxis selbst ein, er sei ein Verkäufer, der unter dem Zwang stehe zu zeigen, dass er alles besser wisse und ziehe deswegen etwas von allgemeiner Abneigung auf sich. An Heiratsannoncen war Adorno aufgefallen, wie sehr in diesen sich Lehrer bemühten, gegen das Bild vom „Lehrertyp" sich zu empfehlen. Noch heute heiß es: Wer eine Wohnung mieten will, teilt besser nicht mit, dass er ein Lehrer ist.
- Schließlich macht er auf die Kälteerziehung in der Schule aufmerksam, die Unfähigkeit, wenn nicht die Unmöglichkeit der Lehrer, zu ihren

Schülern in eine nicht-gestörte Beziehung zu treten. Verhielten sie sich ganz objektiv zu ihrer Aufgabe, erschienen sie den Kindern „unmenschlich und kalt". Versuchten sie dagegen ganz subjektiv und warm sich den Kindern zu nähern, schlüge dies allzu oft illusionär um in falsche Nähe, mit der die Kinder bloß anders zum Verfügungsobjekt einer Erziehung gemacht würden, die letztlich mit der Integration in das Bestehende dessen Hinnahme beförderte und damit der bürgerlichen Kälte zuarbeite.

Riskierte Adorno es nicht, sich unter Lehrern unbeliebt zu machen, indem er so schroff die über die schlechte Praxis wachenden Tabus zu Bewusstsein brachte?

- Er betonte zwar die Notwendigkeit von Reformen, ihm wäre es aber nie in den Sinn gekommen, so etwas wie die verkrüppelte Gesamtschule zu unterstützen. Wenn überhaupt, so war er ein Vertreter jener Anstalt, die die Reformer abschaffen wollten, nämlich des humanistischen Gymnasiums. Er hielt von der „progressiven" Pädagogik nichts und bekannte sich dazu, in Sachen Schulbildung ein Reaktionär zu sein. Besser ordentlich lateinische Stilistik lernen, als sich bei der Romfahrt in einer italienischen Trattoria den Magen zu verderben.
- Über die Universitätspädagogik seiner Zeit urteilte er vernichtend. Pädagogik sollte, anstatt „mit Tiefsinn aus zweiter Hand übers Sein des Menschen zu schwafeln", der Selbstaufklärung sich zuwenden.

All das bislang von mir mit einigen „Blitzlichtern" Erinnerte hat keine abschreckende Wirkung auf die Pädagogen entfaltet. Im Gegenteil es hinderte die studentische Avantgarde der 68er (die in ihrer Mehrheit eine pädagogisch inspirierte war, weil hier wie an wenigen anderen Stellen die Chance einer eingreifenden Veränderung der Gesellschaft gegeben zu sein schien und die dann ja auch massenhaft in pädagogische Berufe strebte) keineswegs daran, TWA zum Gewährsmann zu machen.

Pädagogische Aufklärung nach Adorno die Zweite

Die sog. Emanzipationspädagogik berief sich immer wieder auf Adorno. Dessen Kritik etwa an der überflüssigen Herrschaft sollte in den Schulstuben gelehrt werden. Das freilich ging nur, indem die Kritik Adornos an der Pädagogik überlesen, oder nach dem Muster verarbeitet wurde: gemeint sind wohl nur die anderen, und die Alten. Aus heutiger Sicht ist es schon merkwürdig, wenn man sich vergegenwärtigt, dass unmittelbar nach seinem Tod eine „kritische Pädagogik" ausgerufen wird, die in Theorie und Praxis als die der kritischen Theorie begriffen wurde. Als hätte es Adornos unausgesetzte Mahnung nicht gegeben, man möge nicht das Kontinuum zwischen Theorie und Praxis erzwingen, wurde Adorno noch dort zur pädagogischen Praxis erklärt, wo dieser sich explizit anders geäußert hatte.

Der Wunsch nach eingreifender Reaktion auf das gesellschaftlich Falsche war der Vater des pädagogischen Gedankens, und auch der, es möge – typisch Deutsch – in der Innerlichkeit des Denkens eine Entschädigung für die verbauten Lebensumstände geben. Anders ist nicht zu verstehen, dass trotz der Rede, es gäbe kein richtiges Leben im Falschen, mancher Gedanke des Philosophen als Hinweis für die rechte Lebenspraxis verstanden und gelehrt wurde. In wie vielen studentischen Tagebüchern wurden Aphorismen und Postulate des Meisters eingetragen?! Ich erinnere mich selbst daran, wie tröstlich es in meinem Liebeskummer war: auf dieses wunderbare: „Geliebt wirst du einzig, wo schwach du dich zeigen darfst, ohne Stärke zu produzieren!" zu verweisen. Adornos Gedanken wurden nicht selten zur praktischen Lebenshilfe.

Vor diesem Hintergrund verwundert es nicht, dass dieses Mutmachen gegen das Falsche in der Pädagogik Karriere machte.

Ich erinnere daran, dass Adornos einziger Bestseller, posthum veröffentlicht, die Sammlung „Erziehung zur Mündigkeit" wurde. Weit über 100.000 Exemplare hat der Verlag verkauft. Hier – so Helmut Becker böse –, in seinen Rundfunkgesprächen habe *der* Adorno gesprochen, den Lehrer gerade noch verstehen konnten. Indes, selbst wenn der Leser den „Tabu-Aufsatz" übersprang, noch die wie spontan wirkenden Unterhaltungen zwischen Becker und Adorno bleiben jenseits der Emphase der Forderungen des Philosophen ungemein kritisch gegenüber dem Betrieb. Während Becker der Ermutigung durch pädagogische Postulate zuspricht, blieb Adorno unbestechlich in der Kritik.

Sein vielleicht meistgelesener Text beginnt mit der berühmt gewordenen:

„[...] Forderung, dass Auschwitz nicht noch einmal sei, ist die allererste der Erziehung".

Es ist die wohl eindringlichste Formel für ein pädagogisches Postulat der Nachkriegszeit. Sie wurde zu *dem* pädagogischen Imperativ.

Seine emphatische Aufgabenbestimmung für die Erziehung, eine zur Mündigkeit, Entbarbarisierung und eben nach Auschwitz zu werden, nahmen Lehrer und mache Lehrer der Lehrer, abonniert auf empathisches sich Mutmachen, engagiert auf. Die Unbedingtheit des pädagogischen Urteils, gegen das schlechthin Schlechte unterrichten und erziehen zu müssen, ließ sich wie eine Konsensformel nutzen, hinter der alle anderen Aufgaben und Probleme des pädagogischen Betriebs nachrangig erscheinen konnten. Das verführte gleichzeitig dazu, Nachrangiges, aber politisch Umkämpftes zum Zentralen zu pathetisieren; am Beispiel: einen Klassenbildungserlass, der eine Erhöhung der Lehrer/Schüler-Relation dekretierte, damit zu attackieren, dass die Lehrer so gezwungen würden, die Selektion wie an der Rampe von Auschwitz zu betreiben, bzw. milder ausgedrückt, dass sie so gehindert würden, eine solche Selektionshaltung mit Tätern und Opfern auszuschließen. Wo dagegen die Indienstnahme der Pathosformel nicht gelang, wurde das vermeintlich Nachrangige oft als das Natürliche und nicht Strukturbildende der Kritik entzogen (etwa die für die Selektion ungemein folgenreiche Tatsache, dass die Leistungen einer Schulklasse naturgesetzlich nach der Normalverteilung differenziert werden).

Der Umschlag der Kritik in das „bloß gut Gemeinte" kann nicht allein mit einer falschen Rezeption des Anspruchs erklärt werden. Das Problem liegt bereits in der Höhe des Ziels und dessen Unbedingtheit als Imperativ. Welche Last lag nun auf der Pädagogik! Wie sollte man mit kleiner alltäglicher Münze auf die Forderung reagieren? Adorno verführte damit seine Leser und Hörer dazu, sich angesichts der erlebten Ohnmacht im Betrieb mit Postulaten über diesen zu erheben. Ungeschlichtet blieb und eingeebnet wurde so die aufgebrochene eklatante Differenz zwischen dem, was Pädagogik im Sinne jener Zielformeln zu sein beanspruchen *musste* und dem, was sie in Wirklichkeit sein konnte. So resultierte aus der „Erziehung nach Auschwitz" eine oft hilflose Aufklärung über Auschwitz, die mit allen Hypotheken einer Moralisierung der Bildungsaufgabe geschlagen blieb. Aber was hätten die Lehrer zur Entbarbarisierung der Erziehung tun können? Eine Menge möchte ich meinen, aber eben nicht als Aktionismus gegen das Schlechte, sondern als Fähigkeit zur Selbstkritik, als Ausdruck von Widerstand.

Allein sofern das adornosche Postulat als Anstoß für eine radikale Selbstaufklärung der Pädagogik in Theorie und Praxis genutzt worden wäre, musste es nicht zu dieser illusionären Tröstung mit dem guten Anspruch über die schlechte Wirklichkeit kommen.

Inzwischen ist TWA ein Klassiker der Pädagogik und ein fest etablierter Autor in Lehrwerken der verschiedenen einschlägigen Fächer geworden, damit zum Lehrstoff wie jeder andere. Und er ist damit historisch geworden: eine Erinnerung an die heroische Epoche der Gesellschaftskritik. Die Wirkung des Philosophen sei in drei Thesen zusammengefasst:

1. Adorno gehörte in den letzten 30 Jahre wie vielleicht kein anderer gegenwärtiger Denker zur geistigen Hausapotheke der Pädagogik: Er wurde zum gymnasialen Lehrstoff, diente als Lieferant von Zielformeln und als jemand, der Gedankentiefe versprechende Topoi für den Kontext flacher Programme bereit hielt.
2. Die Aufforderung Adornos, Pädagogik als Aufklärung über sich selbst zu betreiben, also zu erkennen, was sie dazu beiträgt, dass sie nicht wird, was sie zu sein beansprucht, ist in der Pädagogik nur selten angekommen.
3. Gehindert an dieser Selbstaufklärung über ihre Praxis hat sie die fehlende Bereitschaft, ihr Theorie-Praxis-Problem als Erforschung der dialektischen Einheit von Anspruch und Wirklichkeit zu klären.

Pädagogen weigern sich aus Gründen der Ermutigung von Praxis, das Schlechte im positiv Konzipierten zu erkennen. Das Fach übt sich in der Arbeitsteilung von normativer, konstruierender Pädagogik und positivistischer Tatsachenforschung nach dem Modell der PISA-Studie. Mit dem Ersten wird zwar Schule kritisiert, es geschieht aber vor allem mit dem Motiv, Zustimmung für die eigene modellartig konzipierte Praxis zu finden. Mit dem Zweiten mögen zwar Defizite der pädagogischen Praxis in den Blick geraten, aber weder lassen sie sich so wirklich erklären, noch lässt sich auf diese Weise verstehen, warum sie sich resistent reproduzieren. PISA ist vor allem Mittel zum Modernisierungs- und Rationalisierungszweck, nicht zu dem der Aufklärung. Erst mit der bestimmten Negation der Pädagogik, einer erschließenden, immanenten Kritik am Widerspruch zwischen Begriff und Wirklichkeit wäre aus diesem unfruchtbaren Entweder-Oder herauszukommen.

Pädagogische Theorie dient freilich nicht selten dazu, den Bruch zu kitten, Hoffnung darauf zu verbreiten, es könne doch gut gehen. Sie wird damit zu einem Musterfall für *affirmative* Theorie. Kein Wunder also, dass man mit einem Denker, der Kitt verabscheute, immer weniger anfangen konnte.

Pädagogische Aufklärung nach Adorno die Dritte

Die adornosche Wirkung ist vergangen, genauer ausgedrückt: sie ist als fortgesetzter Einspruch randständig geworden. Man stelle sich vor, jemand würde heute so sprechen, wie er es getan hat. Schon die Vorstellung, dass es noch einen Gerd Kadelbach in einer Rundfunkanstalt gibt, der einem solchen Denker dreißig Minuten für eine Darlegung der Tabus über den Lehrberuf zur Verfügung stellt, scheint abwegig zu sein. Man wird zu einer Talkshow eingeladen und hat sich deren Unterhaltungslogik zu unterwerfen: Wer von ihnen die Adorno-Talkshow im HR gehört hat, konnte erleben, dass es sich ganz ungeniert leben lässt, wenn der Ruf erst einmal ruiniert ist.

Pädagogische Aufklärung artikuliert sich heute in merkwürdigen Formen. Sie hat mit Aufklärung als dem unbedingten Festhalten an einer Erziehung zur Mündigkeit wenig zu tun.

Ich sehe vor allem die folgenden acht Typen der Aufklärung:

Die Depressive, sie hört man aus Lehrerkreisen. Über den schlimmen Zustand der Bildungseinrichtungen wird im Stile von Klagen und Klagen über die Klagen der anderen (Spiegel, Focus, etc.) berichtet und geurteilt. Larmoyant schlägt immer wieder die Hoffnungslosigkeit auf künftige Anerkennung durch.

Die agitatorische Aufklärung. Sie kommt aus den Medien. Auch sie urteilt über die Schule, aber sie tut das inzwischen vor allem im Stile der periodisch aufbrechenden Tartarenmeldungen, Aufklärung wird als Skandalisierung und Beschimpfung inszeniert.

Dagegen tritt die psychologische Aufklärung auf. Hier wird das Schlechte umgemünzt in das Rettende, das in der richtigen inneren Stimmung (als emotionale Intelligenz oder neurolingustistische Programmiertheit usw. usf.) den Wunsch zum Vater des Gedankens, und diesen zum mächtigen Akteur der Heilung erklärt.

Am Geschäft der praktischen Aufklärung will sodann die Marketingfraktion profitieren. Hier tummeln sich die weichen Organisationsentwickler und Consulter oder harten Controller. Die einen handeln von Visionen und Missionen, propagieren das Querdenken, statt des richtigen Denkens, das Gutreden und das Positiv-denken mit Mitteln des organisierten Wandels. Die anderen machen den Pädagogen Beine durch Daten, die sie schlecht aussehen lassen und mit denen behauptet wird, die Wahrheit über die Wirkung der Praxis auszusprechen.

Aus der pädagogischen Zunft selbst kommt die postmoderne Beruhigung der Aufklärung. Sie operiert mit der Stilisierung einer entlastenden Unzuständigkeit für emphatische Einsprüche: wie den der Bildung, die noch das Versprechen einer Einheit des Wahren, Guten und Schönen bewegt. Diese Einheit der Vernunft wird als Zwangssystem denunziert, die Objektivität und Sachlichkeit der Erkenntnis durch „Konstruktivismus" und das Befreiende eines „Pluralismus der Werte" entsorgt. Alles schön bunt hier.

Eine andere Spielart der Aufklärung bedient sich der Systemtheorie Luhmanns. Ein oft fröhlicher Zynismus, die Ironie eines Beobachters, der für das Beobachtete nicht haftbar gemacht werden möchte, steckt in den Analysen. Auch hier wird die Aufklärung von dem befreit, was sie einmal motivierte. Aus der aufklärerischen Skepsis wird die Resignation, dass Pädagogik, egal wie schlecht sie sein möge, wohl nicht wirklich anders sein könne.

Dagegen argumentieren traditionalistische Pädagogen, indem sie die Überlegenheit ihres philosophischen Bestecks demonstrieren. Dazu fliehen sie in die akademische Argumentation, die beweist, die Kategorie der Bildung ist nicht tot zu kriegen, nicht durch Systemtheorie oder Neuro- oder Molekularbiologie. Das tröstet darüber, dass die lebendige Bildung nicht mehr gefunden werden kann.

Und schließlich haben wir es mit Reformern als praktischen Aufklärern zu tun, die Kritik nur noch als Ornament kennen und die verzweifelt versuchen, im politischen Geschäft zu bleiben: dem der neuen Medien, der neuen Steuerung, der Evaluation und was immer sich Technokraten ausdenken.

Die Pädagogik ist aus der Rolle des Hoffnungsträgers einer ganzen Epoche in die Rolle des Prügelknaben gewechselt. Ihr kann man mit beliebigen Behauptungen jedes Versagen ungestraft zuschreiben.

Versagte die Schule vor 35 Jahren noch an ihrer Bildungsaufgabe, so steht sie heute vor Controllern aus der Betriebswirtschaftslehre und den Pisabildungsforschern als ineffektiver Dienstleister dar.

Von ihr wird nicht mehr die Verwirklichung dessen verlangt, was Pädagogik als praktischer Teil der Aufklärung aufgegeben ist, statt dessen soll sie nun zeigen, dass sie mit weniger Mitteln und mehr Aufgaben zu den besseren Ergebnissen kommen kann. Blut, Schweiß und Tränen gilt es zu vergießen, damit das Land bei der nächsten PISA-Studie wieder an der Spitze steht.

Pädagogische Aufklärung nach Adorno die Vierte

Angesichts der Differenz zwischen der Bedeutung und der damaligen Situation des Jubilars und der unsrigen Situation ist die Rede vom Klassiker hoffentlich nicht nur in dem musealen Sinne gerechtfertigt (Es liegt eine feine Ironie darin, dass wir uns im stadthistorischen Museum befinden, in der Nähe zu Adorno-Devotionalien). Vielleicht ist sie es auch in dem Sinne, dass er für das steht, was man das unvergänglich Vergangene nennen kann oder mit dem Philosophen selbst gesprochen: hält sich Adornos Denken auch über Pädagogik am Leben, weil der Augenblick ihrer Verwirklichung versäumt ward?

Wir hätten dafür genau zu klären, ob nicht Adornos Kritik und Ermutigung an der Pädagogik heute objektiv überholt ist:

- weil unser Erkenntnisstand fortgeschritten
- und weil die Problemlagen andere geworden sind.

Viele meiner Kollegen machen sich die Antwort leicht, indem sie gleichsam aus Prinzip vom avancierten Stand der Dinge ausgehen, so dass ein Rückgriff auf Adorno, den ich in verschiedenen Schriften unternahm, ihnen als ein Rückfall hinter Habermas, die Postmoderne, die Systemtheorie etc. erschien. Es ist hier weder Zeit noch Anlass, Sie mit diesen Streitigkeiten abschließend zu bedrücken. Statt dessen möchte in mit wenigen Hinweisen der Frage nachgehen, was hätte TWA wohl zu prägnanten Problemen der gegenwärtigen Pädagogik gesagt. Anschließend erbitte ich Ihren Widerspruch:

1. Zum Zustand der akademischen Bildung

Angesichts der Ökonomisierung der Hochschulen, ihrer Unterwerfung unter die Kalküle der Betriebswirtschaftslehre und d. h. vor allem der Logik des Tauschwerts der Bildungsprodukte statt unter das Prinzip der Wahrheit wissenschaftlicher Erkenntnis und der Logik des besseren Arguments, wäre er vielleicht verführt gewesen, einen neuen „Bund Freiheit der Wissenschaft" zu gründen. Damit hätte er die Bildung im Medium der Wissenschaft verteidigt gegen die Auslieferung der Institution an vordergründige Nützlichkeitserwägungen. Aber neben dieses praktische Engagement hätte er die Analyse der Bedingungen für diesen Wandel gesetzt und in diesem bestätigt gesehen, was er schon in seinen Analysen zur Kulturindustrie vorgezeichnet gesehen hat: Wenn alles zur Ware wird, warum dann nicht auch Wissenschaft und akademische Bildung, und indem sie das wird, kann Kritik nur als nützliches Produkt in ihr überleben. Genau in diesem Sinne hätte man ihm vielleicht ein Angebot gemacht. Die von der hiesigen Universitätsleitung zur Hilfe gerufene Unternehmensberatung McKinsey hätte dieser geraten, das Alleinstellungsmerkmal der Universität, die Weltgeltung der Frankfurter Schule, zum aktuellen Standortmarketing zu nutzen. Hätte? Nein, das ist wirklich vor geraumer Zeit geschehen, aber noch hat es nicht zur Neugründung einer Frankfurter Schule geführt.

2. Schulentwicklung

In der Schulentwicklung macht sich Vergleichbares bemerkbar. Die Titel hierfür lauten: Schulprogrammarbeit, Organisationsentwicklung und besonders schön: „Lernende Schule" oder „Haus des Lernens". Neben der Wahrheit, die in solchen unfreiwillig komischen Bezeichnungen steckt, dass sie nämlich indizieren, es handele sich gegenwärtig bei Schulen wohl nicht um Orte des Lernens, hätte Adorno wohl auch auf die Unwahrheit einer Schulentwicklung aufmerksam gemacht, in der es nicht um ihre Sache geht, sondern um die Verpackung. Bestätigt hätte er sich gesehen in der Ausrichtung der gegenwärtigen Bildungsforschung. PISA steht nicht im Dienst der Aufklärung über die Frage, warum die Schule nicht leistet, was im Sinne der Erziehung zur Mündigkeit von ihr erwartet werden müsste, sondern richtet sich auf fraglos gesetzte Kompetenzstandards, um mit den Ergebnissen technokratische Steuerung und Effektivitätssteigerung zu legitimieren. Die Kritik an der Schule wird wissenschaftlich in der Form einer OECD-weiten Auftragsforschung der miteinander konkurrierenden Staaten. Sie kann damit zu nichts anderem führen als zur Affirmation einer Schule, die nicht Bildung, sondern Qualifikation will und die Lehrende unter dieser Zielsetzung vereidigt.

3. Didaktische Entwicklungen

Würde Adorno die Gelegenheit haben, sich mit den heutigen Produkten der Lehrkunst zu beschäftigen, er wäre maßlos erstaunt, in welchem Umfang und mit welcher Konsequenzlogik das in den Produkten der Kulturindustrie Vorgeprägte nun in einer Vermittlungsindustrie angekommen ist. Aus dem Mittelcharakter der Didaktik ist Didaktik als Selbstzweck geworden. Statt Bildung möglichst wirkungsvoll mit ihrer Hilfe zu lehren, vermittelt die fortgeschrittene Didaktik nur noch sich selbst, konditioniert sie die Schüler für ihre Art der Aufgabenrituale. Die Lehrer unter, ihnen werden ahnen, auf wen sich diese Kritik vor allem bezieht: auf die Arbeiten des Herrn Klippert zum Methodentraining. Hier fällt die Erschließung von Welt völlig aus. Statt dessen wird nur das Methodentraining mit Aufgaben zum Unterstreichen, zum schneller Lesen, zum Präsentieren von was auch immer selbst eingeübt. Wir haben es mit einer Analogie zur Kulturindustrie zu tun. Es geht nicht bloß um die Vermarktung von Kultur, hier von Bildungsstoffen, sondern um die Erfindung eigener Stoffe. Die Lehrwerke sind so beschaffen, dass sie die Konsumenten dazu zwingen, nur noch sie zu benutzen. Schulbücher werden mit Blick auf ihre Durchsetzung auf dem Markt geschrieben. Die Nutzer der jüngsten Produktion werden in totale Abhängigkeit zu ihnen gebracht. Adorno hätte die Frage interessiert, was geschehen ist, dass die Lehrer ihr professionelles Vermögen und Gewissen an der Warentheke getauscht haben gegen diese Art der Rezeptedidaktik.

4. Erziehung durch Gedenken

Es reizt mich, zumindest auf einen Aspekt außerschulischer Erziehung abschließend einzugehen, der in dieser Weise wohl Adorno noch nicht begegnet sein konnte. Kämpfte er dafür, dass die Auschwitz-Vergangenheit nicht einfach verdrängt würde, kommt es heute wohl auch aus der Angst vor dem Vergessen zur unausgesetzten, konfliktreich medial inszenierten Erziehung zum Erinnern bzw. zur Abwehr dieser Erziehung. Es geht beim Streit darum, was und vor allem wie zu sprechen sei und wie das öffentliche Sprechen als Gedenken geschehen soll. Letztlich lauert dahinter ein Erziehungsprogramm.

Ich möchte Zweifel äußern, ob sich Adorno auf die Seite von Bubis oder die von Walser gestellt hätte und eher annehmen, dass er mit größtem Unbehagen vor allem der inflationären Ausbreitung der „Erinnerungskultur" und der auf sie reagierenden Einsprüche und Reaktionsbildung (Hohmann) verfolgt hätte. Ihm wäre das vielleicht nicht als ein Beitrag zur Aufarbeitung der Vergangenheit erschienen, sondern eher als Zeichen für das Überdecken des eingedenkenden Erinnerns durch dessen politisch bestimmter Einforderung. Er hätte sich an die Erfahrung mit der Reeducation erinnert und daran, wie sein Freund Horkheimer ihn davor warnte, die Menschen zum Geständnis zu zwingen, sie würden damit nur bockiger und reagierten vielleicht mit dem Gegenteil dessen, wozu sie gebracht werden sollen. Entsprechend verunsichert hätte er auf die Massierung, die Architektur gewordene materielle Ausdehnung (Berlin) des Erinnerns reagiert. Denkmäler regen dann nicht mehr zum denken an, wenn sie vor allem physisch wirken und psychisch schier erschlagen. In harmloser Weise hätte er das in diesem Jahr an sich selbst erleben und sich fragen können: „Soll ich mit der Omnipräsens des Erinnerns vielleicht endgültig aus meiner anstößigen Gegenwart vertrieben werden?"

Ich danke Ihnen.

Anhang

Dokument 1: Diskussion über Adornos „Tabus über den Lehrberuf"[75]

Teilnehmende: Th. W. Adorno, H.-J. Heydorn, H. Becker
Moderation: G. Kadelbach

Kadelbach: „...Vor dem Institut der Max-Planck-Gesellschaft in einem Kreis diskutieren, der direkt oder indirekt mit dieser Problematik beschäftigt ist. Es ist im Studio Herr Prof. Hellmut Becker, Direktor des Instituts in Berlin, wo dieser Vortrag stattfand, und es ist im Studio Herr Prof. Heinz-Joachim Heydorn, der an der Hochschule für Erziehung das Fach Erziehungswissenschaften vertritt. Es kommt uns darauf an, dass wir dieses Dokument von Theodor Adorno einfach einmal in Beziehung setzen zu der schulpolitischen Situation, in der wir uns heute befinden. Diese schulpolitische Situation ist gekennzeichnet durch die unabweisbare Notwendigkeit, die Zahl der Lehrer zu verdoppeln. Doch diese Frage soll uns eigentlich erst am Ende unserer Unterhaltung beschäftigen. Ich möchte vielleicht zunächst einmal, um das Gespräch in Gang zu bringen, fragen, ob die Situation, die Herr Adorno vom Lehrerstand gezeichnet hat, eine Situation ist, die uns sehr verwundern muss..."

Heydorn: „Ja, wenn ich vielleicht, da Sie mich angesprochen haben, Herr Kadelbach, nur einige, sozusagen in die Diskussion einführende Worte sagen darf? Die Probleme, die von Herrn Adorno angesprochen worden sind und die hier auf das Phänomen der Schule bezogen sind – und das impliziert auch der ganze Vortrag –, sind in der Tat gesellschaftliche Probleme. Und sie zu untersuchen, würde bedeuten, den gesamtgesellschaftlichen Zusammenhang, in dem die Schule steht, mit zu untersuchen. Dass die Schule eine gesellschaftliche Funktion hat, ergibt sich aus ihrer Geschichte. Sie ist aus ganz bestimmten Bedürfnissen entstanden. Die realen und ideologischen Bedürfnisse der Gesellschaft finden in ihr ihren Niederschlag.

Ich würde ganz gerne ein einziges Problem besonders ansprechen, weil es mich ausnehmend interessiert hat: Das Verhältnis von Geist und Wirklichkeit. Wenn wir jetzt auf die ausgesprochene deutsche Situation einmal hinweisen, das Verhältnis von Geist und Wirklichkeit – und die Schule soll

---

[75] Hessischer Rundfunk am 9. 8. 1965. Quelle: Pädagogische Korrespondenz 28 /2001 S.32-44. Stillschweigend wurden mit dem Transkript grammatikalische Fehler korrigiert, Auslassungen ergänzt und Wiederholungen gestrichen. Wir danken allen Inhabern der Rechte für die Druckerlaubnis.

ja nach dem allgemeinen Bewusstsein Geist vermitteln – ist in der Geschichte unseres Landes sehr viel abstrakter als etwa in den großen westeuropäischen Demokratien, in denen Bildung und Erziehung in einer verändernden politischen Aufgabenstellung begriffen worden ist, etwa in der französischen Aufklärung, wo das eine sehr große Rolle gespielt hat, wo der Lehrerstand etwa im Frankreich des 19. Jahrhunderts eine sehr aktive Rolle gespielt hat, wo also Bildungsauftrag, wenn man es einmal so nennt, und Gesichtspunkte gesellschaftlicher Veränderung oder In-Bezug-Setzung von Geist und Sinnlichkeit, von Geist und Wirklichkeit in den Mittelpunkt gerückt waren und ja auch viel wesentlicher gelungen waren als etwa in Deutschland, wo das Geistige einerseits, das Sinnliche, das Wirkliche andererseits in einem ausgesprochen antithetischen Verhältnis zueinander stehen, als Ausdruck der Nicht-Bewältigung unserer Geschichte, und damit auch die Schule als Vermittlerin des Geistes sicherlich einen anderen Ort hat als in den Gesellschaften, in denen andere historische Voraussetzungen sich entwickelt haben. Ich weiß nicht, ob ich mich deutlich genug ausgedrückt habe, aber dieser Gedanke schien mir besonders wesentlich zu sein."

Kadelbach: „Dieser Gedanke ist sicher besonders wesentlich dafür, was Herr Professor Heydorn eben gesagt hat. Herr Adorno hat in seinem Vortrag die Juristen und die Mediziner ausgenommen. Wenn aber die Situation des Lehrers zugleich die Situation der Gesellschaft ist, dann stünden ja praktisch die Juristen und die Mediziner außerhalb von ihr. Wie würden Sie diese Elemente des Vortrags von Herrn Adorno sehen?"

Becker: „Die Schwierigkeit liegt meiner Ansicht nach darin, dass Jurisprudenz und Medizin primär eine Kunstfertigkeit sind, während der Lehrberuf..."

Adorno: „...vor allem in der Realität unmittelbar anwendbar ist."

Becker: „Ja, zumindest sollte es so sein. Aber der Lehrberuf nun wiederum hängt unmittelbar zusammen mit – vor allem der Lehrberuf an der Höheren Schule, das, was wir traditionell so nennen – mit der Wissenschaft von dem Fach, die der Lehrer vermittelt. Und im 19. Jahrhundert hatte der Lehrer zeitenweise auch Teil an dem Ansehen dieser sich entwickelnden Wissenschaft. Es gibt also, sagen wir mal, aus der ersten Hälfte des 19. Jahrhunderts, im Gegensatz zu dem, was Herr Adorno heute für heute gesagt hat, Schilderungen über das ständig wachsende soziale Ansehen des Lehrers. Über den Lehrer als den sozialen Aufstiegsberuf. Ich erinnere mich an eine Stelle bei Thiersch, wo es heißt, dass der Lehrer nun gerade jetzt sogar soweit sei, dass er die Töchter von Offizieren und juristischen Beamten zu heiraten sich in der Lage sieht, was offenbar als ein besonderer Höhepunkt im sozialen Aufstieg angesehen worden ist. Ich erwähne das alles, um zu zeigen, dass dieses mit dem Ansteigen der Wissenschaft steigende Ansehen des Lehrers inzwischen beim Professor hängen geblieben ist, während der Lehrer der Höheren Schule den Kontakt mit der Wissenschaft, den er in der zweiten

Hälfte des 19. Jahrhunderts noch in ausgeprägtem Maße hatte, weitgehend wieder verloren hat, am Ansehen der Wissenschaft, das - wie wir alle wissen - ob zurecht oder unrecht, ist hier egal, es nimmt faktisch laufend zu, an diesem Ansehen nicht mehr in dieser Weise teilhat."

Kadelbach: „Aber die Juristen und die Mediziner, um auf die noch einmal zurückzukommen, haben das dann?"

Adorno: „Ja, wenn ich gerade dazu etwas sagen darf, was Herr Professor Becker eben sagt: Es ist interessant, dass in der *Histoire contemporaine* von Anatole France, die zur Zeit des Reifungsprozesses, also um 1900 geschrieben ist, der Gymnasialprofessor Bergerer, der dann später an die Sorbonne berufen wird, so lange er Gymnasialprofessor ist, auch sozial nicht vollgenommen wird. Ganz ähnlich, wie ich es für Deutschland beschrieben habe. Und das führt dann zu der grotesken Konsequenz, dass, wie seine Ehe kaputt geht und die Damen der Gesellschaft in dem kleinen Ort, in dem das sich abspielt, mit seiner Frau sympathisieren, die industriellen Frauen und adeligen Frauen nicht den Ehrenbesuch bei der Madame Bérgerer machen können, den sie so gern machen würden, weil sie nicht zur Gesellschaft dazugehört."

Heydorn: „Wenn ich ganz kurz etwas zur Situation des Juristen, obwohl das ja hier nicht im Mittelpunkt steht, sagen darf, dann würde ich meinen, dass die Stellung des Juristen in der deutschen Gesellschaft deswegen so sehr stark gewesen ist, einmal weil die Juristen in unmittelbarer Nähe des Staatsbegriffes stehen. In einer ganz anderen Weise, was wir diskutieren könnten, als beim Lehrer, der in einer mittelbaren Nähe zum Staatsbegriff steht. Und zweitens weil die Gesellschaft, die auf Eigentum beruht, des Juristen funktionell entscheidend bedarf, und die Eigentumsgesellschaft ist in Deutschland voll entwickelt worden, aber nicht die liberale Eigentumsgesellschaft, d. h. die liberale bürgerliche Gesellschaft, die eine andere Beziehung zum Geist entwickelt hat, sondern nur eine Gesellschaft, die eine Beziehung zum Eigentum als Kriterium der bürgerlichen Gesellschaft entwickelt hat und von daher des Juristen bedurfte, d. h. der Jurist hatte eine ganz andere Funktion. Aber ich möchte noch einmal etwas sagen zur Stellung des Lehrers im 19. Jahrhundert. Diese Stellung ist für einen Augenblick sehr groß, und zwar in den Folgeerscheinungen der Revolution von 1789 bis etwa 1820. In dem Augenblick, wo der Glaube entsteht im öffentlichen Bewusstsein der bürgerlichen Schicht in Deutschland, entscheidend auch über Erziehung den historischen Nachholprozess vollziehen zu können, und dann später wieder nach 1870, während der Zeit der Expansion im wilhelminischen Reich, als die Notwendigkeit deutlich wird, über die Vermittlung bestimmter wissensmäßig fixierbarer Einsichten die politische Potenz Deutschlands zu stärken; also unter völlig anderen Vorzeichen, eine bescheidene Hebung, würde ich sagen, des Lehrerstandes, auch des Hauptschullehrerstandes, aus sehr real ableitbaren Motiven."

Adorno: „Ja, wenn ich vielleicht noch ein Sekunde auf etwas zurückkommen darf, das Herr Heydorn zu Anfang sagte, nämlich auf die Verknüpfung der Problematik der Schule mit der Problematik der Gesellschaft. Ich möchte zunächst sagen, ich bin Ihnen deshalb sehr dankbar, Herr Heydorn, dass Sie das gesagt haben, weil man ja manchmal an Gedanken zu nahe dran ist, selber, um sie so klotzig zu formulieren, wie es eigentlich nötig wäre. Und ich bin allerdings der Ansicht, radikal der Ansicht, dass alle die Probleme, die ich an der Schule erörtert habe, in Wirklichkeit Probleme der Gesellschaft sind und dass in einem gewissen Sinn, in einem allerdings nicht grob zu verstehenden Sinn, die Schule als eine Art von Mikrokosmos der Gesellschaft betrachtet werden kann, an dem man alles ablesen kann. Ich bin aber deshalb so froh über diesen Hinweis, weil er *mir* Gelegenheit gibt, einen Gedanken vielleicht doch zu klären, der mir beim Abhören meiner Improvisation nicht deutlich genug herauszukommen schien. Wenn ich nämlich gesagt habe, dass die problematische Stellung des Lehrers herrührt von einer problematischen Stellung zur Gewalt und dass die Gesellschaft ohne Gewalt nicht auskommt, dann könnte das so missverstanden werden, als ob ich, wie es ja manche anthropologische Theorien heute lehren, so eine Art Theorie der Zucht hätte, dass es also ohne die Gewalt nicht geht. Ich möchte ausdrücklich sagen, dass mir diese Gewalt, deren die Gesellschaft immer noch bedarf oder zu bedürfen scheint, ein Negatives ist, in dem eben nichts anderes sich ausprägt, dass – trotz aller Rationalität in den Mitteln – in ihrem Wesen, in den Zwecken die Gesellschaft irrational ist und dass sie deshalb auf diese Gewalt zurückgeht. Und die Rolle der Gewalt in der Schule und alles, was da an Problemen aufkommt, an offenbarer und an latenter und verdrängter Gewalt, hängt genau damit zusammen, dass unsere Gesellschaft selbst eine Gewaltgesellschaft, d. h. eine herrschaftliche Gesellschaft nach wie vor ist."

Becker: „Als ich heute hier nach Frankfurt fuhr, kam ich zufällig mit einer Mutter ins Gespräch, die mir einen heute Vormittag in der Schule passierten Fall erzählte, den ich eigentlich gerne hier erzählen möchte, einfach deshalb, weil ich mir vorstellen könnte, Herr Adorno, dass der eine oder andere Hörer, wenn er von dem unbewussten Imago des Prüglers, des Henkers und des Schwächlings hört und sich dann seinen sehr vernünftigen jungen Lehrer in der Schule dazu vorstellt, das Gefühl hat, hier werden Kategorien verwandt, die nun doch so realitätsfremd sind, dass sie nichts mehr recht bedeuten. Und deswegen möchte ich diese Geschichte erzählen, die mir zufällig heute erzählt wurde. Sie zeigt ganz deutlich, wo der Zusammenhang dieser Kategorien mit unserer Situation ist. Die Tochter dieser Frau, ein vierzehnjähriges Mädchen, hatte ihr Heft mit dem gemachten Hausaufsatz zu Hause liegen gelassen. Sie kam in die Schule, bemerkte das und berichtete das dem Lehrer. Der Lehrer akzeptierte die Erklärung nicht und schreibt einen Verweis in das Klassenbuch. In der Pause telefoniert das Mädchen seine Mutter an. Die Mutter kommt mit dem Heft in die Schule, woraus sich ergibt, dass sie den Aufsatz wirklich gemacht hat, nur das Heft vergessen hat, und der Lehrer sagt: ‚Das ist mir egal', zu der Mutter. Es existiert eine Verordnung, dass ich hier einen Verweis eintragen muss. Die Mutter, die eine energische Dame ist, geht zum Direktor und stellt fest, dass eine solche Verordnung überhaupt nicht existiert, was niemanden überraschen kann, und es stellt sich nun heraus, dass in der Tat diese Verordnung eine reine Erfindung war, aus der 90% aller Mütter nach Hause gegangen waren. Der Direktor sagt dann zu der Mutter: ‚Ja, die Schwierigkeit ist nur, wenn wir das jetzt durchfechten, ob wir ihrer Tochter nicht einen schweren Stand bei dem Lehrer bereiten?' Sie sehen also einen komplizierten Mechanismus am Werke, von Menschen, die alle nicht mehr prügeln – und von henken kann gar keine Rede sein –, die trotzdem in einem Mechanismus gefangen sind, der sich für die psychische Situation des Kindes, wenn nicht hier ein Eingriff der Eltern erfolgt wäre, durchaus so auswirken könnte.

Ich möchte diesen Fall gar nicht verallgemeinern, aber er zeigt offenbar, dass das, was Herr Adorno hier mit diesen großen Grundbildern erläutert hat, etwas ist, was sehr tief nicht nur in der Imago, sondern auch in der Psychologie des Lehrers drinnen wohnt."

Kadelbach: „Aber bei dieser Identität zwischen Schule und Gesellschaft stellt sich natürlich auch sogleich die Frage nach Ursache und Wirkung."

Becker: „Genau."

Kadelbach: „Ist die Schule so, weil die Gesellschaft so ist, oder die Gesellschaft, weil die Schule so ist?"

Becker: „Ja, und es stellt sich natürlich die sehr viel kompliziertere Frage: Können wir die Gesellschaft von der Schule her ändern oder müssen wir die Schule von der Gesellschaft her ändern?"

Kadelbach: „Ja, ich glaube, das sollten wir uns jetzt wirklich vornehmen."

Adorno: „Wenn ich darauf einmal, wie ich es nun schon zu tun pflege, etwas Überspitzes antworten darf, Herr Becker, so würde ich sagen: Man kann die Schule nur von der Gesellschaft her ändern, aber man muss die Gesellschaft von der Schule her ändern."

Becker: „Ja."

Heydorn: „Ja, würde ich auch sagen. Darf ich vielleicht noch eins hinzufügen? Es ist ja nicht nur, ich würde sagen, es ist einmal das Problem da, dass der Mensch, der Macht über die Menschen setzt, wie dies in unserer gesamten Gesellschaft geschieht, hier Macht über den Unmündigen setzt und dass die Gesellschaft in dieser Machtsetzung über den Unmündigen in einer ganz spezifischen Art und Weise auch ihre Irrationalismen zum Ausdruck bringt."

Adorno: „Genau."

Heydorn: „Einmal wurde versteckt darin die autoritäre Tradition, aber es steckt heute, was diesen Irrationalismus angeht, auch noch ein anderes Moment, das, mir scheint, für die Schule, in dem, was sie gegenwärtig darstellt, nicht ohne Bedeutung ist: Je weniger die Welt, in der der Mensch heute lebt, von ihm rational bewältigt wird, die ihn umgebende Gesellschaft, wie auch sein eigenes Ich gesellschaftsanalytisch und selbstanalytisch bewältigt wird, umso mehr irrationalistische Bestände akkumulieren sich in ihm, die er loswerden muss. D. h., je stärker die rationale Orientierungslosigkeit wird, umso stärker ist die Gefahr irrationalistischer Kompensation. Und ich sage das in einem ganz bestimmten Zusammenhang: Weil gerade z. B. in der Ausbildung der Volksschullehrer jahrzehntelang ein mit der Prätention des Humanen auftretender Antiintellektualismus mächtig gewesen ist, der weniger als alles andere geeignet ist, dieses Problems Herr zu werden."

Becker: „Ja. Das was sozusagen die Vitalpädagogik und das Totalitäre, das Anti-Arbeitsteilige am Pädagogischen ist, erweist sich ja als ein immer stärkeres Hindernis für die Praxis in der Schule. Und die ganze Frage – ich meine, Herr Adorno hat heute mit Recht darauf hingewiesen, dass Schule ihrem Wesen nach Entfremdung ist. Ich würde nun soweit gehen, zu sagen, dass die ganzen Schwierigkeiten für den Lehrer, die, heute in dem Vortrag erläutert wurden, gerade dann stark werden, wenn er diese Situation nicht realisiert, wenn er sie durch Vitalismus, durch Irrationalität zu überspielen versucht. Ja, also gerade wenn die –,"

Heydorn: „– Darf ich mal etwas unterbrechen?"

Becker: „Ja, gerne."

Heydorn: „Nichts finde ich schrecklicher, wenn ich gelegentlich, meinen Studenten halber, Schulvisitationen mache, als wenn ein Lehrer mir als entscheidende Legitimation seiner beruflichen Tätigkeit sagt, er liebe seine Kinder."

Adorno: „Ja. Wie kommt der dazu?!"

Heydorn: „Dass er sein eigenes Gefühlsleben und seine eigene Subjektivität zum Maßstab, nicht wahr, des Verhältnisses zu seinen Kindern macht. D. h. anstatt ihnen Wissen zu vermitteln und anstatt sie als Menschen zu respektieren, was völlig etwas anderes ist als Liebe und was man von ihm verlangen kann, gibt er etwas Unverlangbares auf eine höchst problematische Weise."

Adorno: „Ja nun, ich glaube, diese Sache ist wirklich sehr kompliziert. Und man muss – ich meine, ich maße mir nicht an, in eigentlich pädagogischen Fragen mit Gewicht mitzureden, aber ich darf vielleicht doch, da ich schon einmal der Sündenbock in diesem Gespräch bin, meine Meinung dazu sagen. Die Eigentümlichkeit des Lehrberufs ist ja doch die, dass ein Moment von Unmittelbarkeit notwendig ist, der Lehrer die Übermittlung von Kenntnissen nur in einer gewissen Unmittelbarkeit der Beziehung zu dem Kind erfüllt. Er ist also nicht nur ideologisch als Person dabei beteiligt und ich bin der Erste, der den Personalismus für eine Ideologie hält; sondern er ist bis zu einem gewissen Grad auch real als Person, als lebendiger Mensch involviert.

Das, was ich vorgeschlagen habe, war ja nun gerade das, dass er dieses Engagement, dieses persönliche Engagement zugibt und nicht eine falsche Objektivität prätendiert. Ich würde aber dem hinzufügen – und da bin ich ganz der Ansicht von Becker –, dass auf der anderen Seite je objektiver er nun seine Funktion, nämlich die der Übermittlung von Kenntnissen und die der Aufklärung und alle diese früher mit Geringschätzung behandelten Momente erfüllt, dass er damit seine menschliche Bestimmung aufnimmt."

Becker: „Ja, andererseits – darf ich etwas sagen? – ist es genauso wichtig, dass deutlich wird, dass dieser Lehrer, und das wird ja, Gott sei dank, in vielen guten Unterrichtsstunden heute deutlich, dass dieser Lehrer ein Mensch mit einem Schicksal ist, das er mit einbringt. Sie haben selbst an irgendeiner Stelle Ihres Vortrags darauf hingewiesen, das möchte ich eigentlich noch einmal unterstreichen, dass der Lehrer in dem Umfang, in dem er in der Lage ist, Fehler zuzugeben, an Autorität gewinnt. Genau umgekehrt dem herkömmlichen Autoritätsschema, von daher wird er eigentlich glaubwürdig."

Heydorn: „Herr Becker, ich würde völlig mit Ihnen übereinstimmen, aber der Lehrer, der Liebe gibt und das in das Zentrum setzt, will Liebe von den Kindern. Hier ist ein völlig anderes Verhältnis."

Becker: „Der wird ja ständig enttäuscht."

Heydorn: „Ja."

Becker: „Das ist ja eine bekannte Tatsache. Der durch die Nicht-Liebe der Kinder enttäuschte Lehrer ist ja fast eine der besonders beliebten Darstellerfiguren des Lehrers."

Kadelbach: „Aber liegt da nicht einfach eine Verwechslung von Liebe und Verliebtheit vor? Und ist nicht gerade die Versachlichung des Geschäfts die wahre Liebe, die den Kindern entgegengebracht werden könnte?"

Heydorn: „Ich wollte nur den Begriff der Liebe ganz herausnehmen, der sonst in der Pädagogik eine sehr große Rolle spielt."

Adorno: „Ja, auf der anderen Seite kann ich mir einen Lehrer schwer vorstellen, der nicht zu gewissen Schülern und Schülerinnen also so etwas auch wie spontane Sympathie hegt. Ich mein, also das, wenn man das einfach, dieses Moment einfach ganz eliminieren würde, dann würde dadurch der Lehrberuf, würde ich sagen, genauso unwahr werden, wie durch die heruntergekommene Jugendbewegungsideologie, die alles in Person, Liebe, Naivität und Unmittelbarkeit auflöst. Und es geht wirklich darum, die Konstellation – das ist nämlich wirklich ein philosophisches Problem –, das Verhältnis dieser Momente zu bestimmen, ist sehr schwer."

Becker: „Ja, ich habe ja nie verstanden, warum eigentlich Sachlichkeit und Liebe einander ausschließen sollen. Das ist eine höchst merkwürdige Sache. Ich glaube, dass gerade der Lehrer, der wirklich sachlich ist, in einem richtigen Maße Liebe entfaltet und, wenn ich so sagen darf, bei aller Skepsis gegenüber dem Personalismus, personale Qualität entfaltet."

Kadelbach: „Ja, Liebe der Wahrheit setzt Analyse voraus, man kann nur lieben, wenn vorher Analyse stattgefunden hat."

Heydorn: „Herr Kadelbach, wenn ich noch ein Wort, nur um mich verständlich gemacht zu haben? Weswegen mir dieses Wort suspekt ist, ist, weil ich der Meinung bin, man soll das Verlangbare fordern und das heißt: Respekt vor der Menschenwürde des Kindes. Und ich glaube also, dass sehr oft Liebe einen Tatbestand hineinsetzt, der das, was wirklich entscheidend ist, verschleiert. Der Lehrer soll Mensch sein, das ist, glaube ich, was wir alle eben gemeint haben. Er soll weder von seinem Menschentum abstrahieren als Lehrer noch soll er es ideologisch oder idealistisch überhöhen."

Kadelbach: „Einverstanden. Ich glaube, dass wir das jetzt doch haben klären können. Aber für mich ist nun einfach auch noch die Frage geblieben, die Herr Adorno gegen Ende seines Vertrags gestellt hat: Was lässt sich also nun tun? Und diese Frage ist deswegen so wichtig, weil wir ja vielen, vielen Leuten Mut machen müssen, eben diesen Beruf, dessen Tabus Sie gezeigt haben, zu ergreifen."

Becker: „Die Frage, die uns sich hier stellt, ist ja eigentlich nicht, ob wir Mut machen müssen, sondern ob wir Mut machen können, wenn ich das mal –,,

Kadelbach: „,– Ja, das wäre noch redlicher gesagt. –,, (lacht)

Becker: „– zunächst sagen darf. (lacht) Was hilft das Mut-machen-müssen, wenn man es nicht kann? Und hier würde ich nun doch sagen, dass ein Schlüsselpunkt in diesen ganzen Fragen der Lehrerbildung zukommt. Denn, wenn wir heute die Zahlen in dem Umfange erhöhen, unser Bildungswesen so ausweiten, wie es die Notwendigkeit erfordert, dann müssen wir uns über seine Strukturen und die Änderungen seiner Struktur Gedanken machen. Wir müssen insbesondere uns deutlich machen, dass ein Lehrer, der so ausgebildet wird wie bisher, all den Problemen gegenübersteht, die Herr Adorno geschildert hat. Nicht zufällig habe ich während seines Vortrags, obwohl er Typisches für den Beruf als Ganzes gesagt hat, oft speziell an den Lehrer der Höheren Schule denken müssen, bei dem der Mangel an psychologischer, soziologischer Schulung noch ausgeprägter ist als beim Lehrer der Volksschule, dass also dieser Lehrer eigentlich im Zentrum seiner Sorgen stand, was nicht ausschließt, dass der Lehrer als Ganzes von diesem Bild, wie es in der Öffentlichkeit herrscht, betroffen ist."

Kadelbach: „Das Bild, das in der Öffentlichkeit gezeichnet wird, trifft also auch die jungen Lehrerstudenten, die jetzt in Frankfurt oder in Giessen an der Hochschule für Erziehung in diesen Beruf hineinwachsen. Würden Sie sich erkennen, Herr Heydorn, in dem Bild, das Herr Adorno gezeichnet hat? Sie würden es wahrscheinlich mit Entrüstung von sich weisen. Oder wie würden Sie diese Lage beurteilen?"

Heydorn: „In dem Vortrag von Professor Adorno, würde ich sagen, sind ganz entscheidende Momente aufgewiesen worden. Nur, dass sie den Lehrern selber nicht bewusst sind, würde ich meinen. Und entscheidend ist, in unserer Ausbildung dem Menschen ein Bewusstsein seiner selbst und der ihn mitbestimmenden gesellschaftlichen Umstände zu geben. D. h. überhaupt ihn zunächst einmal als Subjekt in Distanz zum Objekt zu bringen. Ich fand das sehr gut, was im Vortrag gesagt wurde über die Reise nach Rom und über den Lateinunterricht. Das ist genau das Gleiche als die Industriebesuche mit abschließendem Essen in einer Fabrik, um die angebliche soziale und industrielle Wirklichkeit kennen zu lernen, und einem gut durchgeführten, auf Erkenntnis basierenden Unterricht, der jedenfalls zu einigen Zugängen führt, die die moderne Gesellschaft erklärbar machen. D. h. eine Bildung, die zunächst einmal das analytische und kritische Vermögen stärkt, nicht diese – wir haben ja sehr viel Mädchen, die mit einem ganzheitlichen Gefühlsimpuls in den Lehrerberuf hineingehen und Angst haben vor einem zerrissenen Bewusstsein, das zunächst einmal die Folge ist, wenn der Mensch sich selbst bewusst wird am Spiegel seines Gegenüber, d. h. der Welt, mit der er zu tun hat –, aber dieser Prozess ist unbedingt zu durchlaufen. Wenn Lehrerexistenz unter den gegenwärtigen Bedingungen wirklich das leisten soll, was von ihr verlangt werden muss. Auch human verlangt werden muss."

Becker: „Ja, was können wir denn nun unmittelbar in der Ausbildung dafür tun? Ich halte ja für eine der verhängnisvollsten Seiten, und das, was am Lehrerberuf oft von den Kindern und Eltern her unlauter erscheint, die Fiktion der heilen Welt, auf der das Pädagogische aufbaut. –„

Heydorn: „– Ja, möglichst noch ein Ganzheitsunterricht. –„

Becker: „– Diese Fiktion der heilen Welt ist nun in der Tat – verzeihen Sie, dass ich das noch einmal wiederhole - abhängig von einem Mangel an psychologischer und soziologischer Ausbildung. Und hier liegt die Schuld nicht so sehr bei den Lehrern, sondern sie liegt zum Teil auch an den Vertretern dieser Wissenschaften, die nicht bereit sind, die Ergebnisse dieser Wissenschaft und die Methoden dieser Wissenschaft in einer Verbreitung zur Verfügung zu stellen, wie wir sie heute für den Lehrerberuf brauchen. Es ist notwendig eine psychologische und soziologische Grundausbildung für jeden Lehrer. Auch der Lateinlehrer, auf dessen Nicht-Romfahrt und qualifizierten Unterricht sich Herr Adorno sich so besonders freut, muss von psychologischen- und soziologischen Aspekten in seiner Ausbildung etwas mitbekommen, sonst kann er eben auch sein Latein nicht mehr richtig lehren."

Kadelbach: „Ja, und es gehört natürlich dazu die Übertragung der wissenschaftlichen Methoden, die intrinsische und analytische sind, in die ganze Existenz und in das ganze Unterrichten des Lehrers hinein. Und wenn ein Lehrer diese Welt als eine volle, runde begreift und sie praktisch nur mit Gefühlsüberschwang lobt, und das geschieht ja in vielen Unterrichtsstunden, dann sind wir genau da, wo das Analytische eben zu fehlen beginnt."

Adorno: „Ja, also dazu möchte ich sagen: Ich stimme der Forderung nach einer soziologischen und psychologischen – vor allem psychologischen –

Ausbildung der Lehrer weiß Gott zu. Aber wenn ich mir dann so vorstelle, was an Psychologie und Soziologie im Allgemeinen in das Bewusstsein der Lehrer gelangt, dann wird mir's auch wieder angst und bang. Also, wir haben von der Fiktion der heilen Welt und der Ganzheit und diesem Zeugs gesprochen. Ja, hier liegt das Fiktive nicht nur darin, dass die Welt als eine ganzheitliche und heile ausgegeben wird, die sich danach aufgliedert, ob man möglichst viele Bauernhöfe mit gemütlichen Mutterschweinen vorfindet, sondern hier liegt der Unsinn ja bereits in der Wahl dieser Kategorien überhaupt. Und ganz ähnlich ist es auch mit psychologischen Kategorien, die immer den ganzen Menschen und derartige Sachen wieder in den Vordergrund stellen. Ich habe diese Dinge bis ins Einzelne in einem sehr speziellen Ressort, nämlich in der so genannten Jugendmusikbewegung verfolgt, aber das geht natürlich weit darüber hinaus und ich würde also sagen: Trau, schau wem? Ich bin schon für soziologische und psychologische Bildung der Lehrer, aber nicht für ihre Bildung durch eine Soziologie und Psychologie, die ihrerseits nach den Bedürfnissen der Lehrer *tel quel* zurechtgestutzt ist, schon verpädagogisiert ist und die dann genau jenen Irrationalismus hervorbringt, von Psychologie gelehrt wird."

Becker: „Ja, andererseits müssen wir uns natürlich auch darüber klar sein, dass es nicht hilft, dass die Soziologie und z. B. die Psychoanalyse sich auf einen kleinen Zirkel von Menschen beschränkt und nicht als Aufgabe begreift, der großen Masse der Lehrer – und es geht um sehr große Zahlen, das muss man sich ganz nüchtern klar machen –, der großen Masse der Lehrer auch zu dienen. [...]"

Becker: „Andererseits, ich bin völlig ihrer Meinung –,,

Adorno: „– Also man muss wissen, was hier für Soziologie und was für ist natürlich für das gesamte Funktionieren unseres öffentlichen Lebens und für die gesamte Entwicklung unserer Gesellschaft so ausschlaggebend, dass es mir sehr wichtig erscheint, dass die qualifizierten Vertreter dieser Wissenschaft ihre Aufgabe gegenüber dem Lehrerstand auch sich selbst in noch stärkerem Maße als bisher bewusst machen."

Heydorn: „Ja, das würde ich auch sagen."

Adorno: „Das würde ich auch sagen."

Heydorn: „Sicherlich ist es so, dass die Pädagogik in einem sehr starken Maße – fast möchte ich sagen, durch ihre eigene Begriffsbestimmung, ich würde nicht ganz so weit gehen – der Lebenslüge unterliegt, um mit Ibsen zu reden. Obwohl gerade am Beispiel großer Pädagogen wie etwa des Comenius und Pestalozzis genau das exemplifiziert werden kann, was wir eben gemeint haben. Aber es ist furchtbar schwer, diesen Nebel fortzureißen. Etwas anderes, was mir in der Ausbildung wichtig erscheint, neben der soziologischen – das ist nebenbei nicht loslösbar davon – und der psychologischen Seite, ist: Die meisten unserer Studenten, die alle Abitur gemacht haben, können nicht abstrakt denken. D. h. sie können überhaupt in der Analyse Phänomene nicht subsumieren, nicht unterordnen unter begriffliche Zusammenhänge. Was wiederum für die Erkenntnis der Wirklichkeit außerordentlich bedeutsam ist. Die Vermittlung einfacher Grundkategorien, auch im Sinne der traditionellen – hier bin ich ganz konservativ – philosophischen Propädeutik; nicht, indem man sie in überfordernde Probleme stürzt, sondern indem man ihnen zunächst einmal das Instrumentarium liefert, das man einfach überhaupt braucht, wenn man sich der Welt annimmt."

Becker: „Und hier lagen die Gefahren, bei allen Verdiensten der Reform der Volksschullehrerbildung in den 20er Jahren, lagen die Gefahren der irrationalen Akzente dieser Volksschullehrerbildung und es ist deswegen so nötig, die wissenschaftliche Lehrerbildung in einer klaren Form heute zu verankern, genau damit dieser Zweck, nämlich die Wissenschaftsabhängigkeit jeder Lehrerbildung auch institutionell wirklich sichtbar wird."

Kadelbach: „Aber wir müssen noch eines tun, nämlich diesen Punkt aufgreifen, den Herr Adorno vorhin die Ideologie des Schulischen genannt hat. Wir sind zwar schon am Rande dieses Terminus, aber ich glaube, es reicht ja doch über das alles noch hinaus. Vielleicht, Herr Adorno, können Sie hierzu noch einen Akzent setzen, dass wir das noch einmal ein bisschen bewegen?"

Adorno: „Ja, also wenn ich das vielleicht auch gesellschaftlich erläutern darf? Es liegt aus Gründen, die man jetzt nicht besprechen kann, in unserer Gesellschaft eine Gesamttendenz vor, alle Mittel, die es gibt, in Zwecke zu verwandeln. Das ist das, was man mit der Gesamttendenz zur Fetischisierung bezeichnen kann. Und für diese generelle Tendenz, deshalb, weil die Zwecke selbst irrational und undurchsichtig sind, die Zwecke durch Mittel zu ersetzen. Und an dieser gesamtgesellschaftlichen Tendenz partizipiert auch die Schule. Und die Gestalt, in der sie daran partizipiert, ist das, dass sie sich selbst zum Selbstzweck wird, d. h. dass das Funktionieren der Schule in ihrem Sonderbereich, anstatt funktional aus ihren Aufgaben in der Gesellschaft zu folgen, so behandelt wird, als ob es wie die Kunst oder wie die Wissenschaft ein Bereich mit eigenen Gesetzen wäre. Und das ist deshalb so ernst, weil ganz ohne diese Mechanismen es offenbar sehr schwer geht, d. h. wie ein jeder Sonderbereich hat, ohne dass er ein gewisses Korpus von Spielregeln, Techniken und ihm eigentümlichen Verfahrensweisen ausgibt, kann er sich in der Arbeitsteilung nicht realisieren. Aber hier liegt nun der Widerspruch vor, dass auf der einen Seite die Schule selbst ein arbeitsteiliges Instrument ist, also nur innerhalb der Arbeitsteilung gedeihen kann, auf der anderen Seite aber ihrem Sinn nach doch so etwas wie eine potenzielle Korrektur an der arbeitsteiligen Gesellschaft ist. Das würde ich also eigentlich, wenn ich noch einmal von diesem gesellschaftlichen Punkt aus anfassen darf, als das Problem des Schulischen sehen, wobei man im Übrigen schon, wenn man ein sprachliches Organ hat, an solchen Worten wie schulisch erkennen kann, wie verlogen die Verselbständigung und Ontologisierung der hier angeblich gemeinten Dinge ist."

Becker: „Ja, ich meine, ein anderer Punkt, den haben Sie in ihrem Vortrag schon angesprochen, das ist, dass in der Schule natürlich sozusagen die Dialektik vom Umsorgten, vom Geschützen und dem Offenen besteht. Ich meine, ich wurde auch sagen, die Geschichte mit Ihrem Lateinunterricht und Ihrer Romfahrt ist nicht ganz so einfach –‚,
Adorno: „– Ja, sicher. –‚,
Becker: „– sondern, es ist eben die Schule, die sich öffnet gegenüber der Gesellschaft, die nicht die Grammatik als solche, sozusagen um ihrer selbst willen pflegen will und die nun dabei Gefahr läuft, Wesentliches zu verlieren. Das ist ein Problem, in diese Fragestellung ist die Schule eingebettet. Das Wichtige ist nur, dass sie ihre Spielregeln nicht zu absoluten Gesetzen werden lässt, sondern sie ihrer eigenen Funktion in ihrem Selbstverständnis immer wieder bewusst wird. Und wenn man das in den Mittelpunkt der Lehrerbildung stellt, dann könnte ich mir eigentlich denken, dass der Lehrerberuf nun – was vielleicht zunächst etwas überraschend ist, nach allem, was Sie und wir jetzt hier gesagt haben – eine ganz bestimmte Attraktivität bekommt. Weil er nämlich, ich würde sagen, nicht, weil man von der Schule her die Gesellschaft verwandelt, und doch, weil von dem Lehrer aus die Zukunft der Gesellschaft in entscheidender Weise bestimmt wird."

Heydorn: „Ich würde dem Letzteren absolut zustimmen und ich würde meinen, sogar jede Bildung hat auch – und das liegt in ihrem Begriff – eine auf die Zukunft gerichtete Seite, die vielleicht Gegenstand eines anderen Gespräches sein könnte. Was das Problem angeht, so würde ich sagen, dass man sich ganz gewiss der Gefahr bewusst werden muss, die darin liegt, die Schule sozusagen als einen idealistischen Raum aus der Gesellschaft auszusparen, ihr also eine qualitativ andere Eigenheit zu geben. [...] Auf der anderen Seite braucht die Schule natürlich für die Arbeit, die sie zu leisten hat, eine gewisse Abgeschlossenheit; [...] Sie kann die Gesellschaft, wie sie ist, in der Schule nicht reproduzieren, sondern sie reproduziert sie entscheidend über Erkennen, über Denken. Und dazu bedarf es bestimmter Bedingungen, um das leisten zu können."

Becker: „Und der Lehrer als Person selbst in der Gesellschaft steht und nicht durch seine Existenz, so wie Adorno geschildert hat, sich sozusagen aus der Gesellschaft auch noch auf eine besondere Weise herausbegibt."

Adorno: „Doppelt herausnimmt."

Heydorn: „Nein, natürlich, das ist ein Gesichtspunkt, auf den Buber ja, wenn ich hier im Augenblick darauf hinweisen darf, sehr stark aufmerksam gemacht hat: Er ist konkret Erwachsenenwelt in der Klasse. Oder müsste es sein, ohne dabei etwas Unwahres vorgeben zu wollen."

Kadelbach: „Eine weitere Überlegung, die sich da eingestellt hat, und die wird nicht auszudiskutieren sein. Aber ich fände es nun aber doch fair, dass im Anschluss gerade an Ihren Vortrag, Herr Adorno, [...] Sie doch noch bitten möchte, ein paar Schlussformulierungen vielleicht zu finden, wobei ich es besonders begrüßen würde, wenn Sie auf die eingangs gestellte Frage eingingen, ob das Bild, das sich uns hier darstellt, so abschreckend ist oder ob es so ermutigend umgewandelt werden kann, dass die kulturpolitischen Forderungen erfüllt werden, die uns ja alle beschäftigen, nämlich mehr Lehrer für unsere Gesellschaft zu bekommen."

Adorno: „Also, ich glaube, über den letzteren Punkt, dass es durch bloße Quantifizierung nicht geschafft ist, darüber dürfte in diesem Kreis Einigkeit herrschen, schließlich hat ja gerade Hellmut Becker ein Buch veröffentlicht, das bezeichnender Weise den Titel „Qualität und Quantität" trägt. Aber ich möchte noch, vielleicht darf ich in einem anderen Sinn zum Schluss noch einmal auf den Ausgang zurücklenken, nämlich auf das Verhältnis von Gesellschaft und Schule? Wir wissen ganz genau, dass die eigentlichen Schlüsselpositionen zu all den Dingen, die wir behandelt haben, in der Gesellschaft liegen. Trotzdem scheinen wir zu glauben, dass der Schule eine Art Schlüsselposition zukommt. Das ist mit gewissen theoretischen Grundüberzeugungen gar nicht ohne weiteres zusammenzubringen, aber ich hab so aus unserem Gespräch das Gefühl, dass das, was uns hier überhaupt zusammenbringt, dieses gar nicht notwendig artikulierte Bewusstsein ist. Und ich würde sagen, dieses Bewusstsein hat einen ungeheuer ernsten Erfahrungskern. Wir alle haben erlebt, in einer nicht zu beschreibenden Weise, den Rückfall der Menschheit in die Barbarei, in einem buchstäblichen und wahren Sinn. Ich glaube, in der Stadt, in der der Auschwitz-Prozess stattfindet, ist es gar nicht nötig, darüber mehr zu sagen. Nun, die Barbarei, der Begriff der Barbarei, und das ist das, was wir erlebt haben, ist ja der Rückfall der Menschen in einen Zustand, in dem alle jene Formungen sich als Bankrott erklären, denen die Schule dient. Sicherlich ist, so lange die Gesellschaft die Barbarei aus sich heraus reproduziert, von der Schule allein her das nicht zu schaffen. Aber wenn man die Barbarei, um die es sich handelt und die der Gegensatz zur Bildung ist, würde ich sagen, dass so etwas wie Auschwitz nicht noch einmal in der Welt ist, hängt eben doch wesentlich auch davon ab, dass die Menschen entbarbarisiert werden. Und die Frage der Entbarbarisierung der Menschheit, das der Voraussetzung des Überlebens und der Voraussetzung dafür, dass so etwas nicht noch einmal geschehe, die wird bis zu einem gewissen Grad von der Schule eben doch, so beschränkt auch die Schule sein mag, geleistet. Und das Pathos, das der Schule heute entgegenzubringen ist, und der moralische Ernst, der der Schule heute zukommt, ist der, dass nur sie, wenn sie sich dessen bewusst ist, diese Entbarbarisierung der Menschheit wenigstens fordern kann. Und dem herrschenden Trend zur Barbarei – und ich meine hier mit Barbarei nicht die Beatles, sondern ich meine mit der Barbarei das Vorurteil, die Unterdrückung, den Völkermord und alle die entsetzlichen Dinge, die wir erleben, darüber möchte ich auch keinen Zweifel lassen – dagegen anzugehen, ist so, wie die Welt heute aussieht, eine Welt, in der ja politische Möglichkeiten in einem weiten Maß, temporär jedenfalls, gelähmt sind, dagegen anzugehen, ist allein die Sache der Schule. Und deshalb ist es trotz aller gesellschaftlichen Gegenargumente gesellschaftlich so eminent wichtig, dass die Schule ihre Aufgabe erfüllt, und das kann sie nur, indem sie dieser verhängnisvollen Zusammenhänge sich zunächst einmal bewusst wird, von denen wir gesprochen haben."

Dokument 2: Max Horkheimer „Begriff der Bildung"[76]

Immatrikulationsrede Wintersemester 1952/1953

Diejenigen unter Ihnen, welche heute ihr Studium beginnen, tun gut daran, für einen Augenblick darüber nachzudenken, was sie von diesem Studium sich erwarten. Im Vordergrund steht wohl zumeist der praktische Zweck, sich die Vorkenntnisse für bestimmte Berufe anzueignen, die akademischen und staatlichen Diplome zu erwerben, an deren Nachweis manche, ja allzu viele Laufbahnen heute gebunden sind. Zuweilen mag die Tradition der Familie eine Rolle spielen, der Umstand, daß freie und gelehrte Berufe in ihr heimisch sind, das Vorbild oder der Wille des Vaters, der Druck der Verhältnisse. Zu solchen Momenten tritt jedoch eine Vorstellung, die manche unter Ihnen vielleicht nicht sehr deutlich zu bezeichnen vermöchten, von der ich aber glaube, daß sie in verschiedenen Graden des Bewußtseins allen jungen Studenten eigen ist, auch wenn die Härte des Lebens sie davon abhält, sich ihr hinzugeben. Es ist der Gedanke, daß das Studium an der Universität nicht bloß bessere wirtschaftliche und gesellschaftliche Möglichkeiten erschließt, nicht bloß eine Karriere verspricht, sondern zur reicheren Entfaltung der menschlichen Anlagen, zu einer angemessenen Erfüllung der eigenen Bestimmung die Gelegenheit bietet. Der Begriff, der sogleich sich darbietet, wenn diese Vorstellung sich aussprechen will, ist der der Bildung. Erwarten Sie nicht, daß ich ihn definiere. Es gibt Bereiche, in denen es vor allem auf saubere und eindeutige Definitionen ankommt, und die Rolle von Definitionen in der Erkenntnis soll gewiß nicht unterschätzt werden. Wenn man aber dem Wesentlichen und Substantiellen nachgehen will, das in Begriffen sich anmeldet, dann muß man versuchen, des ihnen einwohnenden Lebens, ihrer Spannungen und Mehrdeutigkeiten innezuwerden, auf die Gefahr hin, daß man dabei auf Widersprüche stößt, ja, daß man sich selbst der Widersprüche schuldig macht. Definitionen mögen widerspruchslos sein, die Wirklichkeit aber, in der wir leben und die von den Begriffen getroffen werden soll, ist widerspruchsvoll. Eine Weise der Erkenntnis, die davon nicht Zeugnis ablegte, ließe ihrem Gegenstand selbst keine Gerechtigkeit widerfahren. Man soll nicht aus dem Bedürfnis intellektueller Sicherheit, nur um ja keinen Fehler zu begehen, mit Ideen wie mit Spielmarken hantieren, sich auf das definitorische Verfahren festlegen. Seien Sie mißtrauisch gegen jenes übertriebene intellektuelle Sauberkeitsbedürfnis, das da bei jeder Diskussion vorweg ver-

---

[76] Quelle: Frankfurter Universitätsreden Heft 8, Frankfurt 1953; Nachdruck in: Ders..: Sozialphilosophische Studien. Frankfurt: Suhrkamp 1972, S. 163-171; und in: Jürgen-Eckhardt Pleines (Hg.): Bildungstheorien. Probleme und Positionen. Freiburg: Herder 1978, S. 22-27 (dort leicht gekürzt)

langt, man müsse erst einmal genau wissen, was mit einem Begriff gemeint sei, ehe man ihn überhaupt verwenden könne. Der Prozeß der Klärung und Bestimmung der Begriffe ist nicht etwas, was der Erkenntnis vorangeht, die Begriffe sind nicht Instrumente, die man recht scharf schleifen muß, damit sie schneiden, sondern eben jener Prozeß vollzieht sich nur, indem Sie die Begriffe selber auf Gegenstände anwenden und Akte der urteilenden, inhaltlichen Erkenntnis selbst vollziehen.

Das gilt auch für den Begriff der Bildung. Er ist dem des Geformten verwandt. Ungebildet nennen wir gewöhnlich einen Menschen, wenn er uns als ungeschliffen erscheint, wenn er Natur darstellt, die nicht gesellschaftlich gestaltet, nicht gesellschaftlich vermittelt ist. Nicht nur das deutsche Wort „Bildung" weist auf Bilden, Formen eines Naturstoffes hin, sondern die meisten Ausdrücke in den verschiedensten Sprachen, welche die Sphäre überhaupt bezeichnen; so heißt das lateinische *eruditio*, der altüberlieferte Ausdruck gerade für die gelehrte Bildung, daß ein Mensch aus dem Zustand der Roheit herausgenommen sei; und das Wort „Kultur" selbst kommt von *colere*, pflegen, und bezieht sich ursprünglich auf den Ackerbau als eine regelmäßige und geordnete Praxis, der die blinde Produktivität des Bodens unterworfen ist. Bildung wäre danach die Umformung der ungeformten, primitiven Natur; der Mensch wird Herr über das, was ihm draußen und drinnen als befremdlich und bedrohlich erscheint. In der Bildung besteht Natur als solche fort, doch sie trägt die Züge der Arbeit, der menschlichen Gemeinschaft, der Vernunft. Je mehr eine Natur durch die Bedürfnisse der menschlichen Gemeinschaft geformt war und sich zugleich als Natur in dieser Form erhielt, wie im Brot der Geschmack des Korns, die Traube im Wein, der bloße Trieb in der Liebe, der Bauer im Bürger und Städter, desto mehr scheint der Begriff der Bildung im ursprünglichen Sinn erfüllt.

An solcher überkommenen Bestimmung des Begriffs Bildung heute festzuhalten, scheint aus vielen Gründen verwehrt. Ich weise nur auf einen einzigen hin: Die Änderung in der Beziehung von Gesellschaft und Natur, die in den letzten hundert Jahren sich vollzogen hat. Die Lebensbereiche, die von der Gesellschaft unabhängig sind, das ist auch Ihnen bewußt, schrumpfen immer mehr zusammen, [...] In all dem kündigt sich ein Zustand an. in dem Natur von der Gesellschaft nicht bloß aufgesogen, sondern zunichte gemacht, nicht gehegt, sondern negiert, nicht als Wertvolles gepflegt, sondern als Material verwertet wird. Es ist gegenüber dem früheren Wesen der Arbeit der durch die Technisierung, den Industrialismus gesetzte Unterschied. Der Prozeß der Bildung ist in den der Verarbeitung umgeschlagen. Die Verarbeitung – und darin liegt das Wesen des Unterschieds – läßt dem Gegenstand keine Zeit, die Zeit wird reduziert. Zeit aber steht für Liebe; der Sache, der ich Zeit schenke, schenke ich Liebe; die Gewalt ist rasch. Man könnte also vertreten, dem Begriff der Bildung wäre im wörtlichsten Sinn seine Substanz dadurch entzogen worden, daß es nichts Ungebildetes, keine unbeherrschte Natur im menschlichen Bereich überhaupt mehr gibt, die zu bilden wäre, und daß es vielleicht eher darauf ankommt, an diese, an das noch nicht ganz von menschlicher Planung und Selbstdisziplin Bewältigte zu mahnen, als das Reich der Bildung auszudehnen, das ohnehin total zu werden scheint.

Die Ausmerzung der Natur, ihre Vernichtigung zu bloßem Material, führt in die Krise der Bildung, von der so viel die Rede ist. Das alte lateinische Sprichwort, auch wenn man die Natur mit der Forke austriebe, sie kehre stets wieder – *naturam expellas furca, tamen usque recurret* –, gehört offenbar im Gegensatz zu dem, daß Handwerk einen goldenen Boden habe und daß der Krug so lange zum Brunnen gehe, bis er bricht, zu denjenigen, die noch nicht außer Kurs gesetzt sind, [...]

Wir müssen uns überhaupt hüten, jenen Prozeß der universalen Vergesellschaftung, jenes Geformt- und Erfaßtwerden eines jeglichen Einzelnen durch die Totalität, allzu buchstäblich und simpel uns vorzustellen. Gerade das Tempo, das die technische Entwicklung und mit ihr die Durchorganisation der Gesellschaft während der letzten Dezennien angenommen hat, bewirkte, daß immer weitere Sektoren des Lebens und der Menschen in diesen Prozeß hineingerissen wurden, die ihrer eigenen geschichtlichen Entwicklung nach nicht reif dazu waren. Unendlich viel Krudes und Ungeformtes wird von der allgegenwärtigen Formung dünn übersponnen. Der Widerspruch zwischen diesem Überspannensein und dem Darunterliegenden, im weiten Maße Formlosen, hat seine verhängnisvollen Aspekte: die alten traditionalistischen Bildungselemente werden aufgelöst, ohne daß der neue Zustand des Geistes bereits am Bewußtseinsstand der Subjekte seine Stütze hätte, und so wächst tatsächlich heran, was Spengler den modernen Höhlenmenschen nannte. Wenn wir heute von der Problematik der Bildung, ihrem Umschlag ins Gegenteil, sprechen, dürfen wir dabei nicht den Rückstand des Ungebildeten, Nichtmitgekommenen, im buchstäblichen Sinn Rohen, vergessen, der von der jüngsten Phase der Zivilisation mitgeschleppt, jedoch keineswegs der eigenen Substanz nach durchdrungen ist. Die geistige Urteilsfähigkeit der Bevölkerung, die in so schreiendem Mißverhältnis zum hohen Stand der Wissenschaften und der Technologie sich befindet, die Versuchung zum Betrug, den dieser intellektuelle Zustand der Massen ständig für skrupellose Mächtige bedeutet, sind gerade den industriell fortgeschrittenen Völkern gemeinsam, und die jüngste Geschichte kennt die Folgen, die in der zugleich totalen und oberflächlichen Vergesellschaftung des modernen Lebens angelegt sind. Lassen Sie uns hoffen, daß Ihre Generation nicht noch weitere und neue zu tragen hat, daß sie die Kraft – und vor allem die Zeit – findet, Einsicht zu gewinnen in das Wesen des anscheinenden Verhängnisses, und schließlich die Macht, es abzuwenden, ehe sie in es hineingezogen wird. Das ist die Bildungsaufgabe, zu der wir gegenwärtig, an deutschen Universitäten, aufgerufen sind.

Aber nun will ich endlich den Einwand nennen, der Ihnen gewiß auf den Lippen liegt. Sie werden sagen, ich hätte den Unterschied von echter und unechter Bildung, von Geist und Ratio, von Kultur und Zivilisation übersprungen. Kultur sei jener zuerst erwähnte Begriff der Bildung, die in bloßer Gewalt über die unterjochte Natur sich nicht erschöpfe, sondern sie zugleich versöhnlich am Leben erhalte. Die moderne Erfassung der Natur durch die Gesellschaft dagegen, und die aus ihr sich ergebenden gesellschaftlichen Beziehungen zwischen den Menschen, sei bloße Zivilisation. Sie werden geneigt sein, Perioden echter und unechter Bildung dogmatisch zu unterscheiden und bestimmte geschichtliche Zustände als Muster für die guten und andere als solche für die schlechten heranzuziehen, während doch in den gepriesenen Epochen die Mehrheit der Menschen sich mit dumpfer und unfreier Arbeit verzehrte. Sie werden mit dem traditionellen, idealistischen Bildungsbegriff Bildung dort sehen, wo ein Mensch sich selbst, gewissermaßen wie ein Kunstwerk zu gestalten sucht, sich sozusagen selbst zum Objekt der eigenen Formung wird, und nicht wo er seine Kraft an die Formung der Welt wendet, und in den äußeren gesellschaftlichen Prozeß eingreift. Sie könnten, wie zuletzt noch die George-Schule, ästhetische Gestaltung für Kultur halten und die Wirksamkeit in der Welt für unedle Zivilisation. Ich möchte Sie davor warnen – und eben diese Warnung ist vielleicht ein Stück Bildung –, mit solchen Gegensätzen allzu rasch zu hantieren; das eindringende Verständnis in die sich ungleichartig entfaltenden Momente geschichtlicher Strukturen läßt sich durch keine schematische Klassifikation ersetzen. Es wird gerade zur Bildung gehören, die Sie an der Universität gewinnen, daß Sie sich solcher handlicher Antithesen entschlagen und nicht so denken, als wären die wichtigsten Dinge zwischen vernünftigen Menschen ohnehin längst abgemacht. Werden Sie vielmehr mißtrauisch, wenn einer die Phänomene in Schafe und Böcke einteilen will. Es könnte in unserem Fall so sein, daß eben das, was man der angeblich bösen Zivilisation vorwirft, in der scheinbar so guten Kultur unserer Väter schon enthalten war und sich notwendig aus ihr entfaltete. Die sogenannte Bildung der Persönlichkeit, die Verinnerlichung, die Rückwendung des gestaltenden Willens auf sich selbst, so viel Positives sie auch gewirkt haben mögen, trugen doch zweifellos zur Verhärtung der einzelnen Menschen, zum Hochmut, zum Privilegbewußtsein und der Verdüsterung der Welt bei. Indem unter dem Titel der Bildung der gestaltende Wille, und das heißt die Liebe, von der Realität auf das seiner eigenen Formung lebende Individuum sich zurückwandte, kündigte die Barbarisierung der Menschheit bereits im neunzehnten Jahrhundert sich an. Es könnte – weiter – in unserem Fall so sein, daß eine der geistigen Ursachen der Bildungskrise gerade im Festhalten des aufs vereinzelte Ich bezogenen Bildungsbegriffs gelegen ist, in der Vergötzung des sich selbst genügenden Ichs, die vielleicht ein notwendiges historisches Durchgangsstadium, jedoch ganz und gar keine ewige Norm war. Wenn aber ein solcher innerer Zusammenhang zwischen dem traditionellen Kulturbegriff und der Zivilisation besteht, wäre die Aufgabe, über den alten Bildungsbegriff, der sich gegen die Hingabe ans Zivilisatorische, Gesellschaftliche, bloß absetzt, hinauszugehen.

In der Geschichte des deutschen Geistes ist dies selber angelegt. Wenn Herder, Schiller, Humboldt und Schleiermacher auf der ihrer Periode angemessenen Verinnerlichung insistierten, hat das realistische Ingenium von Hegel und Goethe tiefer gesehen als die individualistischen Denker, deren Kult des Individuums auf das Ende substantieller Bildung und eben damit auf die Abschaffung des Individuums hinausläuft. Jene beiden haben gewußt, daß der Weg der Bildung einer der Entäußerung ist; man könnte auch schlicht sagen: einer der Erfahrung. Gebildet wird man nicht durch das, was man „aus sich selbst macht", sondern einzig in der Hingabe an die Sache, in der intellektuellen Arbeit sowohl wie in der ihrer selbst bewußten Praxis. Nicht anders als in dem Eingehen in sachliche Arbeit vermag das Individuum über die Zufälligkeit seiner bloßen Existenz hinauszukommen, an der der alte Bildungsglaube haftet und in der ohne jene Entäußerung bloß das beschränkte eigene Interesse und damit das schlechte Allgemeine sich durchsetzt. Steht die Erfahrung von Kunst nicht im Zusammenhang mit einem Leben, das in der Welt und von der Welt etwas will, so bleibt sie leer und blind, und machte der Konsument im Auto alle italienischen Städte mit Museen und Domen ab, sei er in den Konzertsälen der Welt zu Hause und besitze die Platten aller Symphonieorchester. Mit dem Aneignen ist es nicht getan. Wer nicht aus sich herausgehen, sich an ein Anderes, Objektives ganz und gar verlieren und arbeitend doch darin sich erhalten kann, ist nicht gebildet, und der sogenannte Gebildete, der dazu unfähig ist, wird stets Male einer Beschränktheit und Befangenheit aufweisen, die seinen eigenen Anspruch auf Bildung Lügen strafen. Das Andere, Objektive aber ist heute nicht bloß das Besondere, was Ihnen in Ihrem Beruf als ein abgetrennter Sektor des gesellschaftlichen Lebens begegnet, Ihr spezifisches Arbeitsgebiet, das, was zu Ihrem persönlichen Fortkommen gehört, sondern ebenso und in erster Linie das, ohne was die Entfaltung des Einzelnen gar nicht möglich ist; ich meine die vernünftige und menschliche Einrichtung, die Verbesserung und Durchbildung des gesellschaftlichen Ganzen. Wenn Nietzsche meint, daß das Wachsen der Dummheit und der Schurkerei zum Fortschritt gehöre, so wußte er doch auch, daß man in einer dummen Welt nicht weise, und in einer schlechten nicht gut sein kann. Bildung ist so sehr Bildung des äußeren Ganzen, wie gerade damit Bildung seiner selbst. Niemand ist gebildet, der nicht in der Hingabe an seine eigene Sache ihren Zusammenhang mit dem Ganzen erkennt und der nicht dieselbe Freiheit von Schlagwörtern, Clichés und Vorurteilen, die man im akademischen Beruf in seiner Wissenschaft sich erwerben soll, gegen den Zeitgeist auch in den öffentlichen Dingen tätig anwendet. [...]

Es gibt eine moderne Denkweise, die annimmt, daß ein Mensch nur dann vernünftig handelt, wenn sein eigenes oder fremdes Wohl die letzte Absicht sei. Die Menschen gelten dabei immer als das letzte Ziel, jede andere Zwecksetzung als Aberglaube: sinnlos sei es, wenn man sich Sachen hingäbe, anstatt sie bloß als Mittel für die Menschen anzusehen. Aber diese menschenfreundliche Philosophie weiß nichts davon, daß die Menschen zu leeren Hülsen werden, wenn sie nicht vermögen, in der Sache aufzugehen. So jedoch allein erhalten sie Inhalt und Substanz und gewinnen sich als Menschen zurück. Daß den Menschen alles in der Welt außer dem Menschen zum bloßen Instrument wird, trägt mit dazu bei, daß schließlich – im Widerspruch zur guten Absicht – die Welt bloß verwaltet, die Humanität zur Phrase wird. Jede echte menschliche Beziehung ist vermittelt, sie gründet in einer gemeinsamen Bekümmerung um ein Anderes, sei es das summum bonum, Gerechtigkeit, oder irgendein schlichtes Werk. Erst ein solches Interesse gibt der Beziehung Bestand. Die Universität aber ist ein Ort, wo solche Beziehungen sich anspinnen und damit auch die jugendlichen Bindungen und Freundschaften entstehen, die im Kleinen das Wesen der Gesellschaft vorwegnehmen, wie sie einmal im Großen als die richtige Gesellschaft sich gestalten soll. Ich glaube, daß der Wunsch nach solchen echten, wenn Sie wollen, utopischen Bindungen, der zutiefst mit dem nach wahrer Bildung zusammenhängt, zu der Vorstellung gehört, die Sie hierher mitbringen, und ich hoffe aus ganzem Herzen, daß er sich für Sie erfüllen wird.

Frankfurter Beiträge zur Erziehungswissenschaft
Fachbereich Erziehungswissenschaften der Johann Wolfgang Goethe-Universität

Reihe Kolloquien:

Frank-Olaf Radtke (Hg.)
Die Organisation von Homogenität – Jahrgangsklassen in der Grundschule
Kolloquium anläßlich der 60. Geburtstage von Gertrud Beck und Richard Meier, Frankfurt am Main 1998

Frank-Olaf Radtke (Hg.)
Lehrerbildung an der Universität – Zur Wissensbasis pädagogischer Professionalität
Dokumentation des Tages der Lehrerbildung an der Johann Wolfgang Goethe-Universität, Frankfurt am Main 1999 (vergriffen)

Heiner Barz (Hg.)
**Pädagogische Dramatisierungsgewinne –
Jugendgewalt. Analphabetismus. Sektengefahr**
Frankfurt am Main 2000

Gertrud Beck, Marcus Rauterberg, Gerold Scholz, Kristin Westphal (Hg.)
Sachen des Sachunterrichts
Dokumentation einer Tagungsreihe 1997 – 2000
Frankfurt am Main 2001
Korrigierte Neuauflage 2002

Brita Rang und Anja May (Hg.)
Das Geschlecht der Jugend – Dokumentation der Vorlesungsreihe Adoleszenz: weiblich/männlich? im Wintersemester 1999 / 2000
Frankfurt am Main 2001

Dagmar Beinzger und Isabell Diehm (Hg.)
Frühe Kindheit und Geschlechterverhältnisse. Konjunkturen in der Sozialpädagogik
Frankfurt am Main 2003

Vera Moser (Hg.)
Behinderung – Selektionsmechanismen und Integrationsaspirationen
Frankfurt am Main 2003

Gisela Zenz (Hg.)
Traumatische Kindheiten – Beiträge zum Kinderschutz und zur Kindesschutzpolitik aus erziehungswissenschaftlicher und rechtswissenschaftlicher Perspektive
Frankfurt am Main 2004

Tanja Wieners (Hg.)
Familienbilder und Kinderwelten - Kinderliteratur als Medium der Familien- und Kindheitsforschung
Frankfurt am Main 2005

Micha Brumlik und Benjamin Ortmeyer (Hg.)
Erziehungswissenschaft und Pädagogik in Frankfurt – eine Geschichte in Portraits
Frankfurt am Main 2006

Reihe Forschungsberichte:

Thomas Höhne/Thomas Kunz/Frank-Olaf Radtke
Bilder von Fremden – Formen der Migrantendarstellung als der „anderen Kultur" in deutschen Schulbüchern von 1981-1997
Frankfurt am Main 1999 (vergriffen)
http://www.uni-frankfurt.de/fb/fb04/personen/radtke/Publikationen/Bilder_von_Fremden.pdf

Uwe E. Kemmesies
Umgang mit illegalen Drogen im ‚bürgerlichen' Milieu (UMID). Bericht zur Pilotphase
Frankfurt am Main 2000 (vergriffen)

Oliver Hollstein/Wolfgang Meseth/Christine Müller-Mahnkopp/Matthias Proske/Frank-Olaf Radtke
Nationalsozialismus im Geschichtsunterricht. Beobachtungen unterrichtlicher Kommunikation
Bericht zu einer Pilotstudie
Frankfurt am Main 2002
http://www.uni-frankfurt.de/fb/fb04/personen/radtke/Publikationen/
Forschungsbericht_3_Nationalsozialismus_im_Geschichtsunterricht.pdf

Andreas Gruschka/Martin Heinrich/Nicole Köck/Ellen Martin/
Marion Pollmanns/Michael Tiedtke
Innere Schulreform durch Kriseninduktion?
Fallrekonstruktion und Strukturanalysen zu den Wirkungen administeriell verordneter Schulprogrammarbeit
Frankfurt am Main 2003

Andreas Gruschka
Auf dem Weg zu einer Theorie des Unterrichtens - Die widersprüchliche Einheit von Erziehung, Didaktik und Bildung in der allgemeinbildenden Schule
Vorstudie
Frankfurt am Main 2005

Reihe Monographien:

Matthias Proske
Pädagogik und Dritte Welt – Eine Fallstudie zur Pädagogisierung sozialer Probleme
Frankfurt am Main 2001

Thomas Höhne
Schulbuchwissen – Umrisse einer Wissens- und Medientheorie des Schulbuchs
Frankfurt am Main 2003

Thomas Höhne/Thomas Kunz/Frank-Olaf Radtke
Bilder von Fremden. Was unsere Kinder aus Schulbüchern über Migranten lernen sollen
Frankfurt am Main 2005

Wolfgang Meseth
Aus der Geschichte lernen. Über die Rolle der Erziehung in der bundesdeutschen Erinnerungskultur
Frankfurt am Main 2005

www.ingramcontent.com/pod-product-compliance
Lightning Source LLC
Chambersburg PA
CBHW071845230426
43671CB00012B/2073